汽车行业零距离上岗指导丛书

汽车电器构造检修及案例分析

主　编　段春艳
副主编　刘智婷
参　编　陈季春　黄金凤
主　审　郗宏勋

机械工业出版社

本书主要介绍了发动机电器部分的检修及相关知识，包括汽车电气系统基础知识、电源系统的检修及案例分析、起动系统的检修及案例分析、点火系统的检修及案例分析、汽车照明与信号系统的检修及案例分析、汽车仪表与报警信息系统的检修及案例分析、汽车辅助电器的检修及案例分析以及汽车电路识图与分析等内容。

本书适合于高职高专、中专院校的汽车运用技术、汽车电子技术、汽车整形技术、汽车装配技术、汽车营销和汽车保险与理赔等相关专业使用，也可用于成人高等教育以及培训教学使用，还可供汽车维修工、驾驶员、汽车行业专业人员以及汽车爱好者阅读参考。

图书在版编目(CIP)数据

汽车电器构造检修及案例分析/段春艳主编. —北京：机械工业出版社，2012.9
(汽车行业零距离上岗指导丛书)
ISBN 978-7-111-39318-4

Ⅰ.①汽… Ⅱ.①段… Ⅲ.①汽车—电气设备—构造②汽车—电气设备—车辆修理 Ⅳ.①U472.41

中国版本图书馆 CIP 数据核字(2012)第 175959 号

机械工业出版社(北京市百万庄大街 22 号 邮政编码 100037)
策划编辑：徐 巍 责任编辑：徐 巍
责任校对：陈 越 封面设计：陈 沛
责任印制：乔 宇
北京铭成印刷有限公司印刷
2012 年 10 月第 1 版第 1 次印刷
184mm×260mm · 12 印张 · 295 千字
0001—3000 册
标准书号：ISBN 978-7-111-39318-4
定价：29.80 元

凡购本书，如有缺页、倒页、脱页，由本社发行部调换

电话服务	网络服务
社服务中心：(010)88361066	教材网：http://www.cmpedu.com
销售一部：(010)68326294	机工官网：http://www.cmpbook.com
销售二部：(010)88379649	机工官博：http://weibo.com/cmp1952
读者购书热线：(010)88379203	**封面无防伪标均为盗版**

前　言

本书符合国家对技能型紧缺人才培养的工作要求，注重以就业为导向，以能力为本位，体现了职业教育的特色，满足了汽车运用技术领域高素质人才培养的需要。根据编者多年来的专业教学经验以及一线工作人员的实践经验，形成了以下特色：1）注重培养可持续发展能力和自主学习能力，为毕业生在其职业生涯中能顺利成为汽车运用工程师奠定良好的发展基础。2）引入目前国内常见的大众、奥迪、奔驰、宝马、雪铁龙、福特、丰田、本田和日产等典型电路，车系涵盖欧洲、美洲和日本车系，内容适用新颖，真正达到所学知识与工作任务无缝对接的目的。3）在内容的选择上，注重理论与实践相结合，面对市场、面对社会，较多地反映了新知识、新技术、新工艺、新材料和新方法。

本书适用于高职高专汽车运用技术、汽车电子技术等相关专业使用，也可供汽车修理工、汽车行业工程技术人员阅读参考。

本书由湖南交通职业技术学院段春艳担任主编，刘智婷担任副主编，郗宏勋担任主审，黄金凤、陈季春为参编。具体任务分工为：段春艳负责第8章的编写；刘智婷负责第2、3、4、5、6和7章的编写；黄金凤负责第1章的编写；陈季春负责参考文献和目录的整理；由郗宏勋负责全书的审稿工作。

由于编者水平有限，书中难免有不妥和错误之处，望读者批评指正。

编　者

目 录

第1章　汽车电气系统基础知识

学习要点：

- 知道汽车电气系统有何特点。
- 掌握汽车电气设备电路的组成。
- 学会常用汽车电气系统的检测工具及仪器。
- 知道汽车电路出现的常见故障。
- 学会对汽车电路故障的诊断与检修。

1.1　汽车电气系统的特点

汽车的种类和品牌很多，由于配置的不同导致车身电气系统和附属电器设备的型号也不相同，安装位置及接线方法也各有差异，但电气系统的设计都遵循一定的规律，它有其自身的四大基本特点。

1. 低压直流

由于蓄电池充、放电的电流为直流电，所以，汽车的所有电气设备都采用低压直流供电，汽车上的发电机输出的电流也必须是直流电。汽车上所用的电压是不同的，汽油发动机多采用12V，柴油发动机普遍采用24V。

2. 两个电源

汽车上的两个电源是指蓄电池和发电机，其作用是向全车用电设备提供低压电源。蓄电池是辅助电源，主要供起动和起动前的用电；发电机是主电源，主要是在汽车起动后向用电设备供电，同时还可向蓄电池充电，两者互补使得汽车在不同情况时都可向用电设备供电。

3. 并联单线制和局域连接制

汽车上的用电设备很多，但从电源到用电设备只有一根导线(火线)供电，多采用并联的方式连接，而用车架、汽车总成等金属机体作为各用电器的另一支路，称为搭铁(或叫接地)，从而构成电流通路，故称为并联单线制。并联单线制不仅线路清晰，且安装和检修方便，电器也不需要与车体绝缘，所以汽车都采用并联单线制。如今由于汽车性能和大众的要求不断提高，汽车越来越智能化，即多数用电设备由单一的开关信号控制转变为逻辑关系的多个控制信号来控制，这些控制构成一个局域网络，称为局域连接控制，即用电设备是否工作是由局域连接控制的。实现连接控制的主要主体是电子控制单元(ECU)，每个电子控制单元(ECU)连接着特定部位的传感器，为每个传感器提供一路信号。

4. 负极搭铁

采用并联单线制供电时，将蓄电池的负极连接到车架上就称之为“负极搭铁”；反之，则称为“正极搭铁”。按照我国 GB/T 2261—2003《汽车电气设备基本技术条件》规定，我国的汽车电系采用负极搭铁。目前各国生产的汽车大多采用负极搭铁。

1.2　汽车电气设备电路组成

汽车电气设备主要包括汽车电子控制系统和汽车电器系统两部分。

汽车电子控制系统的基本结构由传感器(传感元件)与信号开关、电控单元 ECU(Electronic Control Unit)和执行器(执行元件)三部分组成，如图 1-1 所示。其功能是为了提高汽车动力性、经济性、安全性、环境污染性、舒适性、操纵性和通过性等性能。

图 1-1　电子控制系统结构

汽车电器系统主要由电源、用电设备和中间装置组成，电源部分是给用电设备提供工作所需的电能，主要包括蓄电池、交流发电机、电压调节器及燃料电池等。用电设备是指将电能转化成其他形式能的设备，包括起动系、点火系、照明系、仪表和辅助电器等装置，除此之外，由于车身电气设备或电控装置在不断更新和产生，还有如安全气囊、汽车音响、汽车导航、ABS、EBD、ESP 和 TRC 等。

任何电器设备和电控装置要想获得电源供电，中间装置的连接是必不可少的。常见的连接装置有汽车线束、开关装置、熔断装置、继电器、连接端子和连接器等，这些中间装置的选用和装配直接影响到用电设备的正常工作。

1.2.1　汽车线束

1. 汽车导线

汽车电路是由导线连接起来的，而导线是用电设备从电源获得电能必不可少的元件。汽车电气设备的连接导线按电压高低的承受能力可分为高压导线和低压导线两种。点火线圈输出线、分电器盖至发动机各缸火花塞上的分线都使用特制的高压点火线或高压阻尼点火线。汽车充电系统、仪表、照明、信号、电子控制系统及辅助电器设备等均使用低压导线，这里主要介绍低压导线。

（1）低压导线截面积　汽车上各种电气设备的负载电流大小不同，所用的连接导线截面积也就不同。一般低压导线截面积不小于 0.5mm^2，若导线截面积太小，通电后导线电阻增大，温度将会升高，使得电压降增大，可能导致用电设备电压不足从而不能正常工作。同时，会加速导线的老化，减短使用周期。为防止这一情况发生，我们在选择导线时应遵循一定原则：短时间工作的用电设备可选用实际载流量为允许载流量的 60% ~100% 之间的导线；长时间工作的电气设备可选用实际载流量为允许载流量 60% 的导线。表 1-1 所示为各种铜芯导线标称截面积的允许载流量，表 1-2 所示为汽车 12V 电气系统主要线路导线截面积推荐值。

表 1-1　低压导线允许的载流量

铜芯电线截面积/mm^2	0.5	0.75	1.0	1.5	2.5	4	6	10	16	25	35	50
载流量(60%)	7.5	9.6	11.4	14.4	19.2	25.2	33	45	63	82.5	102	129
载流量(100%)	12.5	16	19	24	32	42	55	75	105	138	170	215

表 1-2　汽车 12V 电气系统主要线路导线截面积推荐值

汽车种类	截面积/mm^2	用于连接的电气设备
货车、挂车、轿车	0.5	尾灯、顶灯、指示灯、牌照灯、仪表灯、燃油表、刮水器电动机、冷却液温度表、油压表
	0.8	转向灯、停车灯、制动灯、分电器
	1.0	前照灯、电喇叭(3A 以下)
	1.5	电喇叭(3A 以上)
	1.5~4.5	其他连接导线
	4~6	电热塞
	6~25	电源线
	16~95	起动电路

（2）低压导线的颜色　汽车上同一部位有不同的导线，随着汽车电器的增多，导线的需要量也在增加，为了便于维修，导线截面积在 $4mm^2$ 以上的用单色线，在 $4mm^2$ 以下的采用双色线，双色线分为主色和辅色，双色线的主色见表 1-3，辅色见表 1-4。

表 1-3　汽车电气系统低压导线的主色

数字代号	系统名称	导线颜色	字母代号
1	起动系统	白	W
2	电源系统	红	R
3	灯光信号系统(包括转向指示灯)	绿	G
4	车厢内部照明系统	黄	Y
5	仪表、喇叭和报警指示系统	棕	Br
6	车厢外部照明系统	蓝	Bl
7	各种辅助电动机和电器操纵系统	灰	Gr
8	收音机、电子钟和点烟器等辅助系统	紫	V
9	搭铁线	黑	B

表 1-4　汽车电气系统低压导线的辅色

数字代号	导线颜色	字母代号	数字代号	导线颜色	字母代号
1	棕褐	TAN	5	浅蓝	LT BLU
2	深红	DK RED	6	深绿	DK GRN
3	深蓝	DK BLU	7	浅绿	LT GRN
4	粉红	LT RED	8	透明	GLR

（3）高压导线　高压导线是高电压输出的载体，一般输出电压在 10kV 以上，即高压导线要求很厚的绝缘层，具有很好的耐受电压的绝缘性能，用于汽车电气系统的高电压线路的电流很小，其线芯截面积就很小。国产汽车高压导线采用铜芯线和阻尼线两种，型号和规格见表 1-5。

表 1-5 高压导线型号和规格

型号	名称	线芯结构		标称外经/mm
		根数	单线直径/mm	
QGV	铜芯聚氯乙烯绝缘高压点火线	7	0.39	7.0±0.3
QGXV	铜芯橡皮绝缘聚氯乙烯护套高压点火线			
QGX	铜芯橡皮绝缘聚氯乙烯护套高压点火线			
QG	全塑料高压阻尼点火线	1	2.3	

2. 汽车线束

(1) 线束的材料 汽车导线又称低压导线，它与普通家用电线是不一样的。汽车导线线芯多是铜质多芯软线，有些软线细如毛发，为了使汽车线路安装方便，不致零乱和折断，除高压导线、蓄电池搭铁电缆和起动机电缆外，将同区域的不同规格的导线用棉纱或薄聚氯乙烯塑料缠绕包扎成线束，其电气性能、材料散发性和耐温性等性能都比其他线束好得多。随着汽车功能的增加，先进的汽车引入了 CAN 总线配置，如图 1-2 所示，采用多路传输系统。与传统线束比较，多路传输装置大大减少了导线及联插件数目，使布线更为简易。

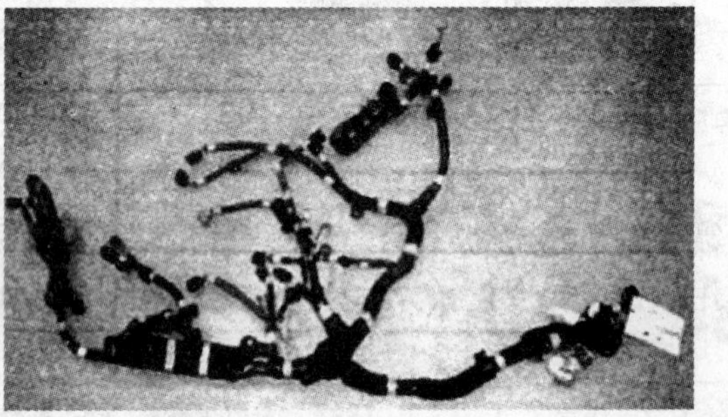

图 1-2 汽车 CAN 总线

(2) 线束的安装 同一款车的线束是用卡簧或螺钉固定在车辆的既定位置上的，安装时按线号装在其对应的接线上。一个好的汽车维修师要了解掌握汽车的各线束的走向，汽车线束随着汽车型号和配置的不同其走向也是有所差别的，同一款车型线束按发动机、底盘和车身分多个线束，图 1-3 所示是桑塔纳系列轿车发动机室线束布置情况。

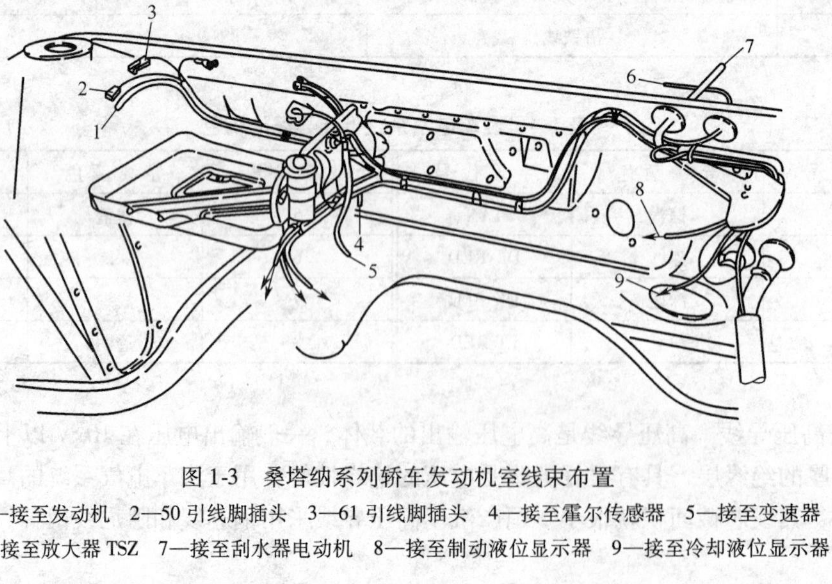

图 1-3 桑塔纳系列轿车发动机室线束布置

1—接至发动机 2—50 引线脚插头 3—61 引线脚插头 4—接至霍尔传感器 5—接至变速器 6—接至放大器 TSZ 7—接至刮水器电动机 8—接至制动液位显示器 9—接至冷却液位显示器

1.2.2　开关装置

电路开关的功用是接通或切断电器线路，对开关的基本要求是安全可靠、坚固耐用、操作方便和性能稳定。按操作方式开关装置可分为推拉式、翘板式、旋转式、按钮式、压力式和组合式等几种。

1. 推拉式开关

推拉式开关(其符号见表 1-6)通常用于控制照明灯和刮水器，主要由中心拉杆、拉钮、接触片、绝缘滑块、接线柱和壳体组成。拉钮上标有开关用途的图形符号，按拉钮的控制档位分为单档式、两档式和三档式三种。当拉动拉钮时，滑块移动使动触点与静触点位置按规定的排列组合移动，从而使外接线路接通或切断以达到控制目的。

2. 翘板式开关

翘板式开关(其符号见表 1-6)主要用于控制工作电流较小或某一种电器部件的线路，如控制顶灯、仪表灯、雾灯、停车灯、危急警报灯或继电器线圈电路等。在翘板式开关的翘板上，印制有表示开关用途的图形符号，在开关内部，安装有照明灯，以便夜间观察使用。

3. 旋转式开关

旋转式开关(其符号见表 1-6)常用于点火系统、空调鼓风电动机和车灯等。点火开关用于控制电器设备的电源电路和起动电路，是汽车电路中最重要的开关，安装在仪表板或转向柱管上。安装在仪表板上的点火开关不具有转向柱管锁止功能，安装在转向柱管上的点火开关具有转向柱管锁止功能。

4. 压力式开关

按控制方式不同，压力式开关(其符号见表 1-6)分为脚踏式、气压控制式和液压控制式三种。压力式开关通常用作气压制动灯开关、前照灯变光开关、油压开关和高、低压警报灯开关。

5. 组合开关

多功能组合开关是将车辆照明灯开关(示高灯开关、示宽灯开关、前照灯开关、变光开关)、信号(转向灯、危急警报灯)开关和刮水器与清洗器开关等组合成一体。组合开关安装在便于驾驶人操纵的转向柱管上，如图 1-4 所示。在组合开关的操纵手柄上，制作有表示用途的图形符号。

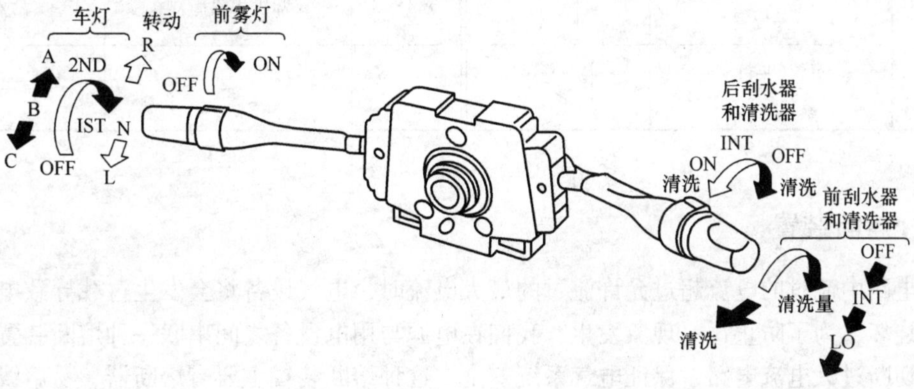

图 1-4　转向柱管上的组合开关

电器开关常见的故障主要是触点烧蚀。在检修时，应先拔下开关线束插头，然后再将指针式万用表拨到 R×1Ω(数字式万用表拨到 OHM×200Ω)档，再测量开关触点连接端子之间的电阻值进行判断。当开关拨到某一档位时，被接通线路端子之间的电阻值应小于 0.5Ω，如阻值过大，则说明触点接触不良，应对开关进行检修或更换；当开关断开时，未接通线路端子之间的阻值应为无穷大，如万用表显示阻值，则说明触点有故障，应予更换开关。

表 1-6　开关常用符号

序号	名　称	图 形 符 号	序号	名　称	图 形 符 号
1	热敏动断(常闭)触点	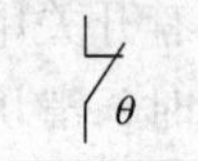	13	能定位的按钮	
2	先断后合的触点	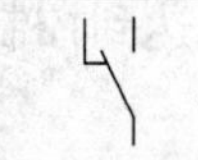	14	按钮	
3	双动合触点		15	手动开关	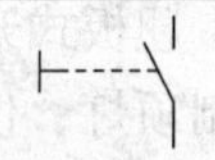
4	双动断触点		16	拉拔开关	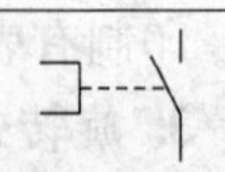
5	旋转开关	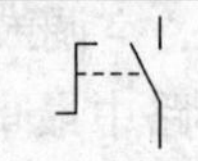	17	钥匙开关	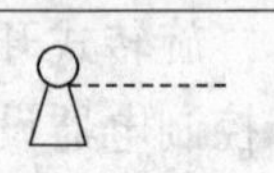
6	液位控制开关	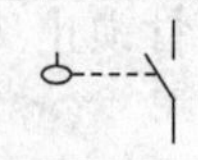	18	联动开关	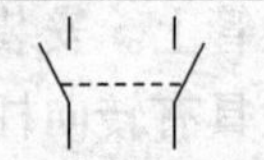
7	机油滤清器报警开关	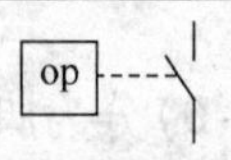	19	压力开关	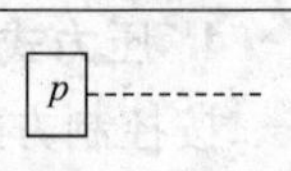
8	热敏动合(常闭)触点	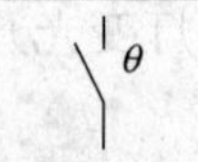	20	热执行器开关	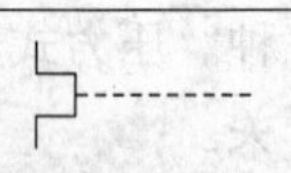
9	热敏自动开关动断触点		21	温度控制	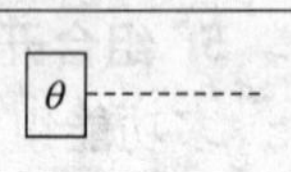
10	旋转多档开关位置	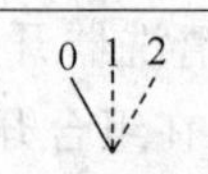	22	制动压力开关	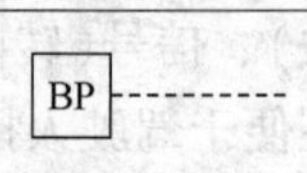
11	推拉多档开关位置	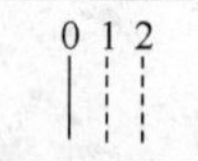	23	热继电器触点	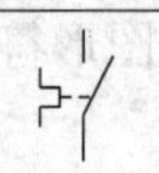
12	定位(非自动复位)开关	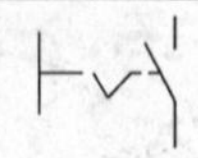	—	—	—

1.2.3　熔断装置

当电路中流过的电流超过允许流过的最大电流时，电气设备将会发生过载导致电气系统和导线烧坏，为了防止这一现象发生，我们在电源与用电设备之间串联一种熔断装置，其目的就是切断过大电流电路，保证电气系统安全。这种熔断装置主要有熔断器、易熔线和断路器三种。

1. 熔断器

熔断器电路符号如图1-5所示，主要由熔丝(或片)和壳体组成，根据壳体的材料可分为塑料片式熔断器和玻璃管式熔断器。

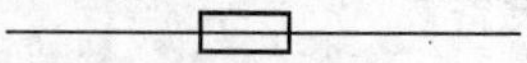

图1-5　熔断器电路符号

塑料片式熔断器(图1-6)结构由熔丝、塑料片壳体和导电片组成。玻璃管式熔断器(图1-7)结构由熔丝、玻璃管壳和金属帽组成。

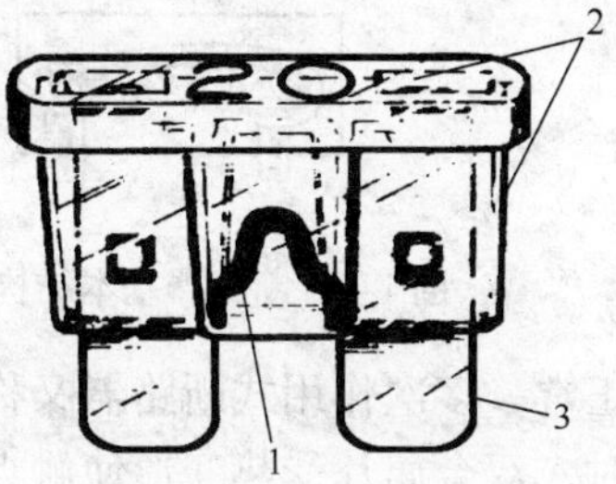

图1-6　塑料片式熔断器

1—熔丝　2—塑料片　3—导电片

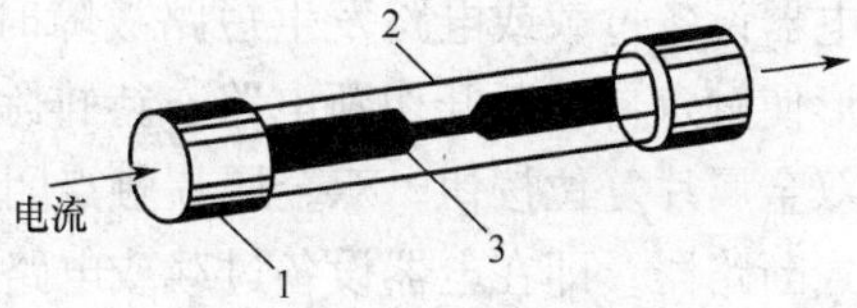

图1-7　玻璃管式熔断器

1—金属帽　2—玻璃管壳　3—熔丝

熔断器的颜色不同其允许流过的额定电流就不同，如塑料片式熔断器分为3A、10A、15A、20A和30A五种，其塑料片颜色分别为紫色、红色、蓝色、黄色和绿色。电路中熔断装置的选择应按照一定的原则，其原则为：熔断装置标称值等于电路的电流值/0.8。

在电路中一般将熔断器集中安装在一起，形成熔断器盒，以便于检查排除电气系统故障和更换熔断器。检查系统故障时，首先应检查熔丝是否熔断，若熔断则必须找到熔断的原因所在，排除隐患。熔断器支架与熔断器接触不良会产生电压降和发热现象，导致支架发生氧化，产生污垢，影响熔断装置的性能。对熔丝熔断的熔断器必须更换，更换熔断器时一定要用与原规定相同的熔断器。对于新增加的用电设备，最好在该电路上另加熔断器。

2. 易熔线

易熔线电路符号如图1-8所示，是一种能较长时间通过大电流的合金导体，主要用于保护电源电路和大电流电路，一般连接在被保护电路的起始端，其截面积比被保护线路的截面积要小，但不能绑扎于线束内使用。易熔线的颜色分为棕、绿、红和黑四种，颜色不同其规格就不同，见表1-7。

图1-8　易熔线电路符号

表1-7　易熔线的规格

颜　色	截面积/mm^2	结构组成	通电电流/A	5s内熔断电流/A
棕	0.3	Φ0.32×5根	13	150
绿	0.5	Φ0.32×7根	20	200
红	0.85	Φ0.32×11根	25	250
黑	1.25	Φ0.32×7根	33	300

3. 断路器

断路器又称为双金属片式熔断器或电路断路保护器，其组成是一对受热敏双金属片控制的触点，如图1-9所示，常用于保护门锁电动机和刮水电动机等电流较大、容易过载的电器设备。

当电器设备受到过大电流造成过载或发生短路时，超过额定值数倍的电流就会使双金属片（两种不同的金属片）受热变形，触点断开，自动切断电路，以保护电器设备和线路不被烧坏。

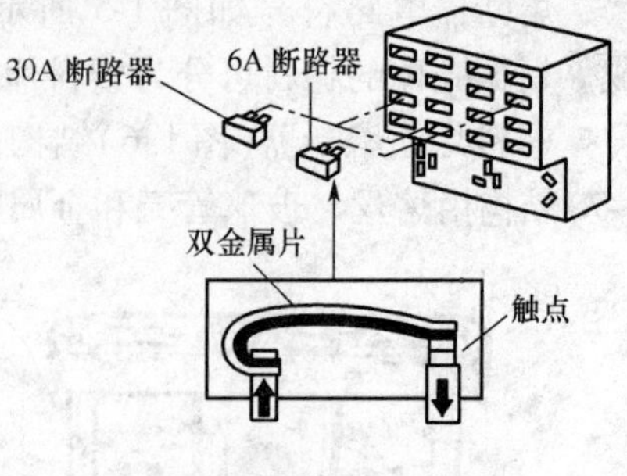

图 1-9　断路器基本结构

断路器按恢复形式可分为一次作用式和多次作用式两种，与易熔线和熔断器相比，断路器具有可重复使用的优点。一次作用式断路器是一种手动控制式断路器，即在电器设备过载或电路发生短路故障时，双金属片受热变形使触点自动断开切断电路。待排除故障后，按压一次双金属片复位按钮，双金属片触点闭合，电路恢复正常。多次作用式断路器又称为自动恢复式断路器，即在电器设备过载或电路发生短路故障时，双金属片受热变形使触点自动断开，切断电路。电路断开后，双金属片逐渐冷却恢复到原来的形状，使触点重新闭合将电路接通。

1.2.4　继电器

继电器是由电磁铁机构、触点总成和壳体三部分组成。汽车继电器的种类、规格很多，按用途可分功能型继电器和电路控制型继电器两种类型。按结构原理可分为电磁继电器、干簧继电器、双金属继电器和电子继电器。常用的继电器有 4 种：常开型（N. O）继电器、常闭型（N. C）继电器、混合型继电器和切断型继电器，分别用 M 型、B 型、MB 型和 T 型表示。

继电器的工作原理是利用电磁或机电原理，实现自动接通或切断一对或多对触点，以完成用小电流控制大电流的装置，如图 1-10 所示。在电路中设置继电器是为了减小控制开关的电流负荷，保护开关不被烧蚀等现象的产生。我们通常所说的继电器指的是电路控制型继电器，如进气预热继电器、空调继电器、喇叭继电器、雾灯继电器、中间继电器、风窗刮水器/清洗器继电器和危险报警与转向闪光继电器等。继电器的每个端子都有标号，与中央接线盒正面板的继电器插座的插孔标号相对应，见表 1-8。

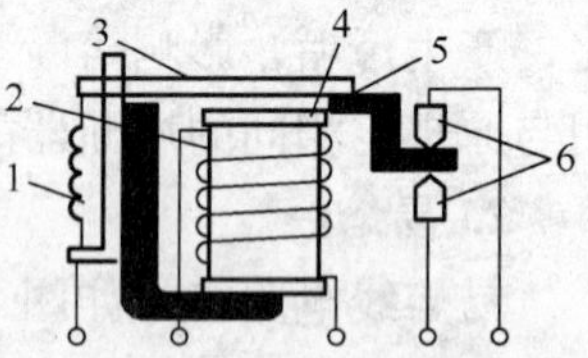

图 1-10　继电器结构示意图

1—弹簧　2—线圈

3—衔铁　4—铁心

5—簧片　6—连接触点

表 1-8　继电器的外观、电路和端子标号

型　号	外　观	端 子 标 号	电 路 符 号	颜　色
1T	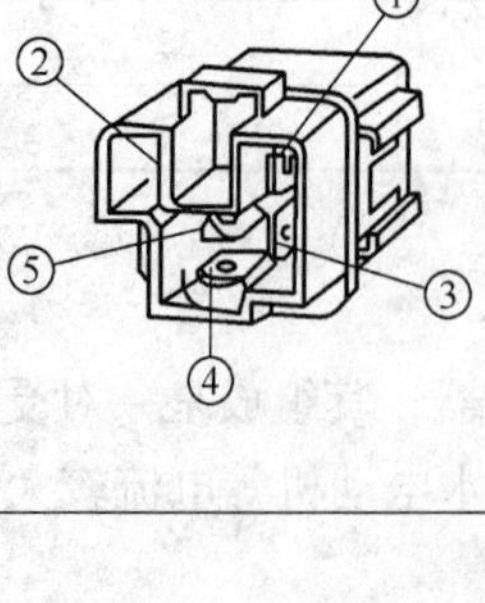	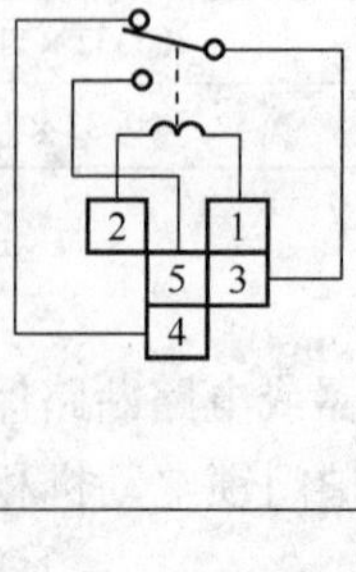	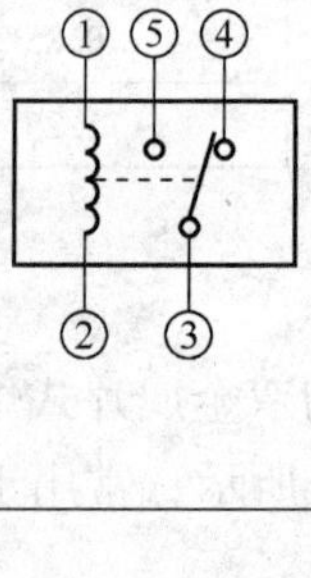	黑

（续）

型　号	外　观	端子标号	电路符号	颜　色
1M	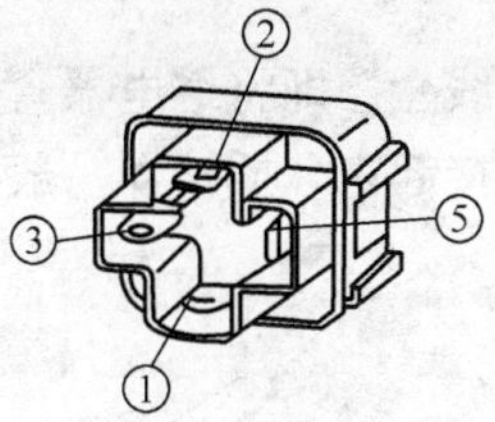	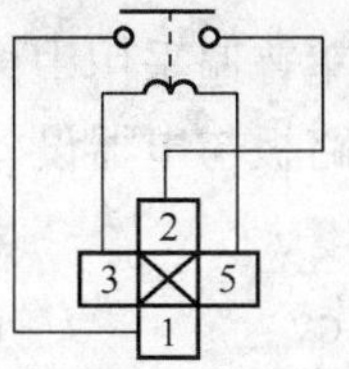	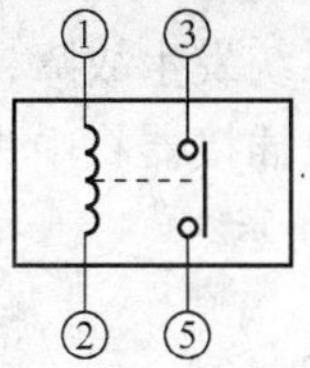	蓝
2M	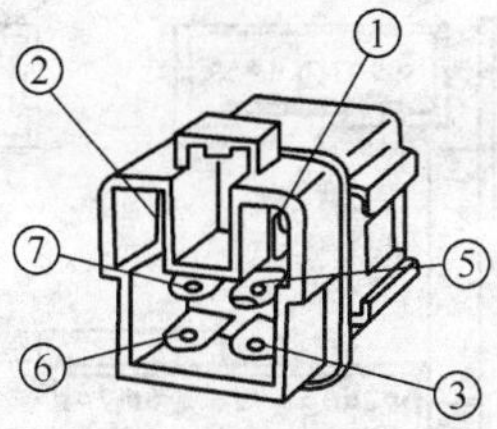	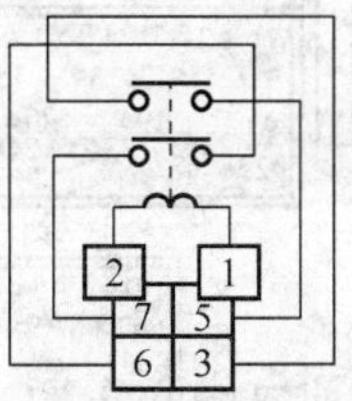	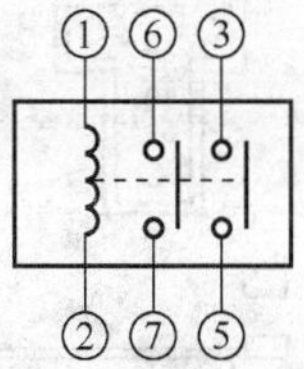	棕
1M1B	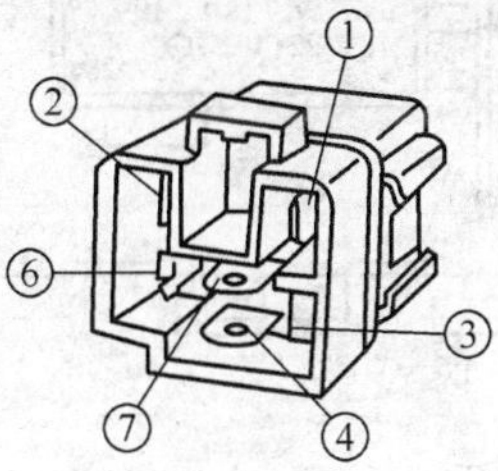	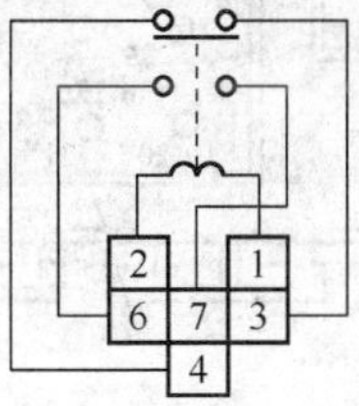	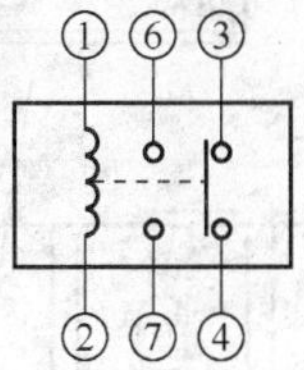	灰

1.2.5　插接器

插接器在汽车上应用很普遍，它与导线一样也是电路的重要组成部分。汽车车身电气部分的故障多数是由于插接器的接触不良或短路、断路而造成的。

为防止偶然的松脱，汽车上所有线束的插接器都有锁止部分。有些插接器的侧面带有一个夹子，用于将插接器固定到位于车身或另一部件上的固定座上，此夹子采用拉式锁件。固定好的插接器是无法断开插接的，若要断开应先按压夹子松开锁件，然后再将插接器从其固定座上拔下，如图 1-11 所示。有些插接器（插座）的侧面带有一个锁环，用于将插接器（插头）上的固定桩扣住（锁住），若断开连接时要先按下锁环然后再将插接器断开，如图 1-12 所示。

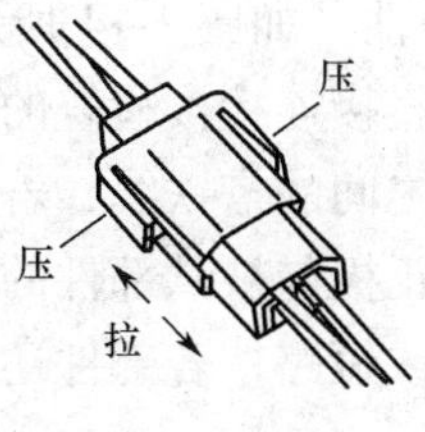

图 1-11　带夹子插接器

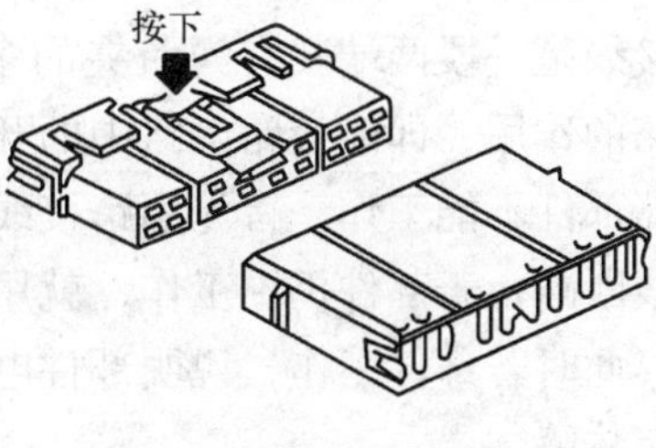

图 1-12　带锁环插接器

注意：分离插接器时，不得牵拉接线，应拉动插接器体。在连接插接器前，应确保插接器洁净且无松脱的接线端子，确保接线端子处在原位，并且没有弯折，要检查防松止动器和橡胶密封是否有松脱。

为防止电气系统发生故障，汽车普遍采用中央接线盒，即将继电器盒熔断器集中在一块线路板上，并通过插接器将中央线路板与电器设备连接起来，插接器一般处在中央线路板的背面，如图1-13所示。

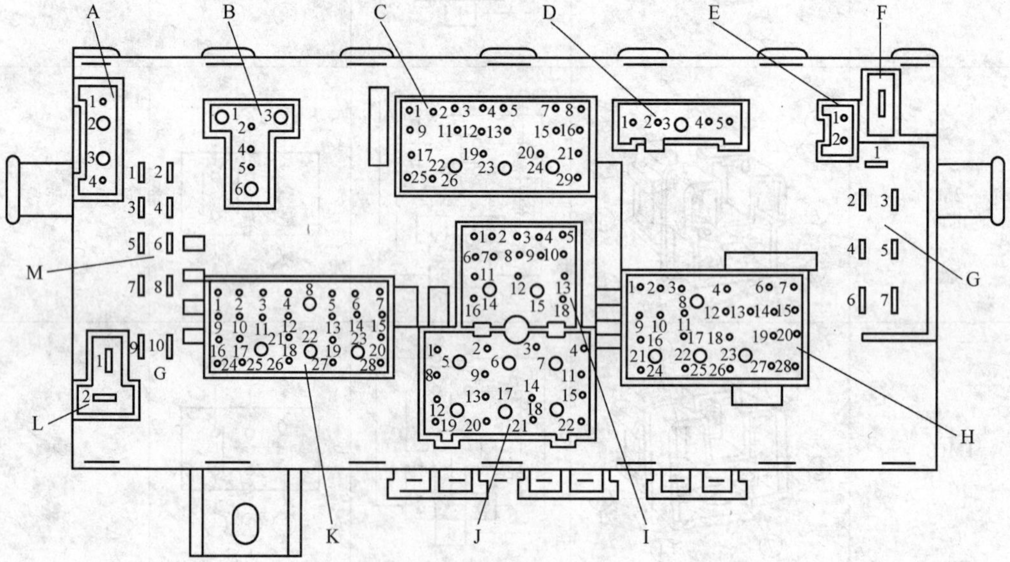

图1-13　中央线路板插接器插座

A—喇叭继电器线束　B—空调系统线束　C—发动机室线束　D、E、L—备用插接器插座　F—单端子插座（主要用于连接进气预热器加热电阻电源线）　G—单端子插座（连接蓄电池与中央线路板“30”号电源线，中央线路板“30”端子与点火开关“30”端子电源线）　H、K—仪表盘线束　I—车身后部线束　J—前照灯线束　M—单端子插座（主要用于连接冷却液不足指示控制器电源线）

1.3　常用汽车电气系统检测工具及仪器

对汽车电气系统进行检测时常用的检测工具和测量仪器有：跨接线、试灯、万用表、汽车示波器及故障诊断仪等。

1.3.1　跨接线

跨接线是一段两端装有鳄鱼夹的多股导线，它具有多样性，如图1-14所示。它起一个旁通电路的作用，即能旁路电路中的开关、导线和插接器等直接连接被检查的负载部件。如某一电器部件不能工作，首先用跨接线替代被试部件与车身之间的搭铁线，若部件工作说明其搭铁线断路；若部件仍不工作，就用跨接线代替在蓄电池正极与被试部件的电源接柱之间的连线，此时若部件工作，说明部件电源电路有故障即断路或短路；若部件还不能工作，说明部件有故障。

注意：切勿将跨接线跨接在蓄电池两端，否则将会造成蓄电池损坏。

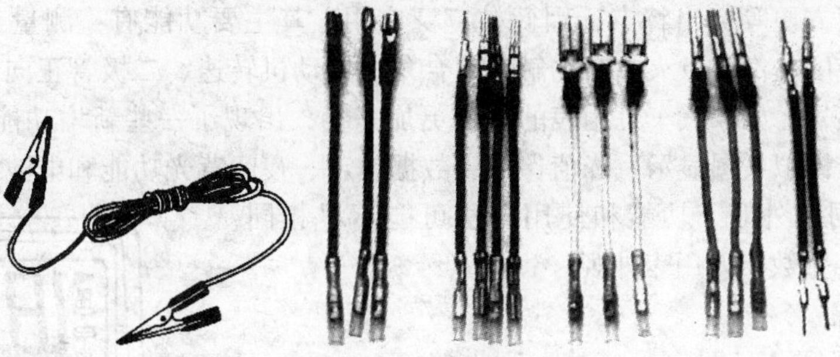

图 1-14　跨接线

1.3.2　试灯

试灯是用来测试电路是否短路或断路的一种常用工具，常见的有普通测试灯（或无源测试灯）和有源测试灯两种。

1. 普通测试灯

普通测试灯（或无源测试灯）的手柄是透明的并装有灯泡，手柄一端装有带尖的探头，另一端接有一根带夹子的导线，如图 1-15 所示。普通测试灯是通过外路电源供电将灯泡点亮的，如图 1-16 所示。

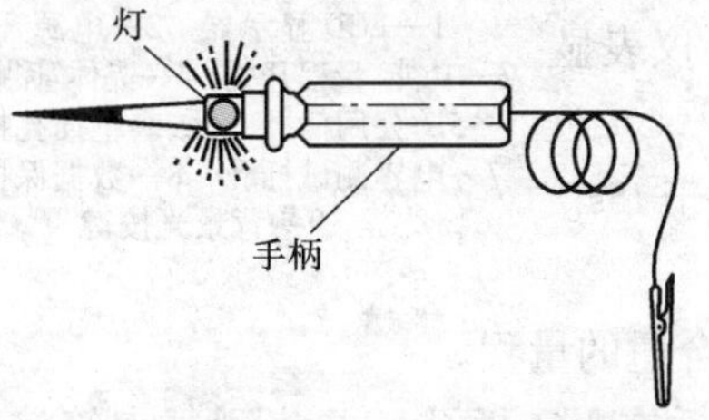

图 1-15　12V 普通测试灯

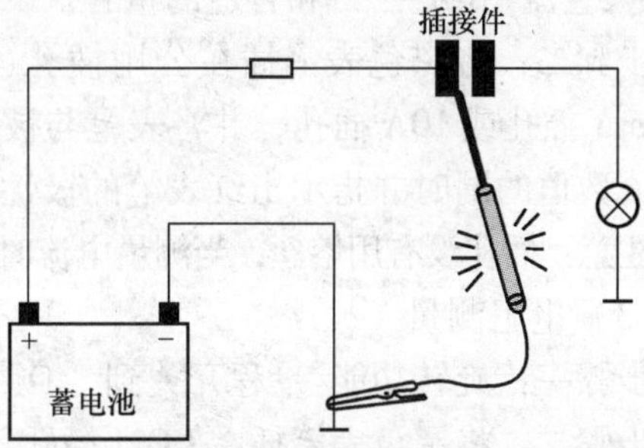

图 1-16　普通测试灯测量电路

注意：禁止用测试灯检测计算机控制系统电路。

测试灯的局限性表现在它不能显示被测电压的大小，但它能检测某一电路电源电压是否可驱动负载。

2. 有源测试灯

有源测试灯（图 1-17）与普通测试灯不同之处是有源测试灯自带一个电池电源，可方便判断电路的通断。在进行测量时应先断开被测电路的电源，搭铁夹子接负载部件的搭铁端子，探头接馈电线，若测试灯发亮则电路正常；若不亮则电路不正常。

注意：禁止用有源测试灯测试带电电路，否则会损坏测试灯。

1.3.3　万用表

1. 数字万用表的简介

汽车专用多功能数字万用表是检测汽车电路时最常用的工具，它具有测量准确、输入阻抗高、功能齐全、可靠性好、显示直观、过载能力

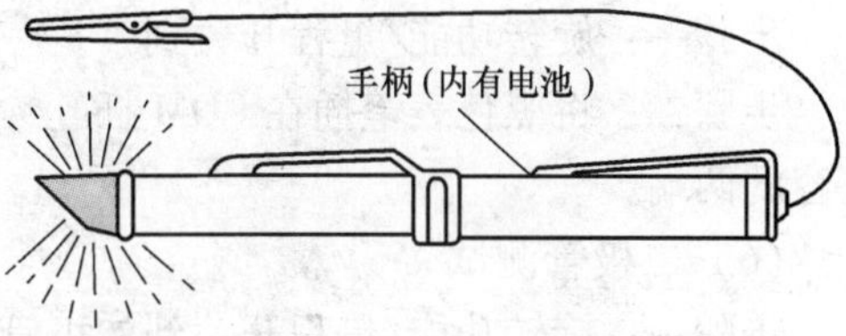

图 1-17　有源测试灯

强、携带与使用方便等突出特点，因此被广泛应用。其主要功能有：测量交流/直流电压、电流、电阻、温度、汽车点火电路的触点闭合角、发动机转速、二极管正向压降及电路通断频率和占空比信号。如今汽车万用表的功能更加完善，出现了一些新增功能，如自动断电、自动变换量程、模拟条图显示、峰值保持、数据锁定、夜间背光功能和电池测试等。由于万用表信号的不同其外观、功能和使用方法可能不尽相同，图 1-18 是 UR89 型数字万用表外观。

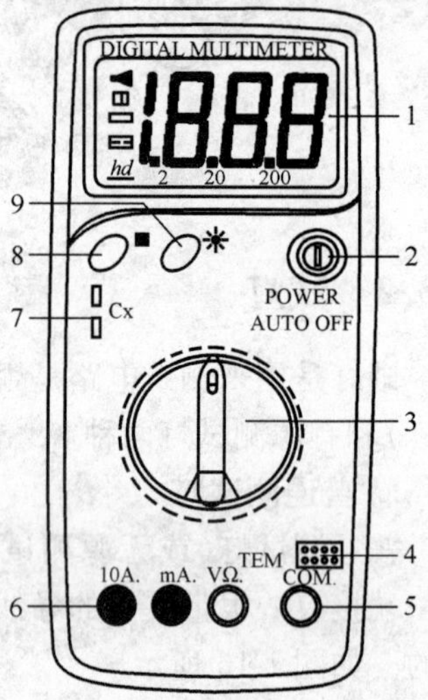

图 1-18　UR89 型数字万用表
1—LCD 显示器　2—电源开关
3—功能/量程开关　4—晶体管测试插孔
5—公用插孔　6—表笔插孔挡板
7—电容测试插孔　8—数据保持按键
9—背景光按键

2. 操作步骤

（1）电压测量

步骤一：旋转功能/量程开关选择适当的档位(交流用“V ~”、直流用“V ═”)和合适的量程，以免被测物的电压过高损坏万用表。

步骤二：将黑色表笔插在公用插孔(COM)，红色表笔插在 VΩ 插孔，并将表笔连接到被测物两端，仪表显示电压数值的同时并指示出红表笔的极性。

（2）电流测量

步骤一：旋转功能/量程开关选择适当的档位(交流用“A ~”、直流用“A ═”)和合适的量程。

步骤二：将黑色表笔插在公用插孔(COM)，红色表笔插在 mA 插孔或 10A 插孔，并将表笔与被测物串联，仪表显示电流数值的同时并指示出红表笔的极性。

注意：插孔没有用熔丝，当测量电流时其时间应小于 15s。

（3）电阻测量

步骤一：旋转功能/量程开关到“Ω”档，选择合适的量程。

步骤二：将黑色表笔插在 COM 插孔，红色表笔插在 VΩ 插孔，并将测试表笔接到被测电阻的两端。

注意：当输入断路时，万用表显示值为“1”。当被测电阻超过所用量程范围时，万用表显示值也为“1”，此时换用高档量程(适用于非自动转换的万用表)。当在线测量电阻时，需确认被测电路已断开，且在电容全部放电后，方可检测。

（4）温度测量

步骤一：旋转功能/量程开关到“TEMP”档。

步骤二：将热电偶的黑色插头插在 COM 插孔；红色插头插在 VΩ 插孔，热电偶测量端置于测温点，从仪表显示屏上读取温度值，读数为摄氏度(℃)。

（5）电容测量

步骤一：旋转功能/量程开关到“F”范围，选择合适的量程。

步骤二：将黑色表笔插在 COM 插孔，红色表笔插在 VΩ 插孔，并将测试表笔接到被测电容的两端。

（6）二极管测试

步骤一：旋转功能/量程开关到二极管测试档。

步骤二：将黑色表笔插在 COM 插孔，红色表笔插在 VΩ 插孔，并将表笔跨接于被测二极管两端。仪表显示二极管正向压降，单位为伏特(V)；当二极管反接时，显示“超量程”。

（7）信号频率测试

步骤一：旋转功能/量程开关到“Hz”档。

步骤二：红色表笔插在 VΩ 插孔，黑色表笔插在 COM 插孔，并将表笔接到被测信号源两端。

1.3.4　汽车示波器

汽车示波器是用于检测电气系统工作情况和故障判断的专用仪器，是一个高阻值的伏特计。示波器利用电压随时间变化的图像来反映一个电信号，它显示的电信号要比万用表更加准确。汽车示波器不仅可以快速捕捉电路信号，还可以用较慢的速度来显示这些波形，以便一面观察，一面分析。有的示波器还可将波形储存记忆，通过对信号波的变化过程进行分析，能够更好的判断出故障的所在。应注意的是各公司生产的示波器功能和外形各不相同，常用的示波器有 TEKTRONIX THM550 汽车示波器、VANTAGE-MT2400 汽车示波器(图 1-19)和 Fluke98 汽车示波器等。

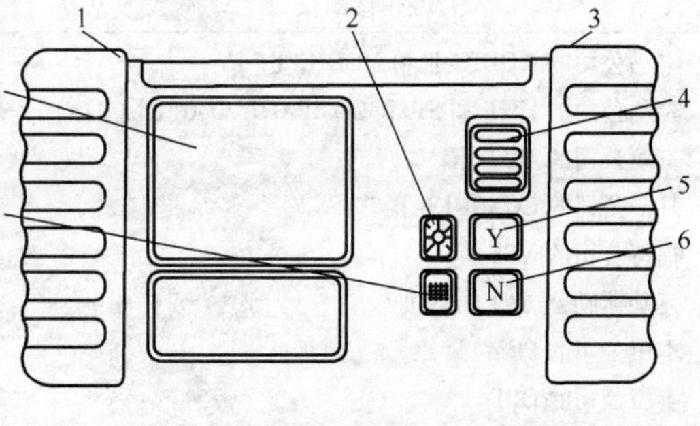

图 1-19　VANTAGE-MT2400 汽车示波器
1—左手柄　2—LCD 背光按钮　3—右手柄
4—转轮　5—YES 按钮　6—NO 按钮
7—电源开关　8—LCD 显示屏

由于通过示波器显示汽车各系统的波形图可以分析是否存在故障，所以汽车示波器在维修时应用非常广泛，几乎汽车的任何一个系统都可以利用示波器来分析故障，不同的系统和部件都有相对应的波形图，这些信号图可分两类：模拟信号和数字信号，其波形见表 1-9。

表 1-9　模拟信号和数字信号的波形图

模 拟 信 号	数 字 信 号
○ 直流零电位 	○ 低电位信号 (LOW) 
○ 示波器感应波 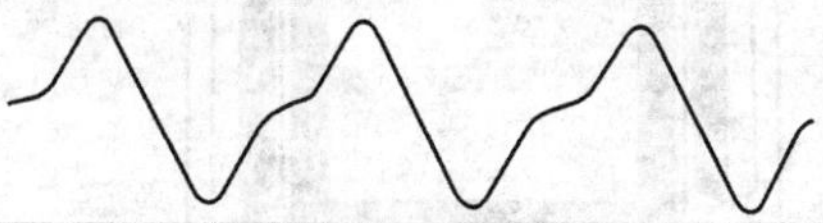	○ 低—高—低电位信号 LOW — HI— LOW 
○ 氧传感器波形 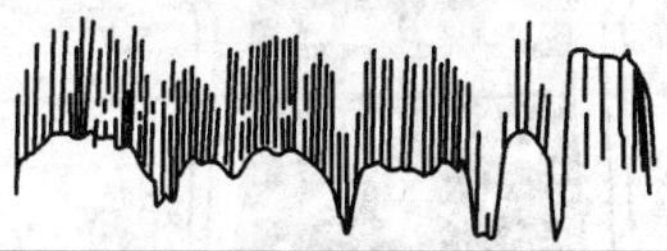	○ 高—低—高电位信号 HI— LOW — HI 
○ 渐升渐降波形 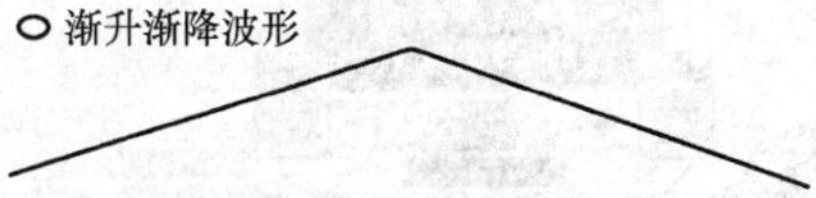	○ 连续正方向波信号 
○ 连续触发波形 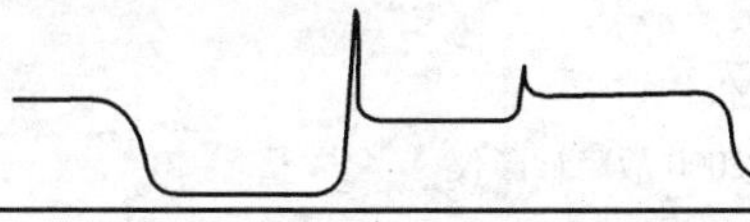	○ 连续反方向波信号 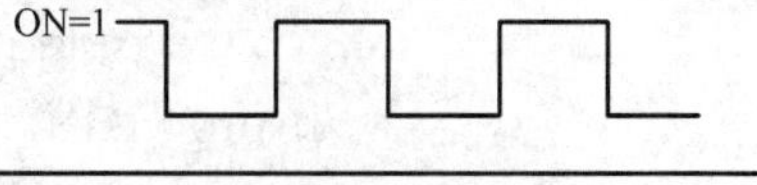

1.3.5　故障诊断仪

故障诊断仪(又称解码器)是用于诊断车辆故障的一种专用仪器，即用于读取汽车电子控制系统中电脑存储的各种信息参数，其参数包括故障信息、控制电脑的实时运行参数和控制电脑与诊断仪之间的相互控制指令。由于车型种类的不同其诊断仪的功能和形状都各有差别，诊断仪可分为两类：通用故障诊断仪和专用故障诊断仪，见表1-10。

表 1-10　常见故障诊断仪类型

专用诊断仪	通用诊断仪
宝马公司的 MODIC-Ⅲ和 MODIC-Ⅱ	博世公司的 KTS300、KTS500 和 FSA560 等
奔驰公司的 HHT 和 STAR COMPACT 2000(图 1-21a)	美国的施耐宝(Snap-on)和 OTC(图 1-20)等
三菱公司的 MUT-Ⅱ	北京 CHW-1 型故障诊断仪
日产公司的 CONSULT-Ⅱ	深圳元征 ADC2000 故障诊断仪(图 1-20)
福特公司的 NGS	X-431 电眼睛故障诊断仪
克莱斯勒公司的 DRB-Ⅲ	
本田公司的 PGM	
丰田公司的 OBD	
上海通用(SGM)公司的 TECH-Ⅱ(图 1-21b)	
大众公司的 VAG 1551/1552、VAS5051/5052 等	

通用故障诊断仪是针对各国不同车型的控制系统而设计的，其使用范围广，功能较齐全，内部存储了上千种不同车系和车型的汽车电子控制系统的检测程序和数据资料，能够控制电脑版本的识别、故障码的读取和清除、动态数据参数显示、传感器和部分执行器的功能测试与调整、某些特殊参数的设定、维修资料及故障诊断提示和路试记录等。通用故障诊断仪是一般综合性汽车修理厂最佳的首选仪器，常见的通用故障诊断仪如图1-20所示。但就某一具体的车型而言，通用故障诊断仪无法完成某些特殊功能，其功能不如专用故障诊断仪

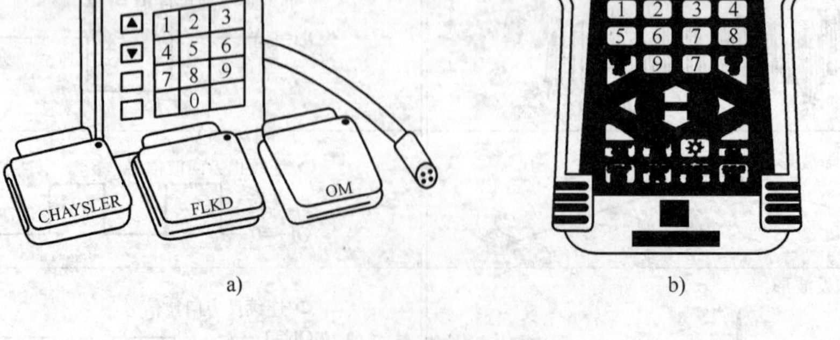

a)　　　　b)

图 1-20　通用故障诊断仪

a）OTC 故障诊断仪　b）深圳元征 ADC2000 故障诊断仪

全面。

专用故障诊断仪是针对某单一汽车公司生产的车型而设计的，一般配备在特约维修中心，它除了有通用故障诊断仪的功能外，还有参数修改、数据设定和防盗密码设定更改或编程等各种特殊功能。常用的专用故障诊断仪如图 1-21 所示。

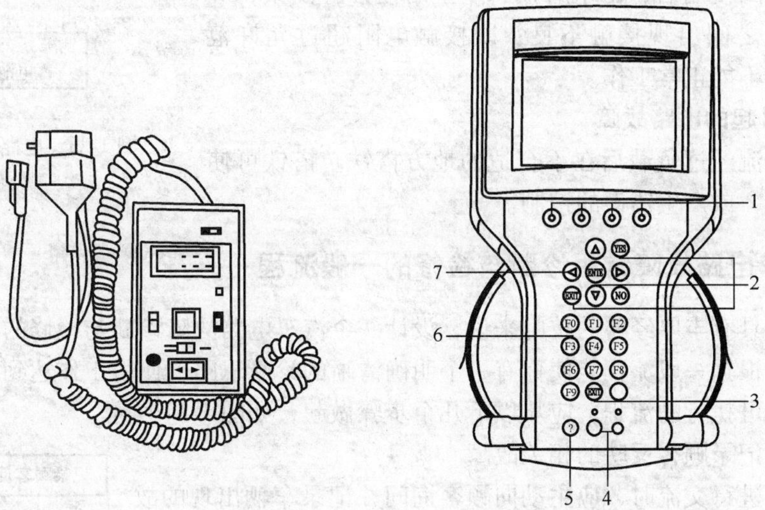

a)　　b)

图 1-21　专用故障诊断仪

a）STAR COMPACT 2000　b）通用公司的 TECH—Ⅱ专用故障诊断仪

1—软键　2、3—作用键　4—控制键　5—帮助键　6—功能键　7—选择键

1.4　汽车电路故障诊断与检修

汽车电路故障从总体上可分为两大类：一类是电器设备故障，另一类是线路故障。虽然电路出现的故障是多种多样的，但导致故障产生的原因和检修方法却有许多共性。电路故障原因主要是由温度和湿度、电压的波动、电器间的相互干扰以及尘土的侵蚀等因素引起的。检修时应利用各种测量工具和仪器，根据设定的方案和流程对其进行检修。

1.4.1　汽车电路常见故障

汽车电路常见故障主要有：断路、短路、搭铁和接触不良等多种故障。

1. 断路引起的电路故障

断路就是电源与负载之间断开，即电路中的电流无法形成回路，使得电器设备不能工作。产生断路的原因主要有：导线断线（图 1-22）、熔断器熔断、负载熔断及接点或插接器脱落等。

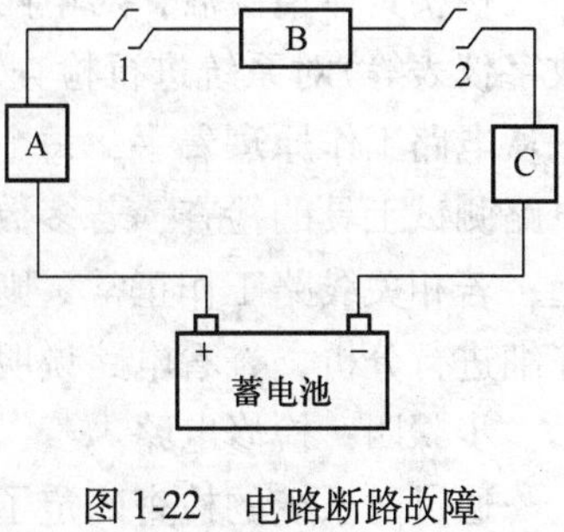

图 1-22　电路断路故障

2. 短路引起的电路故障

短路是电流没经过负载而直接使电源正、负极相接（图 1-23），导致负载不能正常工作，甚至产生很严重的后果，如

电路烧毁等，因此保护装置处于良好的工作状态是非常重要的。产生短路的原因多为绝缘破损或连接不良造成接头与接线柱脱离。

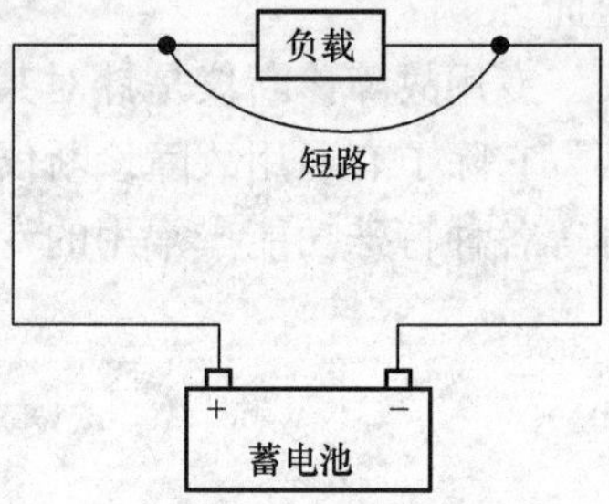

图 1-23　电路短路故障

3. 接触不良引起的电路故障

线路长时间使用后，由于磨损、尘土的侵蚀等因素，导致线路的接点之间出现接触不良，即接触电阻超过允许范围，使得负载不能正常工作。

4. 搭铁引起的电路故障

搭铁是电流经过负载后在不合适的地方搭铁。搭铁可使负载不受控制，或产生错误的控制。

1.4.2　汽车电路故障常用诊断与检修的一般流程

对于一个具有丰厚经验的技师来说，设计一个汽车电路故障诊断与检修的流程是其维修的必备功课。根据一般流程能使你有一个明确清晰的诊断思路，使得工作达到事半功倍的效果。设计一个可执行的流程，应从以下几个步骤做起，如图 1-24 所示。

步骤一：记录顾客反映的相关故障。

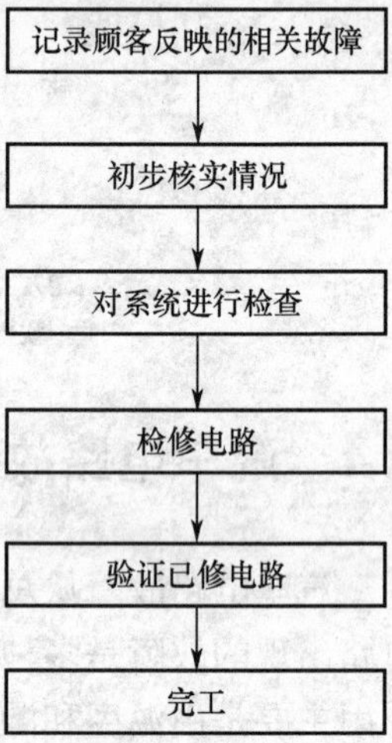

图 1-24　电路故障诊断与检修的流程图

在和客户进行交流时，应主动向顾客询问并记录车辆出现的故障现象以及出现故障时的相关环境(气候、路况、海拔、车速)；了解车辆各系统的工作情况，如发动机性能、自动变速器的运行工况、电子电器系统的工作情况以及制动系统、转向系统和悬架系统的工作情况。为了全面地了解问题所在，应向顾客提出的问题有：

1）出现故障时车辆有何现象？这种故障是连续还是偶尔出现？

2）车型和年款是什么？哪些配件厂和经销商为您提供服务？

3）有没有出现一次异常现象后再也没有出现的故障？

4）如果是间歇性故障，多长时间出现一次？

步骤二：初步核实情况。

此步骤是为了核实顾客所反映的故障现象，同时也为了缩小诊断范围。起动车辆运转各个系统，参考维修手册假设出现故障时的工况，必要时进行汽车路试，确定故障。也可以通过比较故障车和没有故障车(同型车辆)的运行工况确定故障。

步骤三：对系统进行检查。

核实具体情况后，对电路的故障范围有所了解，应利用专用工具和仪器(故障诊断仪、数字仪表等)对系统进行检查，可进一步明确哪些系统出现了问题，从而进行原因分析。首先从电路工作原理着手，每个电路图上都有一个公用熔丝、一个开关和一个搭铁。通过专用电路测试工具的检查，若多数线路同时出现问题，则原因多是出现在电源线、熔丝或搭铁线上；若相关线路工作正常，则公用部分没有问题，故障仅出现在有问题的这一线路中，则应仔细进行分析，查看电路说明书及相关资料，弄清故障所在并在电路图上做上记号。

步骤四：检修电路。

通过对系统的检查确定了故障所在，利用相应的专用工具检查系统有无机械咬合、插接件松动或线缆损坏，如有则应对其进行拆卸更换或维修。

步骤五：验证已修电路。

对电路进行一次诊断与检修之后，在所有工作模式下接通所有已修的回路中的所有组件，确认所有故障已排除并且没有在检修过程中造成新的故障。

1.4.3 汽车电路故障诊断与检修的常用方法

汽车电路故障诊断与检修的常用方法有多种，为了能够迅速准确的诊断故障，以下介绍几种常见的方法。

1. 直观法

直观法就是直接观察的方法，即通过人体的感觉器官(听、摸、闻、看等)对汽车电器进行直观诊断。它不使用任何仪器和仪表，凭维修者的直观感觉来检查和排除故障。此方法就是抓住汽车电系某部位发生故障时，会出现冒烟、火花、异响、焦臭和发热等异常现象，进而判断出故障的所在部位。这对于有一定经验的维修人员来说，不仅可以迅速准确的找到故障所在，而且可以大大地提高检修速度，增加工作效率。

例如，汽车在行驶中，突然发现转向灯与转向指示灯均不亮的故障，用手一摸发现闪光继电器发烫，说明闪光器已经烧毁短路。

2. 检查熔丝法

熔断装置主要有双金属片式断路器、熔断器和易熔线。当汽车某电路出现故障时，首先应查看的是熔断装置是否完好，有些故障就是简单的熔丝烧断，使电路处于保护状态。

例如汽车在行驶中，若某个电器突然停止工作，同时该支路上的熔丝熔断，说明该支路有搭铁故障存在。某个系统的熔丝反复熔断，则表明该系统一定有类似搭铁的故障存在，不应只更换熔丝。

3. 断路、短接法

当汽车某电器设备发生搭铁(短路)故障时，可用断路法判断，即将怀疑有搭铁故障的电路断开后，根据电器设备中搭铁故障是否还存在，判断搭铁的部位和原因。

如汽车行驶时，听到电喇叭长鸣，则可以将继电器“按钮”接柱上的导线拆开，此时如果喇叭停鸣，则说明喇叭按钮至继电器这段电路中有搭铁故障。

汽车电路中出现断路故障时，还可以用短路法判断，即将被怀疑有断路故障的电路短接，观察仪表指针变化或电器设备工作状况，从而判断出该电路中是否存在断路故障。

例如，怀疑汽车电路中的各种开关有故障，可用导线将开关连接起来判断开关是好是坏。

4. 试火法

试火法包括高压试火法和低压搭铁试火法两种。

高压试火法：对高压电路进行搭铁试火，观察电火花状况，判断点火系的工作情况。具体方法是：取下点火线圈或火花塞的高压导线，将其对准火花塞或缸盖等，距离约5mm，然后接通起动开关，转动发动机，看其跳火情况。如果火花强烈，呈天蓝色，且试火声较大，则表明点火系工作基本正常；反之，则说明点火系工作不正常。

低压搭铁试火法：即拆下用电设备的某一线头对汽车的金属部分(搭铁)碰试看是否产生火花来判断。这种方法比较简单，是汽车电工经常使用的方法，搭铁试火法可分为直接搭铁试火和间接搭铁试火两种。

所谓直接搭铁试火是未经过负载而直接搭铁而产生强烈的火花。例如，我们要判断点火线圈至蓄电池一段电路是否有故障，可拆下点火线圈上连接点火开关的线头，在汽车车身或车架上碰试，如果有强烈的火花，说明该电路正常；反之，则说明该段电路出现了断路。

间接搭铁试火是通过汽车电器的某一负载而搭铁产生微弱的火花来判断线路或负载是否有故障。例如，将传统点火系断电器连接线搭铁(回路经过点火线圈初级绕组)在汽车车身或车架上碰试，如果有火花，说明这段线路正常；反之，则说明电路有断路。特别值得注意的是，试火法不能在汽车电子线路上应用。

注意：试火法不宜用来检查汽车电子电路，以免损坏电子元器件。必要时，可采用一段细导线(通过电流很小)来做试火试验。

5. 试灯法

试灯法就是用一个汽车信号灯作为试灯，检查电器或电路有无故障(线束是否断路或短路)。在检测汽车电系的断路时，可在被怀疑断路处跨接上试灯，若试灯亮，说明电路有断路；反之则认为电路正常。

例如，用试灯的一端与交流发电机“电枢”接柱连接，另一端搭铁，若试灯不亮，则交流发电机“电枢”接柱与蓄电池断路；反之，则该电路良好。

采用试灯法时应注意试灯的功率不要太大，在检测电子控制器的控制输出端子是否有输出电压或是否有足够的输出电压时尤其要慎重，防止使控制器超载损坏。

例如，如果燃油系统不喷油，取下喷油器插头，在线束一侧的插头上相应于喷油器线圈的两个端子上接上试灯，打开点火开关，转动发动机，如果试灯随发动机的转动一闪一闪发亮，就表明故障不在控制器及其线束一侧，而在喷油器和油路之中；反之，则是喷油器收不到喷油指令，故障在控制器及其线束一侧。

6. 仪表法

仪表法采用观察汽车仪表板上的电流表、冷却液温度表、燃油表和机油压力表等的指示情况，来判断电路中有无故障。

例如，燃油箱刚处于满油状态，接通点火开关，燃油表指示零刻度不动，则说明燃油表线路断路。

7. 替换法

替换法常用于故障原因比较复杂的电路，能对可能产生的原因逐一进行排除，其具体做法是：用一个已知是完好的崭新零部件来替换被认为或怀疑是有故障的零部件，这样做可以测试出故障是否在怀疑部位。若替换后故障消除，说明怀疑成立；否则，装回原件，进行下一部件的替换，直至找到真正的故障部位。

8. 模拟法

汽车电路故障与车辆所处的环境有关，模拟法就是把汽车处于假设的环境中看其是否发生故障，实质上就是怀疑电路中某些元件有故障，进行发生条件模拟验证后诊断故障。模拟法主要应用于对各种传感器、指示机构、控制器和插接件等的判断。

(1) 车辆振动模拟　某些故障只发生在车辆行驶在粗糙路面上或发动机振动时，在这种情况下，应模拟相应情况下的振动，如图 1-25 所示。

(2) 热敏感性(温度)模拟　某些故障只发生在炎热天气或车辆温度达到一定高度时，

在这种情况下，要想确定电器元件是否热敏感，应用加热枪或类似的工具加热该元件。

注意：不要将电器元件加热到 60℃以上。

（3）浸水模拟　某些故障只发生在雨雪天气或高湿度环境中，在这种情况下，可以通过浸湿车辆来模拟故障情况。

注意：不得将水直接喷在电器元件上。

（4）电负载模拟　某些故障也可能对电负载敏感，在这种情况下，将所有附件（包括空调、后车窗除雾器、收音机和前照灯等）全部打开，如图 1-26 所示，然后进行诊断。

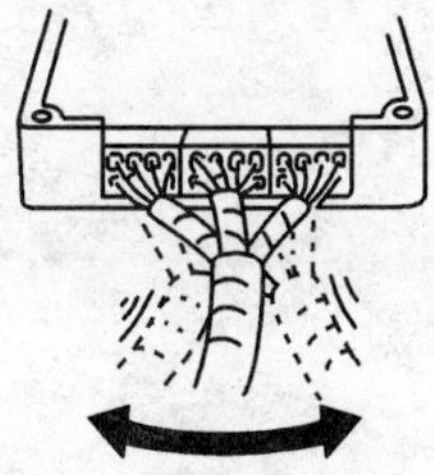

图 1-25　车辆振动模拟

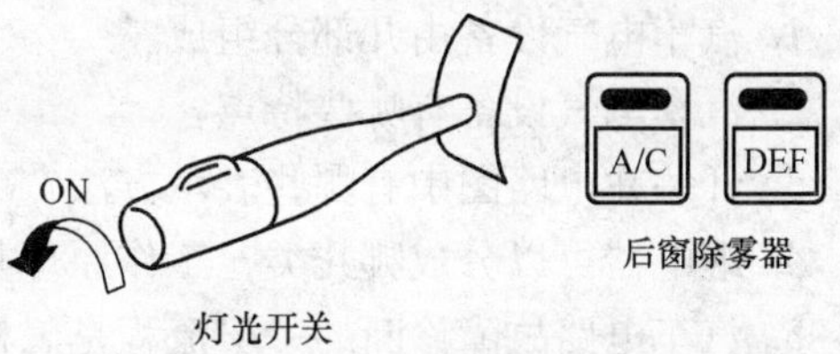

图 1-26　电负载模拟

1.4.4　汽车电路故障常用诊断与检修的注意事项

1）只要点火开关接通（ON），一些部分电气装置则不能强行断开，如蓄电池的任一线缆、混合气控制电磁阀、电磁喷油器、怠速控制装置（步进电动机）、二次空气喷射电磁阀、点火装置的导线、任何电脑的导线、电脑的 PROM、鼓风机导线插接器和空调离合器导线等。

2）拆下蓄电池时，应最先拆下负极电缆。装上蓄电池时，应是最后连接负极电缆。若负极线从蓄电池上拆下，当重新接上时防盗系统将启动，收音机、磁带和 CD 均不能工作，必须正确输入解密密码后才会重新工作。在对蓄电池进行拆卸与安装时，务必使点火开关和其他用电设备开关均置于关断位置（OFF），切勿颠倒蓄电池接线柱极性。

3）对装有电子控制装置的车辆进行系统检修时，应注意以下几个方面：

① 绝不可用试灯对电控系统的传感器部分和电脑控制单元进行检查（包括对其接线端子的检查）。

② 坚决禁止用搭铁试火或拆线试火的方法对电路进行检查。

③ 除了某些车辆的测试程序中有特殊说明外，一般不能用指针式万用表检查电控系统部分的电阻，而应该用高阻抗的数字式万用表（10MΩ 以上）或者电控系统专用检测仪表，以免电流过载损坏它们。

4）对于 SRS 系统维修时，如果不按正确程序操作，可能会导致 SRS 突然打开而造成严重的后果，因此在维修 SRS 以前，必须重视 SRS 装置上的警告内容。

5）若温度可能会超过 80℃，如红外线喷漆室中，则要拆下所有的 ECU（电控单元）。

6）进行电焊前（如点焊），先拆开蓄电池、气温控制器、喷油机构、定速控制系统、ECM（发动机控制模块）及收音机。

7）除非测试步骤上特别说明，否则绝不要把蓄电池电压直接施加给元件。

8）在蓄电池搭铁线连接较松的情况下，不得尝试起动发动机，否则会严重损坏接线。

9）如果蓄电池的搭铁线没有断开，不得对蓄电池进行快速充电，否则，会损坏直流发电机的二极管。

10）注意受屏蔽保护的导线和 ABS 系统导线不能修理。

11）更换烧坏的熔丝时，应使用相同规格的熔丝。使用比规格容量大的熔丝会导致电器损坏，严重的会发生火灾。

12）更换晶体管时，应先接入基极，拆卸时，则应最后拆卸基极。

思考与练习

1. 汽车电气设备由几部分组成？
2. 汽车电气设备有哪些特点？
3. 开关在电路图中有哪些表示方法？
4. 继电器可以分成哪几类？工作原理是怎样的？
5. 汽车电路故障诊断的一般流程是怎样的？
6. 汽车电路故障诊断的一般方法有哪些？

第 2 章　电源系统的检修及案例分析

学习要点：

- 了解电源系统故障会引起车辆出现怎样的现象。
- 了解电源系统电器设备的基本组成。
- 知道蓄电池的基本结构。
- 知道交流发电机的结构特征。
- 掌握电压调节器的类型及工作原理。
- 掌握充电系统的电路原理。
- 掌握对充电系统故障的诊断。

2.1　电源系统故障引起的车辆故障现象

汽车装有更多的电气装备，使车辆变得更加安全、舒适，因此汽车无论在行驶过程中还是在停止时都需用电。蓄电池为汽车电源系统的电源，对于充电系统是通过发动机运行来发电的。电源系统的主要故障部位如图 2-1 所示，其主要故障包括 6 个方面。

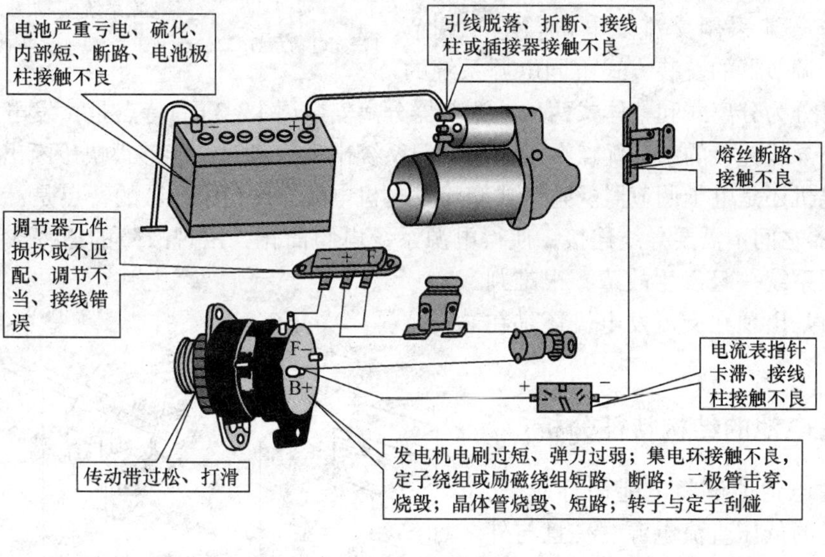

图 2-1　电源系统故障部位

1）起动发动机，发电机转速达到中高转速时，打开前照灯，电流表指示放电或充电指示灯不熄灭。

2）当发电机中高速运转时，打开前照灯，出现灯光暗淡，按动电喇叭声音小，且电流表指示充电电流过小。

3）车辆行驶时，充电电流始终保持在 10A 以上且不下降。

4）蓄电池耗液量增大，液面下降很快。

5）分电器的断电器触点经常烧蚀。

6）发动机正常运转时，电流表或充电指示灯指示充电，但电流表指针左右摇摆或充电指示灯闪烁。

2.2 电源系统的组成与特征分析

汽车电源系统是向整车用电设备提供电能的一种装置，主要包括：发电机、蓄电池、充电指示灯和调节器等，如图 2-2 所示。

汽车有两个电源：蓄电池和发电机，并与汽车其他电器设备并联。蓄电池是辅助电源，起动时，接通点火开关，蓄电池向起动机供电。发电机是主要电源，当发动机正常工作时，发电机运转发电，向用电设备供电并给蓄电池进行充电。充电指示灯是一种放电警告灯，调节器是一种电压调节装置，在发动机转速变化时自动调节发电机的输出电压并保持稳定。电源系统还装有电流表、继电器、磁场继电器和电压表等。

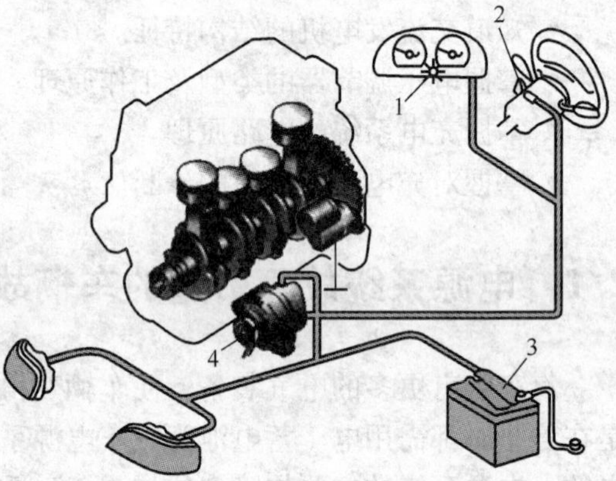

图 2-2 电源系统实物图

1—充电指示灯 2—点火开关 3—蓄电池 4—发电机

电源系统部件及线路的布置形式各不相同，但汽车普遍采用交流发电机与电子调节器，按电子调节器的安装方式不同电源系统的布置形式可分为分离式和整体式两种。调节器分离安装（图 2-3）的特点是：发电机与调节器之间是采用导线连接的。其优点在于：当电源系统出现故障时，能够很快诊断出故障是发生在交流发电机还是电子调节器。整体式交流发电机电源系统（图 2-4）的特点是：交流发电机与 IC 调节器之间不需要导线连接，使得电源系统电路简化，出现故障的概率大大降低。其缺点是电源系统一旦发生故障，很难判断出其故障是出现在交流发电机还是在 IC 调节器。

2.2.1 蓄电池的结构特征分析

汽车蓄电池能够将电能储存起来，是一种可逆的低压直流电源，一旦与外部负载连接或接通充电电路，便开始了它的能量转换过程。在充电时，蓄电池将电能转化为化学能；放电时，蓄电池将化学能转化成电能。

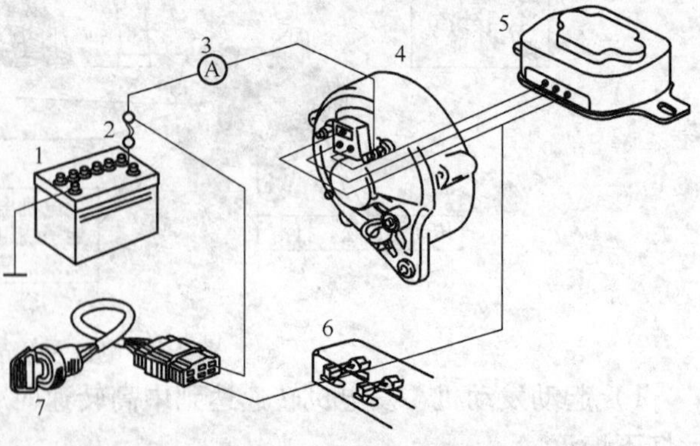

图 2-3 调节器分离安装时的电源系统

1—蓄电池 2—易熔线 3—电流表

4—交流发动机 5—电子式调节器

6—熔断器 7—点火开关

1. 蓄电池的分类

蓄电池可分为碱性蓄电池和酸性蓄

电池。在酸性蓄电池中，由于铅酸性蓄电池具有内阻小、电压稳定、价格便宜、结构简单和起动性能好等特点，所以在汽车上一般采用铅酸性蓄电池，铅酸性蓄电池按结构可分为橡胶槽蓄电池和塑料槽蓄电池，按性能可分为干荷电蓄电池、湿荷电蓄电池、普通蓄电池和免维护蓄电池。

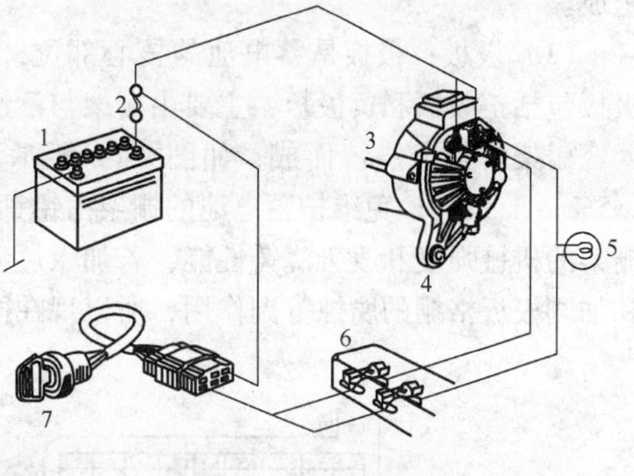

图 2-4　整体式交流发电机电源系统

1—蓄电池　2—易熔线　3—IC 调节器　4—交流发动机　5—充电指示灯　6—熔断器　7—点火开关

（1）干荷电蓄电池　蓄电池的极板处于干燥的充电状态下，能够在较长时间内(一般为 2 年)保存所得电量的蓄电池，称为干荷电蓄电池。如需使用，只需按规定加入电解液静置 20 ~ 30min 即可使用，在使用中应定期维护。

（2）湿荷电蓄电池　蓄电池极板处于已充电状态下，且蓄电池内部有少量电解液，称为湿荷电蓄电池。如需使用，只需按规定加入电解液静置 20 ~ 30min 即可使用，在使用中应定期维护。

（3）普通蓄电池　新蓄电池的极板不带电，初充电前需按照规定加电解液，初充电的时间较长，在使用中应定期维护。

（4）免维护蓄电池　蓄电池在有效期内(3 ~ 4 年)无需添加蒸馏水，也不需要维护的蓄电池称为免维护蓄电池，简称 MF 蓄电池。

2. 蓄电池的用途

在发动机正常工作时，汽车用电设备主要由发电机供电，而蓄电池的用途有：

1）在起动发动机期间，它为起动系统、点火系统、电子燃油喷射系统和汽车的其他电气设备供电。

2）当发动机停止运转或低怠速运转的时候，由它给汽车的用电设备供电。

3）当出现用电需求超过发电机供电能力时，蓄电池也参与供电。

4）蓄电池起到了整车电气系统的电压稳定器的作用，能够缓和电气系统中的冲击电压，保护汽车上的电子设备。

5）在发电机正常工作时，蓄电池将发电机发出的多余电能存储起来——充电。

当接通起动开关起动发动机时，蓄电池在 3 ~ 5s 内必须向起动机连续供给强大电流(汽油发动机汽车一般为 200 ~ 600A；柴油发动机汽车一般为 1000A)，由此可见，蓄电池的主要用途是起动发动机。

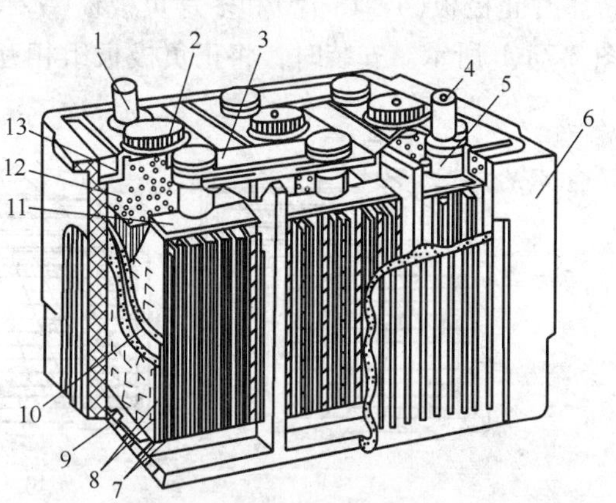

图 2-5　蓄电池结构

1—负极桩　2—加液口盖　3—联条　4—正极桩　5—极桩衬板　6—蓄电池外壳　7—正极板　8—负极板　9—肋条　10—隔板　11—横板　12—防护板　13—封口料

3. 铅蓄电池的结构

由于汽车上广泛使用铅酸蓄电池，就以铅酸蓄电池(图 2-5)为例介绍蓄电池的结构。其结构主要由极板、隔板、电解液和壳体四部分组成。

(1) 极板　极板是蓄电池的核心部位，如图 2-6a 所示，它接受蓄电池的充电和放电。极板包括正极板和负极板，主要由栅架与活性物质组成。

栅架由合金浇铸而成，如图 2-6b 所示。干荷电蓄电池的栅架由铅锑合金铸成(含锑 1.5% ~2.3%)，免维护蓄电池的栅架由铅钙锑合金铸成。合金中加入少量的锑是为了提高栅架的机械强度和改善浇铸性能，若加入过量的锑则会出现电解液加剧消耗、蓄电池自放电和加剧极板格栅的腐蚀等副作用，所以现在国内常用低锑或无锑栅架。

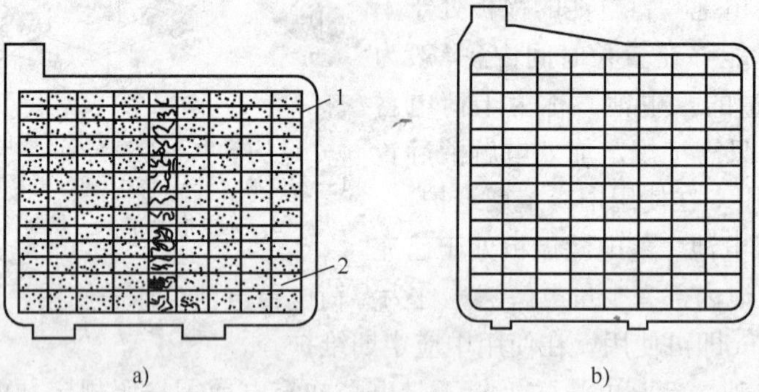

图 2-6　极板和栅架

a) 极板　b) 栅架

1—栅架　2—铅膏涂料(活性物质)

活性物质就是与电解液中的硫酸发生化学反应实现充、放电的物质，铅粉是活性物质的主要原料，由铅块放入球磨机中研磨而成。将铅粉与稀硫酸混合成膏状涂在栅架上即可得到生极板，生极板经热风干燥，再放入稀硫酸中进行化成(在蓄电池生产工艺中,对极板进行充电的过程称为“化成”,一般充电 18 ~20h 处理便可得到正极板和负极板。正极板上的活性物质为二氧化铅(PbO_2)，呈深棕色；负极板上的活性物质为海绵状铅(Pb)，呈深灰色。

由于单片极板上的活性物质数量少，所存储的电量就少，为了增大蓄电池的容量，一般将多片正极板(4 ~13 片)和多片负极板(5 ~14 片)分别并联，组成正极板组和负极板组，如图 2-7a、b 所示。安装时，将正负极板组相互嵌合，中间插入隔板装入电池槽就成了单格电

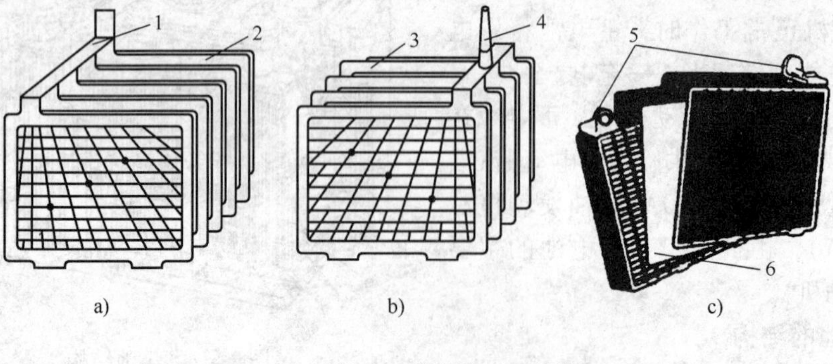

图 2-7　蓄电池极板结构

a) 负极板组　b) 正极板组　c) 极板组嵌合

1—汇流条　2—负极板　3—正极板　4—极桩　5—极板联条　6—隔板

池，如图 2-7c。在每个单格电池中，负极板的数量总是比正极板要多一片。因为正极板上的化学反应要比负极板上的化学反应剧烈，正极板都处在负极板之间，可使其两侧放电均匀，在工作时不易因活性物质膨胀而翘曲，不易造成活性物质脱落。

（2）隔板　为了减小蓄电池内阻和尺寸，正、负极板应尽可能靠近。但又为了防止相邻正、负极板接触而造成短路，应在正、负极板之间放一块能够渗透电解液的多孔性隔板，其功用是将正、负极板隔开。

隔板一般具有良好的耐酸性和抗氧化性。隔板材料有木质、微孔橡胶和微孔塑料等。

木质隔板价格便宜，但耐酸性能差，在硫酸作用下容易炭化和变脆，且消耗木材不符合保护环境的要求，因此已很少使用。微孔橡胶隔板性能好，使用寿命长，但生产工艺复杂、成本较高，故尚未推广使用。微孔塑料隔板孔径小、孔率高、薄而软、耐酸、耐高温性能好、寿命长，且成本低，因此目前广泛使用。微孔塑料隔板的结构如图 2-8 所示。隔板为一厚度小于 1mm 的长方薄片，其长度比极板稍长一些，且一面带有沟槽。在安装隔板时，带槽一面应面向正极板，且沟槽必须与壳体底部垂直。因为正极板在充、放电过程中的化学反应剧烈，沟槽能使电解液上下流通，也能使气泡沿槽上升，还能使脱落的活性物质沿槽下沉。

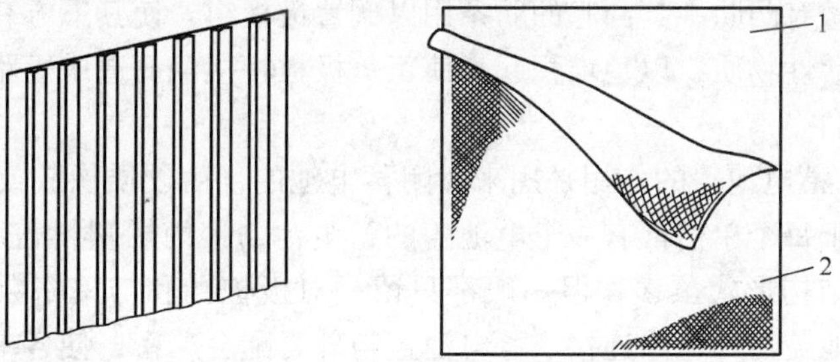

图 2-8　微孔塑料隔板的结构

1—隔板　2—玻璃纤维板

近年来，出现了袋式的微孔塑料隔板，如免维护蓄电池就采用聚乙烯袋式隔板，就是将正极板紧紧套在里面，起到了良好的分隔作用，并且能够使脱落的活性物质保留在内部，以防止极板短路，这样使得极板上部的容积增大，从而增大了电解液的储存量。

电解液由密度为 1.84g/cm³ 纯硫酸与蒸馏水按一定比例配制而成，其相对密度一般为 1.23 ~ 1.30g/cm³。电解液的纯度是影响蓄电池电气性能和使用寿命的重要因素，因此蓄电池用电解液必须符合专业标准 ZBK84 003—1989《铅酸蓄电池用电解液》的规定，根据最低气温的要求进行选择，见表 2-1。所用硫酸必须符合国标 GB 4554—1984《蓄电池用硫酸》规定，所用蒸馏水必须符合专业标准 ZBK84 004—1989《铅酸蓄电池用水》规定。一般工业用硫酸和普通水中含铜、铁等有害物质，会加速蓄电池自放电，因此不能用于蓄电池。

表 2-1　不同气候条件下的蓄电池密度

使用地区最低气温/℃	完全充足电的蓄电池在 25℃时的密度/(g/cm³)	
	冬　季	夏　季
< -40	1.31	1.27
-40 ~ -30	1.29	1.25

（续）

使用地区最低气温/℃	完全充足电的蓄电池在25℃时的密度/(g/cm³)	
	冬　季	夏　季
-30 ~ -20	1.28	1.25
-20 ~ 0	1.27	1.24
>0	1.24	1.24

（3）外壳　蓄电池外壳的功用是用来盛装电解液和极板组，应耐酸、耐热和耐振动冲击等，常用的材料有硬质橡胶、沥青塑料和工程塑料等。工程塑料的蓄电池外壳制作工艺简单、生产效率高，且具有美观透明、耐酸、质量轻和强度高等特点。目前我国已大量生产和采用工程塑料蓄电池外壳，如干荷电与免维护蓄电池都采用聚丙烯工程塑料壳体。

蓄电池的每个单元格所能产生的电动势大约为2V，为了获得更高的电动势，通常要将多个2V的蓄电池单元串联起来，为此在制造蓄电池外壳时，将一个整体的外壳分成若干个单格，一般是将整个外壳分成3个或6个互不相通的单格，安装3组或6组极板组，形成6V或12V的蓄电池。

各个单格底部做有凸肋，其凸起的肋条用以搁置极板组，使其下方有足够的空间作为沉淀槽，容纳脱落的活性物质，以免堆积起来使正负极板相接触而造成短路。

（4）其他零部件

1）蓄电池盖。蓄电池盖的作用是用来封闭蓄电池的，由硬质橡胶或聚丙烯塑料压制而成。硬质橡胶盖用于每个单格都有一个电池盖的蓄电池，聚丙烯塑料盖用于整体式蓄电池。整体式蓄电池盖的结构形式虽多，但一般都只留一对极桩孔和与单格数相等的注液口，其正、负极桩穿出电池盖与外电路连接。蓄电池盖与外壳配合严密，使各单格完全隔开。整体式电池盖的可拆修性较差。

2）联条。由于蓄电池各单格为串联连接，因此不同极性的极桩用联条连接起来。联条由铅锑合金铸成，有外露式、跨桥式和穿壁对焊式三种，前者用在硬橡胶外壳和盖上，后两种用在塑料外壳和盖上。

外露式是指联条外露在蓄电池盖的上面，这样不仅浪费材料、且容易损坏，还可能导致蓄电池自放电，一般不采用这种方式。跨桥式是指联条下部在蓄电池的平面上或埋在盖下，连接部分跨接在各单格电池的中间壁上。穿壁对焊式是指在中间壁上打孔，使极板组柄直接穿过中间隔壁而将各单格电池连接起来。

3）加液孔盖。加液孔盖用橡胶或塑料制成，旋在蓄电池盖的加注孔内。加液孔盖上有通气孔，下端有特制的隔板，其作用是将通气孔与单格上面的空间部分地隔开，以防汽车颠簸时电解液从通气孔溅出以及方便加注电解液。

加液孔盖上的通气孔应经常保持畅通，使蓄电池内部的氢气与氧气排出，以防蓄电池过早损坏或爆炸。若在加液孔盖上安装一个过滤器，还可以避免水蒸气逸出，减少水的消耗。

2.2.2　交流发电机的结构特征分析

汽车上是以蓄电池和发电机作为电源，但由于蓄电池的存电能力非常有限，它只能在起动汽车或汽车发动机不工作时为汽车用电设备提供电能，而不能长时间为汽车用电设备供电。因此，蓄电池只能作为汽车用电设备的辅助电源。发电机才是汽车用电设备的主要电源，其功用是在发动机怠速转速以上运转时，向除起动机外的所有用电设备供电，同时给蓄电池充电。

图 2-9　交流发电机实物图

汽车用发电机可分为直流发电机和交流发电机，由于交流发电机的性能在许多方面优于直流发电机，所以直流发电机渐渐被交流发电机所取代，如图 2-9 所示。目前汽车采用三相交流发电机，内部带有二极管整流电路，将交流电整流为直流电，所以，汽车交流发电机输出的是直流电。此外，交流发电机必须配装电压调节器。电压调节器对发电机的输出电压进行控制，使其保持基本恒定，以满足汽车用电设备的需求。

汽车交流发电机一般采用三相同步交流发动机，其基本结构由定子、转子、整流器和端盖等组成，如图 2-10 所示。

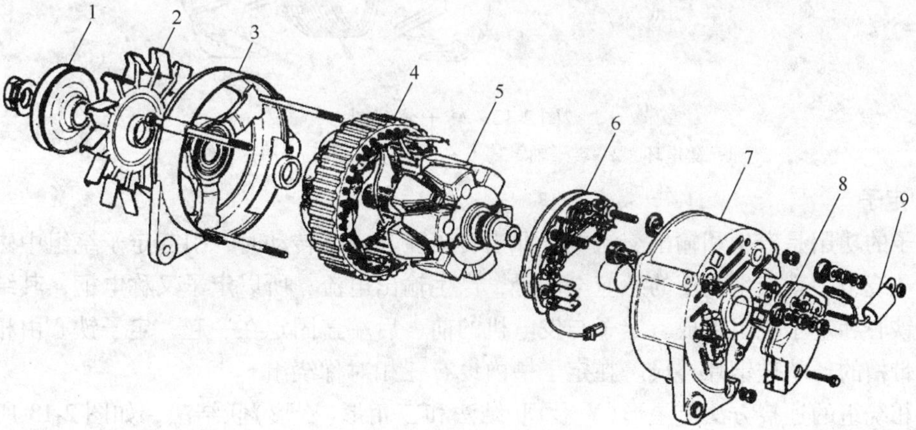

图 2-10　整体式交流发电机分解图

1—驱动带轮　2—风扇　3—驱动端盖　4—定子　5—转子　6—整流器
7—电刷端盖　8—集成电路调节器与电刷组件　9—抗干扰电容器

1. 转子

在汽车三相同步交流发电机中转子的功用是产生磁场。转子（图 2-11）由两块爪极、磁场绕组、铁心和集电环组成，如图 2-12 所示。

由低碳钢制成的两块爪极上制有 6 个鸟嘴形磁极。爪极间的空腔内装有铁心，铁心压装在转子轴上，称为磁轭。在磁轭上面绕有磁场绕组，磁场绕组的两引线分别焊接在两个集电环上。

集电环由彼此绝缘的两个铜环组成。集电环压装在转子轴的一端并与转子轴绝缘。两个铜环分别与发电机后端盖上的两个电刷相接触。当两个电刷与直流电源接通时，磁场绕组中便有电流流过，并产生轴向磁通，使一块爪极磁化为北极(即 N 极)，另一块爪极磁化为南极(即 S 极)，从而形成 6 对相互交错的磁极。

图 2-11　转子实物图

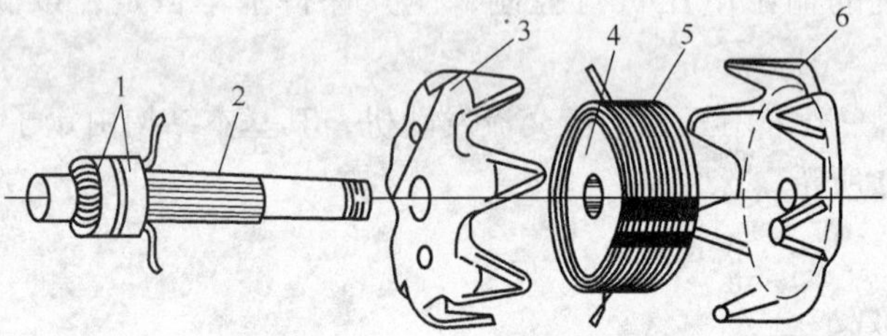

图 2-12　转子分解图

1—集电环　2—转子轴　3、6—爪极　4—磁轭　5—磁场绕组

2. 定子

定子的功用是产生和输出交流电，即当转子在其内部转动时，引起定子绕组中磁通的变化，定子绕组中就产生交变的感应电动势，产生输出电流，所以定子又称电枢，其结构主要由定子铁心和定子绕组组成。定子与发电机的前、后端盖固定在一起，定子铁心由相互绝缘的内圆带槽的环状硅钢片叠成。在定子槽内设有三相对称绕组。

三相绕组的连接方法有星形(Y 形)联结法和三角形(△形)联结法，如图 2-13 所示。三相绕组大多数采用星形(Y 形)联结法连接，其三个末端 X、Y 和 Z 连接在一起，三个始端 A、B 和 C 作为交流发电机的输出端，图 2-14 所示为交流发电机展开图。在绕制三相绕组时要符合一定的要求和原则。

(1) 要求　使三相绕组产生的频率相同、幅值相等和相位互差 120°电角度的三相对称电动势。

(2) 原则　每个绕组的线圈个数、每个线圈的匝数和每个线圈的节距都必须相等；三相绕组的起端 A、B、C(或末端 X、Y、Z)在定子槽内的排列必须相隔 120°电角度。

3. 整流器

交流发电机整流器的功用是将定子绕组的三相交流电整流成直流电，整流器主要由整流板和二极管组成，如图 2-15 所示。一般整流器由 6 个二极管组成，除此之外还有 8 管、9 管和 11 管整流器。

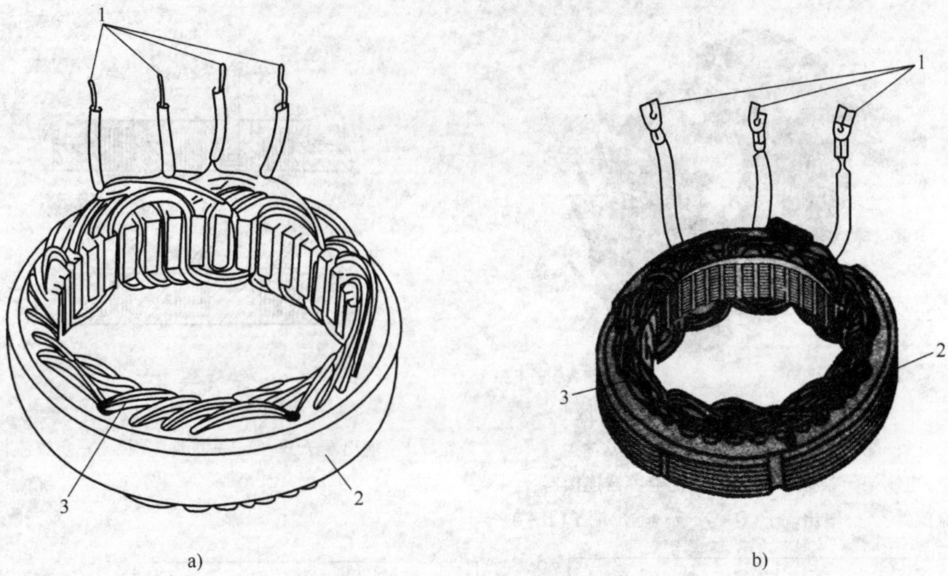

图 2-13 定子总成

a）星形联结法定子 b）三角形联结法定子

1—绕组引线 2—定子铁心 3—定子绕组

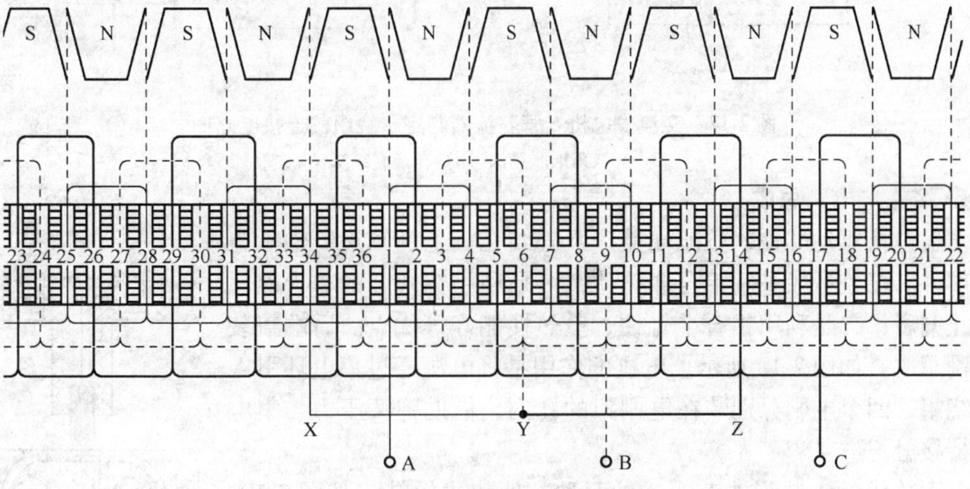

图 2-14 交流发电机定子展开图

外壳为正极、中心引线为负极的二极管称为负极管，管壳底上标有黑色标记；外壳为负极、中心引线为正极的二极管称为正极管，管壳底上标有红色标记。安装二极管的散热器板称为整流板(也称元件板)，主要由合金制成，安装 3 个负极管整流板(装在内侧)称为负整流板；安装 3 个正极管的整流板(装在外侧)称为正整流板，与后端盖绝缘固定，其固定螺栓通至发电机外壳，作为发电机的正极接线柱“B”（“ + ”、“A”或电枢），如图 2-16 所示。两整流板之间相互绝缘。

整流器的总成形状各异，有马蹄形、长方形、半圆形和圆形等。6 管整流器与定子绕组的连接如图 2-17 所示。

图 2-15　交流发电机的整流器总成

1—输出整流二极管　2—磁场二极管

3—电刷架压紧弹片　4—防干扰电容器连接器

5—整流器　6—输出端子（D +）　7—输出端子（B +）

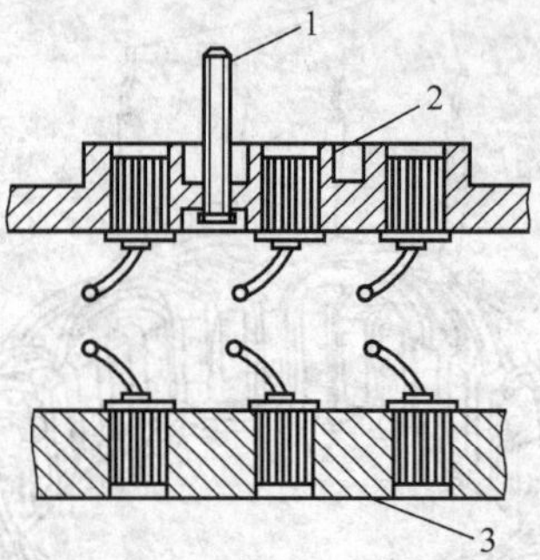

图 2-16　整流板

1—输出端子 B +　2—正整流板　3—负整流板

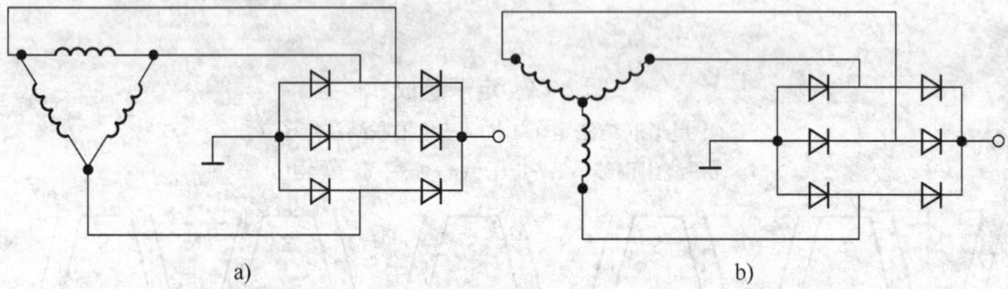

图 2-17　交流发电机 6 管整流器与定子绕组的连接电路图

a）三角形联结法　b）星形联结法

4. 端盖与电刷总成

端盖包括驱动端盖、整流端盖以及安装在其上的轴承、轴承盖等零部件。端盖一般采用铝合金铸造，一是利用铝合金的非导磁材料防止漏磁；二是利用铝合金轻便、散热性能好等优点。后端盖装有电刷总成，如图 2-18 所示。电刷的作用是将电源通过集电环引入励磁绕组，两个电刷分别装在电刷架的孔内，借助弹簧压力与集电环保持接触。

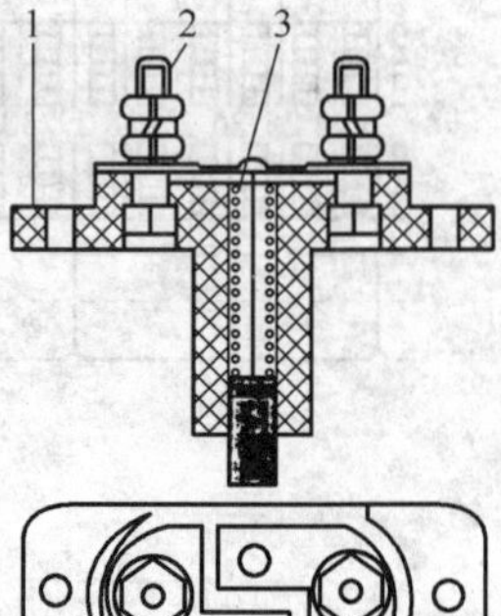

图 2-18　电刷总成

1—电刷架

2—“磁场”端子

3—电刷与电刷弹簧

电刷总成的安装形式有内、外两种。外装式的结构如图 2-19a 所示，其电刷的拆装和更换在发电机外部就可以进行，拆装十分方便，所以交流发动机普遍采用。内装式结构如图 2-19b 所示，其电刷的拆装和更换是在发电机内部进行，由于拆装不便，因此交流发电机很少采用。

定子绕组通过两个电刷与外电路相连，根据电刷与外电路的连接形式不同，交流发电机可分为内搭铁型和外搭铁型两种。

（1）内搭铁型交流发电机　定子绕组的一端经负电刷引出后与发电机端盖直接相连（直接搭铁）的发电机称为内搭铁型交流发电机，如图 2-20a 所示。

（2）外搭铁型交流发电机　定子绕组的两端均与端盖绝缘，且其中一端经调节器后搭铁的发电机称为外搭铁型交流发电机，如图 2-20b 所示。

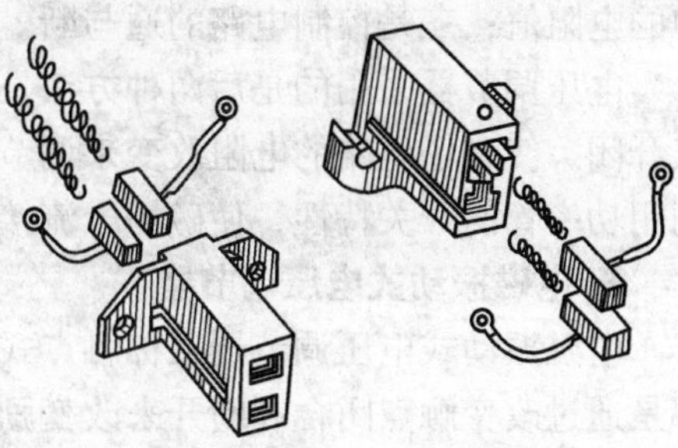

a)　　b)

图 2-19　不同安装形式的电刷架
a）外装式　b）内装式

2.2.3　电压调节器

交流发电机电压调节器是把交流发电机输出电压控制在一定范围内的调节装置。电压调节器的种类很多，按元器件的性质来分可分为电磁振动式和电子式两大类。其中电子式又可分为晶体管式和集成电路式。晶体管式电压调节器按搭铁形式可分为内搭铁式(与内搭铁式交流发电机配套使用)和外搭铁式(与外搭铁式交流发电机配套使用)。

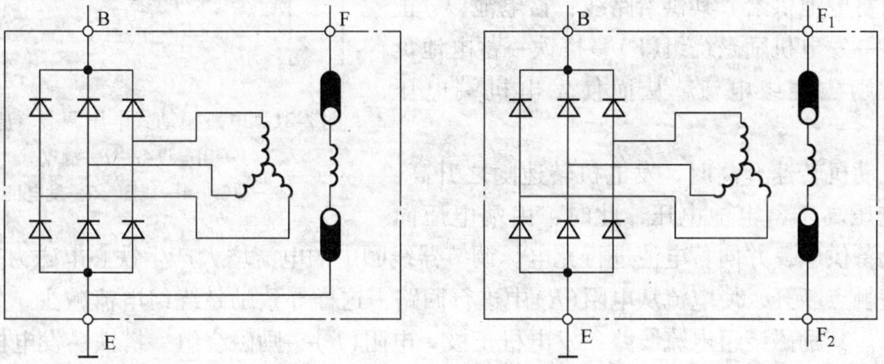

a)　　b)

图 2-20　交流发电机的搭铁形式
a）内搭铁型交流发电机　b）外搭铁型交流发电机

1. 电压调节器的功用

交流发电机在汽车上是由发动机按照固定传动比驱动旋转的，其转速 n 随发动机转速变化而发生变化。根据电磁感应原理，交流发电机输出的电压随发电机转速和负载(电流输出)而变化。在汽车行驶过程中，发动机的转速是不断发生变化的，所以交流发电机转速很难保持稳定，因此，为了使发电机能够输出稳定的电压，必须采用调节器来调节电压。

电压调节器的功用：当发电机转速和发电机上的负载发生变化时，自动调节发电机电压并使电压保持稳定，防止输出电压过高而损坏用电设备和导致蓄电池过量充电。

2. 电压调节原理

交流发电机空载时输出电压 U 与感应电动势相等，而感应电动势 E_ϕ 与发电机转速 n 和每极磁通 Φ 成正比，即：

$$U = E_\phi = C_1 n\Phi$$

当发电机转速 n 变化时，如果要保持发电机电压的恒定，就必须改变磁极磁通 Φ。由于磁极磁通 Φ 的多少取决于磁场电流的大小，因此在发电机转速变化时，只要自动调节磁场电流，就能使发电机电压保持恒定。因此调节器的调节原理就是：通过调节磁场电流使磁极磁通 Φ 改变来使发电机输出电压保持恒定。

在一个电路中调节电流的方法一般有三种：一是通过更改电路中的电压；二是更改电路

中的电阻值；三是控制电路的通与断。

电压调节器采用的是后两种方法。电磁振动式电压调节器调节磁场电流的方法是通过触点开闭，使磁场电路的电阻改变来调节磁场电流；电子式电压调节器调节磁场电流的方法是利用功率管的开关特性，使磁场电流接通与切断来调节磁场电流。

3. 电磁振动式电压调节器

电磁振动式电压调节器又称触点式电压调节器，包括双触点式和单触点式，其基本原理都是通过改变触点闭合和断开来改变励磁电流大小的，如图 2-21 所示。

当闭合点火开关起动发动机时，发电机转速较低，使得端电压低于蓄电池电压，蓄电池向各用电设备供电。此时，调节器线圈中的电流过小处于不工作状态，导致触点闭合，发电机励磁绕组电流由蓄电池供给。其供给路线：蓄电池(U)正极→触点→发电机励磁绕组(F)→搭铁→蓄电池负极。增大励磁绕组电流，从而使发电机端电压升高。

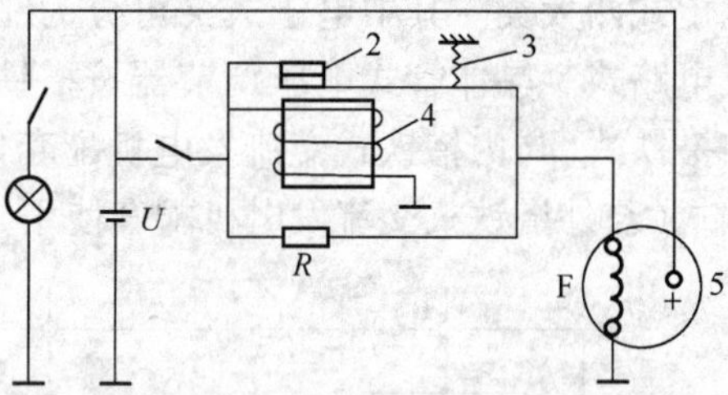

图 2-21　电磁振动式电压调节器原理图

1—用电设备　2—触点

3—拉簧　4—线圈　5—发电机

当发动机转速升高时，发电机转速随之升高，使得端电压高于蓄电池电压，此时，由端电压向各用电设备供电，并向蓄电池进行充电。调节器线圈中的电流增大产生铁心电磁力克服弹簧拉力，使触点断开，使电流从电阻(R)中进行回路，这样导致励磁绕组电流减少，发电机端电压下降。其励磁绕组电流线路：发电机正极→电阻(R)→励磁绕组→搭铁→发电机负极。

当发动机转速减低时，发电机端电压下降，调节器线圈电流过小使得铁心电磁力变小，触点闭合，又增大励磁绕组电流，升高发电机的端电压。如此反复，使发电机电压处于一个稳定值。

触点式电压调节器在触点开闭过程中存在着机械惯性和电磁惯性，使得触点振动频率较低，当发电机高速满载突然失去负载时，有可能因触点动作迟缓而导致发电机产生过电压，损坏晶体管元件。除此之外，当触点分开时，磁场电流的迅速下降使触点间产生火花，导致触点氧化、烧蚀，缩短使用寿命，还会造成无线电干扰。这种调节器结构复杂，体积和质量大，维修、保养、调整不便，所以目前电磁振动式调节器已被淘汰。

4. 晶体管电压调节器

晶体管电压调节器也叫电子调节器，以稳压管提供基准电压，控制晶体管的开关特性来调节励磁电流，使发电机电压保持稳定。这种调节器没有触点，所以在使用过程中无须维护，其结构简单、体积小、质量轻。目前，国内外生产的晶体管调节器一般由 2 ~4 个晶体管，1 ~2 个稳压管和一些电阻、电容及二极管等组成，其晶体管和稳压管的符号如图 2-22 所示。

稳压管是一种特殊的二极管，是一种电压正向导通，反向截止二极管，其稳压主要表现在当反向电压达到一定值时，稳压管便会反向击穿，在这种状态下，击穿电流的变化范围可以很大，但击穿电压基本保持不变——稳压。

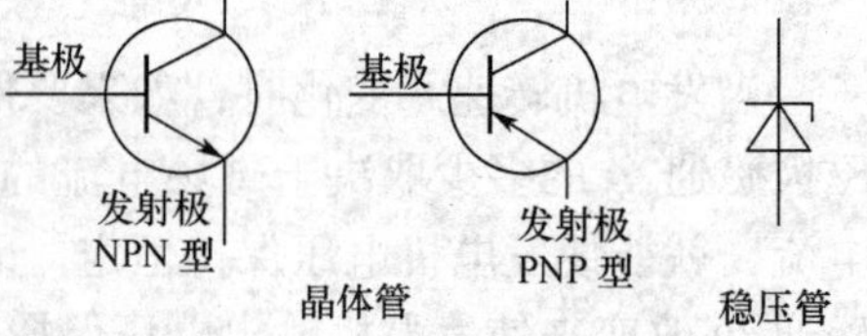

图 2-22　晶体管和稳压管

晶体管在调节器中起电子开关的作用，它利用发射极 e、基极 b、集电极 c 三者之间的关系，即基极 b 作为控制极，发射极 e 和集电极 c 作为开关，来控制励磁电流的大小。

晶体管式电压调节器分为内搭铁式和外搭铁式，其内搭铁式晶体管调节器安装在发电机与点火开关之间，发电机励磁绕组一端搭铁，如图 2-23a 所示。外搭铁式晶体管调节器安装在发电机励磁绕组与搭铁之间，发电机励磁绕组经调节器控制后搭铁，如图 2-23b 所示，但它们的工作原理基本相似。

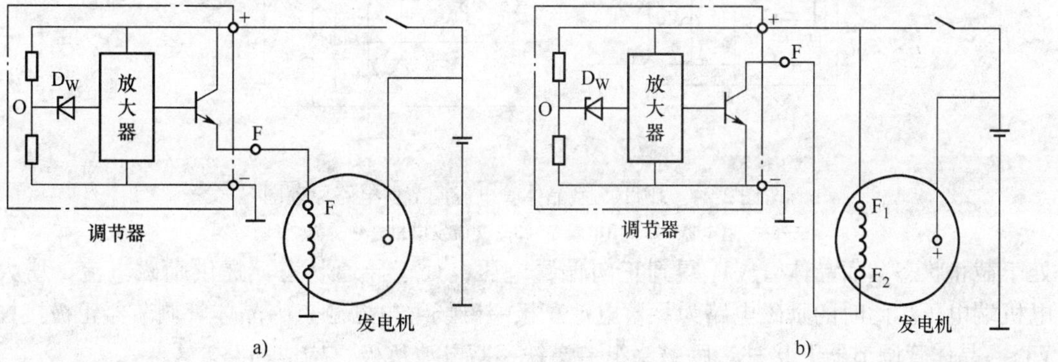

图 2-23　发电机和调节器的两种连接方式
a）内搭铁式　b）外搭铁式

在内搭铁式调节器工作原理图中，调节器的“＋”接线柱接点火开关，F 接线柱接发电机中的励磁绕组，“＋”和 F 之间为晶体管的集电极与发射极之间形成的开关电路，“＋”与“－”之间有二个电阻组成的分压器，其 O 点电压正比于发电机电压，O 点与放大器之间接有稳压管 D_W，用来感受电压，其工作过程为：当发电机电压较低时，分压器中间 O 点电压也较低，此时电路正向低压使稳压管处于截止状态，此状态经放大器放大，给晶体管的基极一个高电位信号，使晶体管导通，励磁电流可以通过晶体管流入发电机励磁绕组，使发电机端电压上升；当电压上升高到一定值时，O 点电压达到击穿稳压管电压，使稳压管被击穿，此信号经放大器放大后给晶体管一个低电位信号，使晶体管截止，关闭励磁电流，使得发电机端电压下降，又使调节器回到原始工作状态。调节器如此循环工作，保证了发电机电压处在一个稳定状态。

下面以 JFT105 型和 JFT106 型晶体管电压调节器为例，介绍内搭铁式和外搭铁式电压调节器的实际使用工作情况。

JFT105 型是一种内搭铁式晶体管电压调节器，在东风 EQ1090 系列汽车上装有此型号电压调节器，图 2-24 所示为 JFT105 型晶体管电压调节器电路原理图，在其电路图中，VD 是续流二极管，它与发电机励磁绕组并联，用来保护大功率晶体管VT_2，R_2 既是晶体管 VT_1 的集电极负载电阻，也是晶体管 VT_2 的基极偏流电阻。电容器 C 的作用是利用电容器两端电压不能突变的特点，推迟稳压管导通与截止时间，从而降低晶体管的开关频率，以减小管子的发热量。当闭合点火开关 K 时，磁场继电器工作触点闭合，此时晶体管电压调节器工作过程如下：

当发电机转速较低时，蓄电池电压高于发电机端电压，此时各用电设备电源和励磁电流由蓄电池供给，由于加在电阻 R_3 上的分压较低不足以反向击穿稳压管 VS，因此晶体管 VT_1

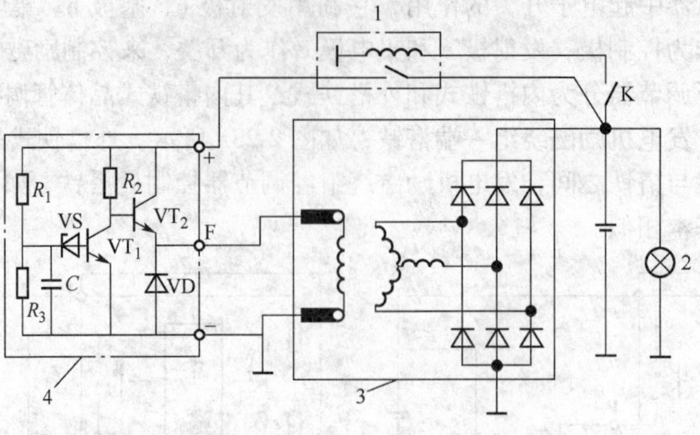

图 2-24　JFT105 型晶体管电压调节器电路原理图

1—磁场继电器　2—用电设备　3—交流发电机　4—晶体管调节器

处于截止状态，而晶体管 VT_2 得到正向偏置电压，处于导通状态，提供励磁电流，增大发电机端电压。此时的励磁电路为：蓄电池正极→磁场继电器触点→晶体管调节器正极接柱→VT_2→晶体管调节器 F 接柱→励磁绕组→搭铁→蓄电池负极，构成回路。

当发电机转速继续升高，发电机端电压达到某一值时，发电机端电压高于蓄电池电压，各用电设备电源和励磁电流由发电机供给。加在 R_3 上的电压使稳压管 VS 反向击穿而导通，晶体管 VT_1 得到正向偏置电压，处于导通状态。由于 VT_1 导通，使得 VT_2 的基极与发射极短路，所以 VT_2 截止，从而切断了励磁电路，此时发电机因没有励磁电流而使输出电压迅速下降。此时的调节器电路为：交流发电机→磁场继电器→晶体管正接线柱→VT_1→搭铁→发电机负极。

晶体管电压调节器是以稳压管 VS 作为感受元件的，利用感受电压的变化来控制晶体管的导通与截止，并接通与切断发电机励磁电流，改变发电机的输出电压，使发电机电压得到稳定的调节。

JFT106 型晶体管电压调节器属于外搭铁式电压调节器，在 CA1091 型汽车上装有此种电压调节器，这种调节器可以配用 14V、750W 的九管交流发电机，也可使用于 14V、功率小于 1000W 的六管交流发电机。图 2-25 所示为 JFT106 型晶体管电压调节器电路原理图。

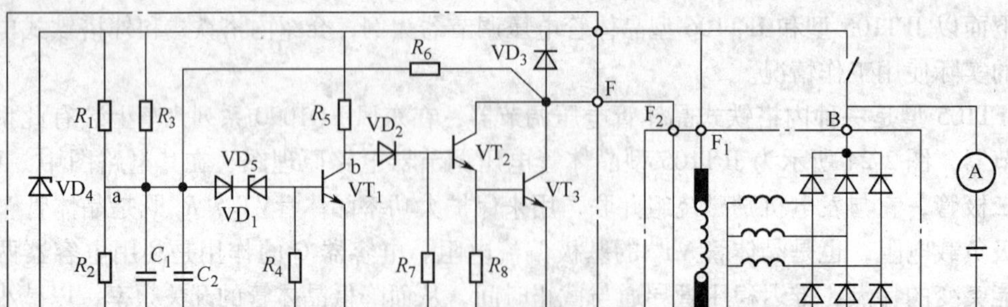

图 2-25　JFT106 型晶体管电压调节器

由图 2-25 知，调节器共有“B”、“F”和“－”三个接线柱，“B”接柱经熔断器接至点火开关与发电机的“B”接柱连接，“F”接柱与发电机的“F”接柱连接，“-”接柱搭铁。电阻 R_1、R_2 和 R_3 构成分压器，与稳压管 VD_5 构成电压敏感电路，晶体管 VT_1 与复合连接的晶体管 VT_2、VT_3 构成两个开关电路，VT_1 作为开关控制，R_4、R_5、R_6 和 R_7 是晶体管的偏置电阻，保证晶体管正常工作。

JFT106 型调节器的工作原理如下：闭合点火开关，当发电机转速较低，发电机电压低于蓄电池电压时，蓄电池为电路电源，其电压经点火开关作用在分压器两端，稳压管 VD_5 承受反向电压。由于反向电压低于 VD_5 的反向击穿电压，因此 VD_5 截止，晶体管 VT_1 也截止。b 点电位近似于电源电位，二极管 VD_2 承受正向电压而导通，于是晶体管 VT_2、VT_3 也导通，接通了发电机励磁绕组的电路。其通路为：蓄电池正极→点火开关→发电机 F_1 接线柱→发电机励磁绕组→发电机 F_2 接线柱一调节器 F 接线柱→VT_3→调节器搭铁→蓄电池负极。

发电机转速继续上升，当发电机电压升高到规定的调压值时，发电机端电压大于蓄电池电压，发电机作为电路的电源，作用在分压器 a 点的电压，即稳压管 VD_5 承受的反向电压超过它的反向击穿电压，使稳压管被击穿导通，晶体管 VT_1 也导通。VT_1 的导通使 b 点电位降低，二极管 VD_2 承受反向电压而截止，导致 VT_2、VT_3 截止，切断了发电机的励磁电流，使发电机电压下降。当电压下降到限压值以下时，稳压管 VD_5 又截止，于是 VT_1 也截止，使得电路又回到原来的状态。这样反复循环，控制励磁电路的通断，使发电机在转速变化时，能保证发电机电压保持恒定。

在晶体管调节器中其他一些电子元件的作用如下：

1）稳压管 VD_4 接在发电机的输出端，利用稳压管的稳压特性，可对发电机所产生的瞬间过电压起保护作用。

2）二极管 VD_1 接在稳压管 VD_4 之前，以保证稳压管安全可靠工作。当发电机输出电压很高时，它能限制稳压管 VS_1 电流不致过大而烧坏。

3）二极管 VD_3 反向并联于发电机励磁绕组两端，起续流作用。当 VT_3 截止时，磁场绕组可能产生较高的自感电动，VD_3 是为防止击穿晶体管 VT_3 而设，起到保护晶体管 VT_3 作用。

4）二极管 VD_4 为分压二极管，其作用是保证晶体管 VT_2、VT_3 处于截止状态时可靠截止。

5）反馈电阻 R_8 具有提高灵敏度、改善调压质量的作用。

6）电容 C_1、C_2 能适当降低晶体管的开关频率。

5. 集成电路(IC)电压调节器

世界各国汽车大部分采用集成电路电压调节器。集成电路电压调节器又称为 IC 电压调节器，可分为全集成电路电压调节器和混合集成电路电压调节器。全集成电路电压调节器是将二极管、晶体管、电阻和电容等电子元件同时制在一块硅基片上。混合集成电路调节器由混合电路加集成电路组成，用厚膜或薄膜电阻与集成的单片芯片或分立元件组装而成，目前各国生产的集成电路电压调节器大多为混合集成电路电压调节器。

集成电路电压调节器和分立元件的晶体管电压调节器有共同的优点且工作原理相同，其工作原理也是利用晶体管组成开关电路，以控制励磁电流来调节发电机的输出电压，除此之外，集成电路还具有以下特点：

1）体积小、质量轻，因此可以直接装在发电机内部或壳体上成为整体式交流发电机的一个零件，这样可以省去调节器和发电机之间的导线，减少了线路损失和线路故障，使调节

器的精度可达 ±0.3V，工作更为可靠。

2）耐高温性能好，可在130℃高温下正常工作。

3）更加耐振，使用寿命长。

（1）集成电路电压调节器电压检测方法　集成电路电压调节器直接在发电机上检测发电机的输出电压称为发电机电压检测方法，用连接导线检测蓄电池的端电压来调节蓄电池电压称为蓄电池电压检测法。

1）发电机电压检测法。发电机电压检测法的线路如图 2-26 所示，加在分压器 R_1 和 R_2 上的电压为励磁输出端 L 的电压 U_L，而发电机输出电压 U_B 与 U_L 相等。则 P 点的电压为：

$$U_p = U_L \frac{R_2}{R_1 + R_2} = U_B \frac{R_2}{R_1 + R_2}$$

因此，加在稳压管VD$_1$ 上的检测点 P 的反向电压 U_p 与发电机的端电压 U_B 成正比。所以该线路称为发电机电压检测法线路。

2）蓄电池电压检测法。蓄电池电压检测法的线路如图 2-27 所示，加在分压器 R_1、R_2 上的电压为蓄电池端电压，由于通过检测点 P 加到稳压管VD$_1$ 上的反向电压与蓄电池端电压成正比，所以该线路称为蓄电池电压检测法线路。

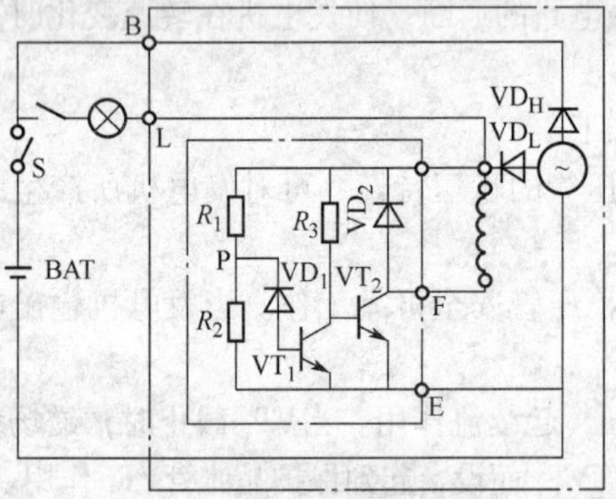

图 2-26　发电机电压检测法线路图

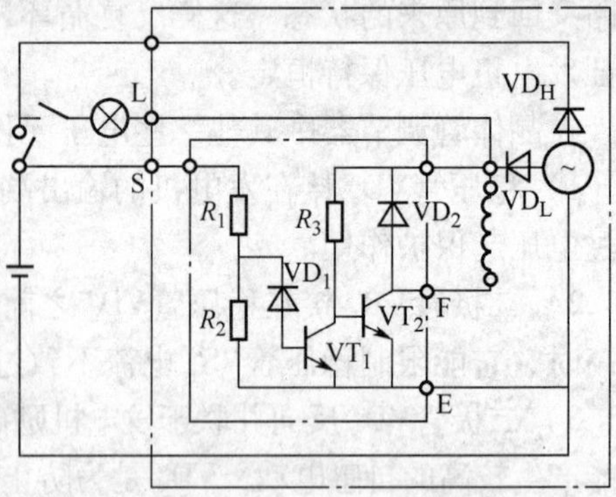

图 2-27　蓄电池电压检测法线路图

在这两种基本线路中，发电机电压检测线路的发电机引出线可以少一根，但是发电机 B 到蓄电池 BAT 接线柱之间的电压降较大时，蓄电池的充电电压将会降低，使蓄电池充电不足，因此一般大功率发电机宜采用蓄电池电压检测法。

采用蓄电池电压检测法，若 B 到 BAT 之间或 S 到 BAT 之间断线时，调节器便不能检测出发电机的端电压，发电机便会失控。为了克服这一缺点，有些内装集成电路电压调节器的发电机采取了一定的控制措施。

（2）集成电路电压调节器实例

1）日产蓝鸟轿车交流发电机的集成电路电压调节器。图 2-28 所示为日产蓝鸟轿车交流发电机的集成电路电压调节器的电路图，在发电机外部有 3 个接线端子，分别是发电机输出端子 B、充电指示灯接线端子 L 和蓄电池接线端子 S。

① 励磁电流的控制。在图 2-28 中，R_1 和 R_2 组成分压器，直接从蓄电池上检测发电机电压信号，控制调节器的大功率晶体管VT$_2$ 的通、断，从而控制励磁电流的通、断，使发电机电压得到控制。当接线端子 S 到蓄电池之间或发电机的输出端 B 到蓄电池之间的电线断

线时，发电机电压信号可以经电阻 R_4 加在分压器 R_1 和 R_2 上，使发电机电压仍能得到控制。

② 充电指示灯电路。闭合点火开关，使继电器触点闭合，此时，如果发电机电压低于蓄电池电压，励磁电流经继电器→充电指示灯→接线端子 L→发电机内部 D→励磁绕组→大功率晶体管 VT_2，供给发电机磁场电流，充电指示灯亮。若发电机发电，发电机输出电压高于蓄电池电压时，充电指示灯两端电压相等，充电指示灯熄灭。

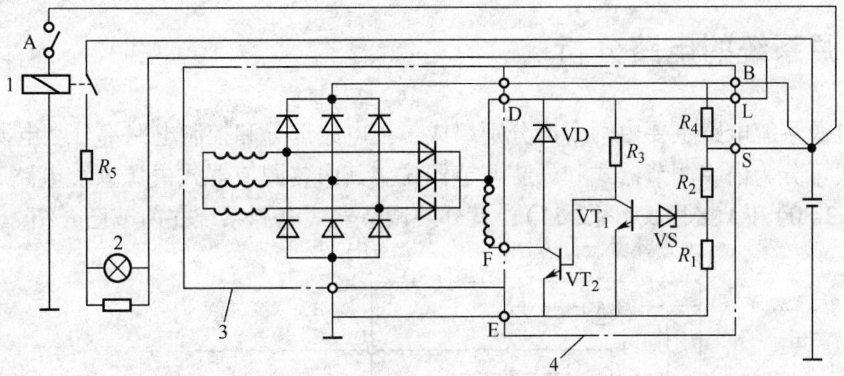

图 2-28　日产蓝鸟轿车交流发电机集成电路电压调节器电路图

1—继电器　2—充电指示灯　3—发电机　4—调节器

2）夏利轿车发电机集成电路电压调节器。夏利轿车属于我国典型的国产车，其电压调节器属于混合集成电路电压调节器，为内装式外搭铁型，图 2-29 所示为夏利轿车电压调节器的电路图，该发电机电压调节器是由一块单片集成电路和晶体管等元件组成。

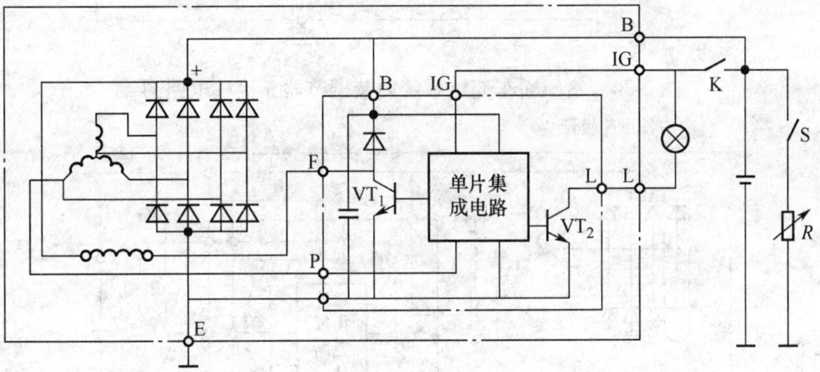

图 2-29　夏利轿车混合集成电路电压调节器电路图

① 接通点火开关且发电机未转动时，蓄电池端电压经接线柱 IG 输入到单片集成电路，使晶体管 VT_1 和VT_2 的基极均有电流流过，于是VT_1 和 VT_2 同时导通。VT_1 导通，蓄电池向励磁绕组提供电流，励磁电路为：蓄电池正极→接线柱 B→励磁绕组→接柱 F→VT_1→搭铁→蓄电池负极。VT_2 导通时，充电指示灯亮，表示发电机不发电。

② 当发电机转速较低时，发电机端电压高于蓄电池端电压而小于调节电压，此时 VT_1 仍导通，但电路由发电机提供电源。同时，由于 P 点电压输入单片集成电路使VT_2 截止，故充电指示灯会熄灭，表示发电机在向蓄电池充电。

③ 当发电机转速较高，其输出电压升高到调节电压时，单片集成电路检测出该电压，

于是VT_1由导通变为截止，切断励磁绕组电流，发电机电压下降。当电压下降到略低于调节电压时，单片集成电路又使VT_1导通，如此反复，发电机输出电压被稳定在调节电压范围内。

当磁场电路和发电机的输出端B断线时，经单片集成电路检测后，使VT_2导通，点亮充电指示灯，以示异常。

2.3　电源系统的电路分析

汽车电源系统电路主要由两个部分别组成：主电路部分和控制电路部分。电源系统电路按结构形式可分为内装调节器式和外装调节器式。其内装调节器式电源系统电路又可分为3接柱式（图2-30）和4接柱式（图2-31）；其外装调节器式电源系统在前节已介绍。

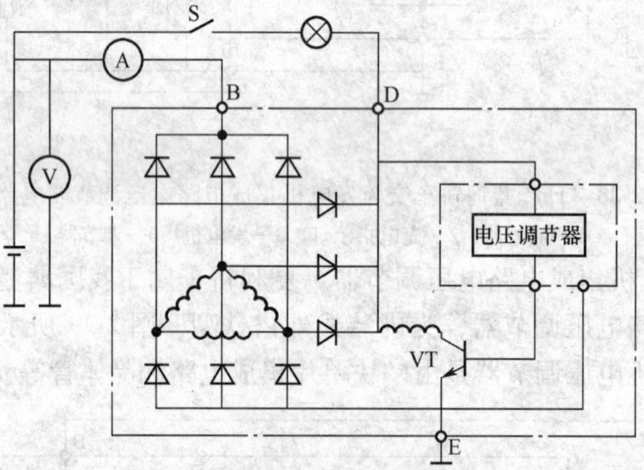

图2-30　富康轿车充电系统内装调节器3接柱电路图

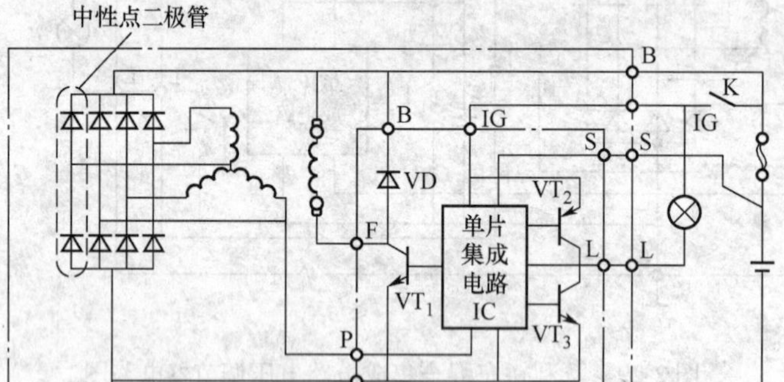

图2-31　丰田轿车电源系统内装调节器4接柱电路图

主电路部分是交流发电机对蓄电池进行充电的电路部分，其电路连接路线为：蓄电池正极→熔断器→电流表（有些车没有）→发电机输出端→搭铁→蓄电池负极。如果蓄电池与车辆主电缆连接好，在发电机输出端（通常标注“+”、“B”或“A”）即可测得蓄电池电压。若不能测得蓄电池电压，则说明主电路有故障。

控制电路部分是指控制交流发电机励磁电流开关的电路，这一部分电路首先由点火开关控制。电源经点火开关后接到发电机“IG”、“L”、“D”、调节器“+”等端子。如果这一部分电路良好，闭合点火开关时，应能在这些端子上测得蓄电池电压。若不能测得蓄电池电压，则说明控制电路有故障。

2.4　电源系统的常见故障诊断

电源系统常见故障主要有：不充电、充电电流过小、充电电流过大和充电电流不稳定。

1. 电源系统不充电的故障诊断

(1) 故障原因

1) 发电机传动带过松打滑。

2) 线路故障。

3) 发电机故障。

4) 调节器有故障。

(2) 故障诊断方法

1) 检查交流发电机带轮与发动机曲轴带轮之间的传动带挠度是否符合规定，其检查方法是：在传动带上施加 100N 的力，根据规定，新传动带的挠度为 5 ~ 7mm，旧传动带挠度为 10 ~ 14mm。若出现不符合规定值则更换或调整带轮。

2) 检查发电机“B”端子与蓄电池之间的导线有无脱落或断路，其方法可采用试灯法进行检测，取 12V 试灯将其一端搭铁，一端接发电机“B”端子以及线路的各个连接点。若灯亮则线路正常；若灯不亮则应对线路进行检修或导线更换。

3) 检查发电机与调节器之间的接线脱落或断路。当发电机“F”(“磁场”)端子与调节器“F”(“磁场”)端子之间的连线断路或松脱时，发电机因无磁场电流而不能发电；当发电机“N”(“中性点”)端子与调节器“N”(“中性点”)端子之间的连线断路或松脱时，调节器内部充电指示控制器丧失控制能力，充电指示灯就不会熄灭。

4) 检查发电机故障，其方法可取万用表检测法，先拆下发电机各接线柱上的导线，在将万用表置于 R × 1 档，然后测量各接线柱之间的电阻。若其阻值不符合规定值，则应对发电机进行检修。

5) 检查调节器故障。若晶体管调节器出现故障，只能更换；若触点式调节器出现故障，则：

① 检查低速触点有无烧灼或污物，若有，应用砂纸或纱布进行研磨或清洁。

② 检查高速触点能否分离，若不能分离则进行修复。

2. 电源系统充电电流过小的故障诊断

(1) 故障原因

1) 发电机传动带过松。

2) 充电线路的接线柱松动或接触不良。

3) 发电机故障。

① 定子绕组或励磁绕组短路。

② 集电环轻度锈蚀、油污，电刷磨损不均匀、接触不良。

③ 整流器的个别二极管损坏。

4）调节器调节电压过低。

（2）故障诊断方法

1）检查交流发电机传动带的挠度是否符合规定。

2）检查充电线路和磁场线路连接是否牢靠或锈蚀脏污。

3）对于磁场线圈内搭铁的发电机，拆下发电机接线柱的导线，用试灯的两根接线分别触及“+”和F接线柱，起动发动机，并逐渐提高转速，同时观察试灯：

① 若试灯亮度不变或变化很小，说明故障在发电机。

② 若试灯随发动机转速增加而亮度增加，说明故障在调节器。

4）对于装有晶体管调节器的磁场线圈外搭铁的电源系统，可起动发动机，并使其略高于怠速运转，然后连接调节器的“B”接线柱与“-”接线柱，逐渐提高发动机转速，观察电流表：

① 若电流表指示的充电电流增大，说明故障在调节器。

② 若电流表指示无变化，说明故障在发电机。

以上检查中，由于调节器短路，发动机转速不可过高，否则因电压过高会烧坏用电设备。

5）若故障是在发电机，应进行解体检查。

6）若故障是在调节器：

① 对于晶体管调节器，应更换。

② 对于触点式调节器，应拆下调节器盖进行检查。用手拉紧弹簧，起动发动机并以中速运转，若充电电流增大，说明调节器限额电压过低，应调整弹簧拉力。用一字螺钉旋具连接低速触点，若充电电流过大，说明低速触点烧蚀或脏污，应研磨或清洁。

3. 电源系统充电电流过大

（1）故障原因

1）调节器内部电路参数匹配不当造成调压过高或失控。

2）发电机电枢接柱和磁场接柱短路。

3）蓄电池亏电太多，蓄电池内部短路。

（2）故障诊断方法　充电电流过大，一般都是调节器故障所致，多为调节器的线束中出现导线短路，内搭铁式为“+”线与F线短路；外搭铁式为F线与“-”线间短路。所以在检查时，应对调节器及其连线进行检查。

1）对于装有晶体管调节器的充电系统，应检查发电机与调节器是否匹配，如果无匹配问题，则应更换调节器。

2）对于装有触点式调节器的电源系统，应进行弹簧弹力及衔铁间隙的调整，使之符合要求。

4. 电源系统充电不稳定

（1）故障原因

1）发电机传动带过松打滑。

2）充电系统各线路连接松动或接触不良。

3）发电机电刷弹簧弹力过弱或磨损过度，集电环脏污。

4）调节器接触不良，磁场线接触不良。

（2）故障诊断方法

1）检查交流发电机传动带挠度是否符合规定。

2）检查充电线路和磁场线路连接是否牢靠或锈蚀脏污。

3）用试灯代替磁场绕组，以便检查诊断发电机与线路故障。对于外搭铁型交流发电机，将调节器“B”端子与“F 或 -”端子上的连接导线拆下；对于内搭铁型交流发电机，将“F”端子与“E”端子上的导线拆下。

4）逐渐升高发动机转速，查看试灯发亮情况以及电流表或充电指示灯指示情况。如试灯稳定发亮且充电电流稳定，说明磁场绕组接头焊点虚焊或调节器内部元件焊点虚焊。如试灯稳定发亮但充电电流不稳定，说明充电线路接触不良；如试灯闪烁，说明发电机内部接触不良，应予检修。

2.5　电源系统的电路故障案例分析

案例一：起动机无力，发动机不能起动。

故障现象：一辆捷达 GIXL 轿车起动机运转无力，发动机不能起动。

故障诊断与排除：经过初步检查，发现蓄电池电解液液面偏低，极板露出，且表面有一层白霜，说明有硫化现象。用密度计测量电解液密度正常，用 W. A. G1498 检查，测得蓄电池负载电压为 5. 5 V，说明蓄电池电量严重不足。

询问车主得知，蓄电池液面下降后及时补充了电解液，但很快又消耗了，这样反复过多次。由此可见，故障原因可能是由于车主保养不当造成的，电解液的消耗是因为充电时将电解液中的水电解，补充时应加注蒸馏水或专用补充液，补加电解液会造成密度过高，加速蓄电池硫化。蓄电池硫化后，使电解液过早出现沸腾现象，加快了电解液的消耗，补充电解液后又加速了极板硫化，如此恶性循环使蓄电池损坏。

更换蓄电池，故障即排除。

案例二：一相定子绕组烧断导致发电机功率下降。

故障现象：一辆捷达 GIX 轿车发动机起动后，充电指示灯熄灭，但因蓄电池亏电造成起动机转速低，有时发动机不能起动。

故障诊断与排除：关闭所有用电器，当发动机怠速或低速运转时，充电指示灯熄灭，测量发现发电机输出电压最高只有 12. 5V。

由于充电指示灯工作正常，因此充电灯电路和发电机励磁电路没有故障。分解发电机，测量 6 只整流二极管良好，测量三相定子绕组发现有一相断路，在只有二相绕组发电的情况下，导致发电机输出功率下降，造成蓄电池亏电。充电指示灯是否点亮，是由蓄电池电压和 D + 端电压的差值确定的。当发电机正常工作时，D + 端是发电机 6 只二极管组成的三相全波整流电路的输出电压，此电压是用来提供励磁电流，与发电机输出端电压相等，充电指示灯熄灭；当有一相绕组断路后，发动机怠速及低速运转时，D + 端电压也下降，使得充电指示灯灯光暗红，当发动机转速提高后，由二相整流输出电路输出的电流刚好能够提供励磁电流时，D + 端电压与蓄电池电压相等，此时充电指示灯熄灭。

修复断路的定子绕组（或更换发电机），故障即排除。

案例三：搭铁线不良导致起动机转速低。

故障现象：一辆捷达 GIX 新车因起动机转速低而无法起动发动机，有时出现行驶中加速滞后、排气管放炮等现象，同时出现冷却液温度报警灯和机油压力报警灯闪亮。

故障诊断与排除：询问车主，得知此故障没有规律，有时行驶数十千米不出现，有时行驶几千米便出现多次。两人合作，一人起动发动机，另一人用万用表测量给起动机供电的各点电压，蓄电池空载电压为 12.5V，起动时电压为 12V。

起动机转速低的原因可能有：蓄电池电能不足、起动机故障、起动机的电源线或搭铁线接触不良。通过以上测量，说明蓄电池无故障，由于是新车，起动机损坏的可能性也不大，而报警灯同时报警，其反映的应不是真实情况，只有当搭铁线接触不良或发电机有整流管击穿故障时才会发生，因此应检查是否接触不良。当检查蓄电池负极电缆接至发动机后端的搭铁线时，发现紧固螺栓松动，把此螺栓拧紧，故障不再出现。

思考与练习

1. 蓄电池的作用是什么？
2. 在蓄电池使用过程中应注意什么？
3. 试写出铅蓄电池充放电过程总的化学方程式。
4. 蓄电池充电终了的标志是什么？
5. 蓄电池放电终了的标志是什么？
6. 什么是蓄电池的容量？其影响因素有哪些？
7. 蓄电池充电方法有几种？各有何特点？
8. 交流发电机由哪几部分组成？其作用如何？
9. 简述交流发电机的工作原理。
10. 何谓交流发电机的的输出特性、空载特性与外特性？
11. 交流发电机的中性点输出有何作用？
12. 交流发电机与电压调节器在使用中应注意哪些事项？
13. 如何对晶体管电压调节器搭铁形式及好坏进行测试？
14. 如何用万用表检查发电机故障？

第 3 章　起动系统的检修及案例分析

学习要求：

- 了解起动系统故障会引起车辆怎样的现象。
- 掌握起动系统电器设备各组成的结构特征。
- 理解起动机各组件的基本工作原理。
- 理解起动机的工作特性。
- 掌握起动系统电路故障的诊断方法。

3.1　起动系统故障引起的车辆故障现象

汽车发动机由静止状态转为运转状态的过程称为起动，此起动任务是由起动系统来完成。起动系统的功用是在控制装置的控制下，以蓄电池为动力电源，通过离合器将电动机的电磁转矩传递给飞轮使发动机起动。若车辆出现如下故障现象，则说明汽车起动系统出现了故障。

1）将点火开关置于起动档时，起动机不运转，汽车不能起动。

2）将点火开关置于起动档时，起动机能运转，但起动机转动缓慢无力，带动发动机困难。

3）将点火开关置于起动档时，起动机电磁开关发出“哒哒哒”的响声。

3.2　起动系统的组成与特征分析

发动机进入正常工作循环之前必须借助外力来起动。发动机借助外力起动的方式有：人力起动、辅助汽油机起动和电力起动三种形式。汽车发动机起动方式普遍采用电力起动系统。

电力起动系统主要由起动机和控制电路两大部分组成，如图 3-1 所示。

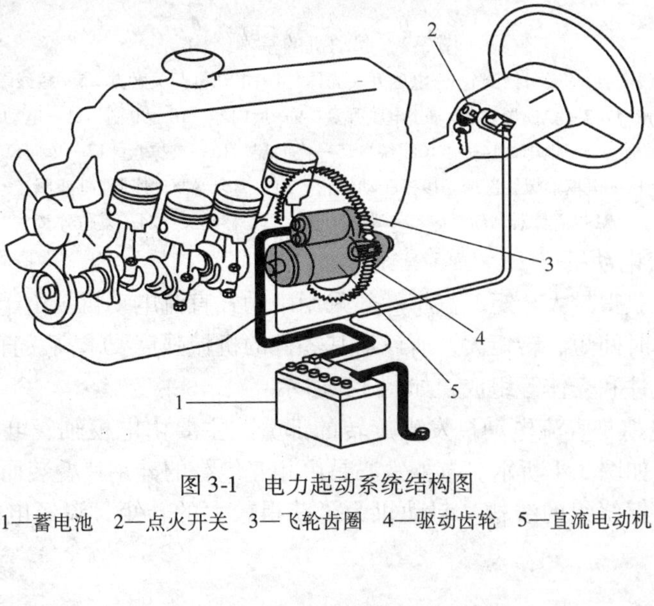

图 3-1　电力起动系统结构图

1—蓄电池　2—点火开关　3—飞轮齿圈　4—驱动齿轮　5—直流电动机

常见的电力起动机主要有以下 3 种：

1）电磁控制强制啮合式起动机（常规起动机）。磁极一般采用电磁铁，传动机构中一般只由简单的驱动齿轮、单向离合器和拨叉等组成，无特殊结构和装置。

2）永磁起动机。电动机的磁极用永磁材料（铁氧体或铁硼等）制成，取消了磁场线圈，使得结构简化、体积小、质量轻。

3）减速起动机。减速起动机采用高速、小型和低转矩电动机，在传动机构中设有减速装置，质量和体积比普通起动机可减小 30% ~35%，但结构和工艺比较复杂。

控制电路主要由起动继电器、点火开关和蓄电池等组成。

3.2.1 起动机的结构特征分析

各型号电力起动机的结构大体相同，主要由串励式直流电动机、传动机构和控制装置三部分组成，如图 3-2 所示。串励式直流电动机的作用是产生转矩；传动机构的作用是在起动发动机时，使起动机驱动齿轮啮入飞轮齿圈，将起动机动力传递给发动机曲轴，在发动机起动后，驱动齿轮将自动脱开；控制装置是用来接通和切断电动机与蓄电池之间的电路。

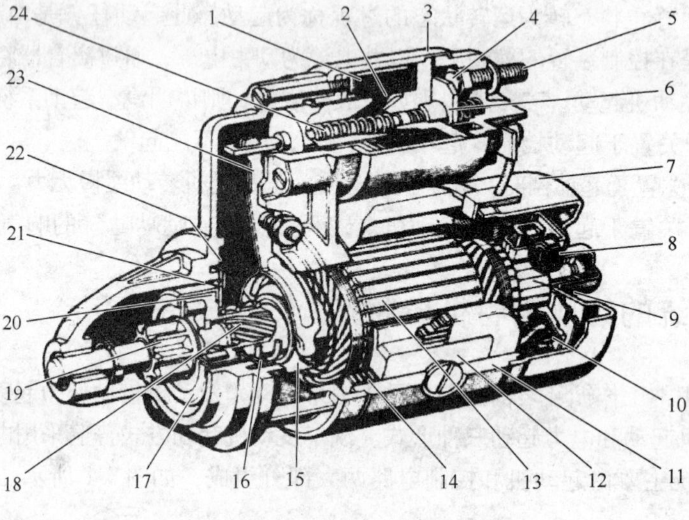

图 3-2 起动机的基本结构

1—保持线圈 2—吸引线圈 3—电磁开关壳体 4—电动机开关触点 5—接线端子“30” 6—开关触盘 7—换向器端盖 8—电刷弹簧 9—换向器 10—电刷 11—电动机壳体 12—磁极 13—电枢 14—磁场线绕 15—换向器 16—支撑盘 17—单向离合器 18—电枢轴螺旋键槽 19—驱动齿轮 20—离合器驱动座圈（外座圈） 21—离合器制动盘 22—啮合弹簧 23—移动叉 24—复位弹簧

1. 串励式直流电动机

为了使起动机获得较大转矩，汽车一般采用串励式直流电动机。由于串励式直流电动机工作电流大、工作时间短、转矩大，所以对其零件的机械强度要求高。直流电动机主要由电枢、磁极、电刷组件和壳体等组成，如图 3-3 所示。

（1）电枢 电枢是直流电动机发生旋转的部分，主要由电枢轴、电枢铁心、电枢绕组和换向器等组成，如图 3-4 所示。电枢铁心是由相互绝缘的硅钢片叠装而成的，在电枢铁心的周围制有安放电枢绕组的线槽。起动机为了获得较大的转矩，流经电枢绕组的电流很大

(小功率起动机一般为 300A 左右,大功率的一般在 1000A 以上)，所以电枢绕组采用较粗的矩形裸铜线绕制，其绕组两端分别焊接在换向器的铜片上。换向器由许多换向片(一般为 27 片)组成，换向片的内侧制成燕尾形，换向片与换向片以及换向片与电枢轴、压环之间由云母绝缘，如图 3-5所示。

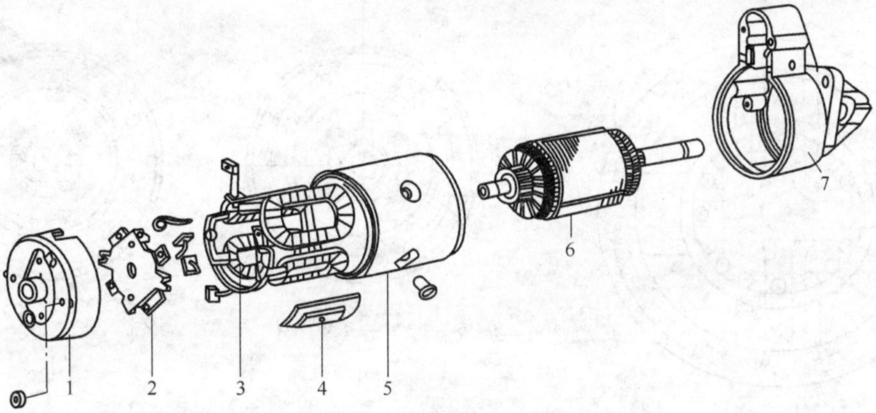

图 3-3　串励式直流电动机总成

1—端盖　2—电刷组件　3—磁场绕组　4—磁极铁心　5—机壳　6—电枢　7—后端盖

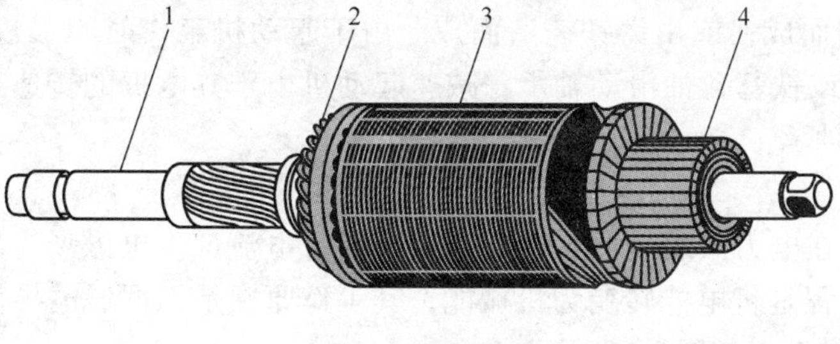

图 3-4　电枢总成

1—电枢轴　2—电枢绕组　3—电枢铁心　4—换向器

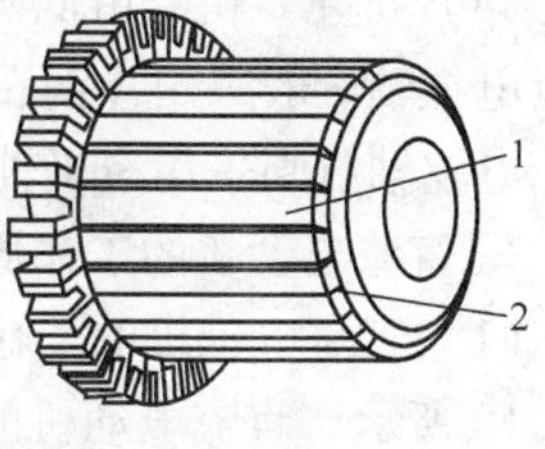

图 3-5　换向器

1—换向片　2—云母

(2) 磁极　电子式直流电动机的磁场为电磁场，磁极一般为 4 个(功率超过 7kW 的起动机一般采用 6 个)，其磁极由铁心和磁场绕组两部分组成(永磁式直流电动机的磁场为永久磁场,由永久磁铁构成)，如图 3-6 所示。铁心用低碳钢制成马蹄形，并用螺钉固定在电动机壳体的内壁，磁场绕组套装在铁心上。当磁场绕组接通电流时，在磁场铁心中就会产生磁场，如图 3-7 所示。

磁场绕组的连接方式有两种：一种是 4 个绕组串联后再与电枢绕组串联，如图 3-8a 所示；另一种是将绕组两两串联后并联，然后再与电枢绕组串联，如图 3-8b 所示。汽车起动机普遍采用后一种连接方式。

(3) 电刷组件　电刷组件主要由电刷、电刷架和电刷弹簧组成，如图 3-9 所示，其功用是连接电枢绕组电路，保持电枢轴上电磁转矩的方向。电刷是由铜粉与石

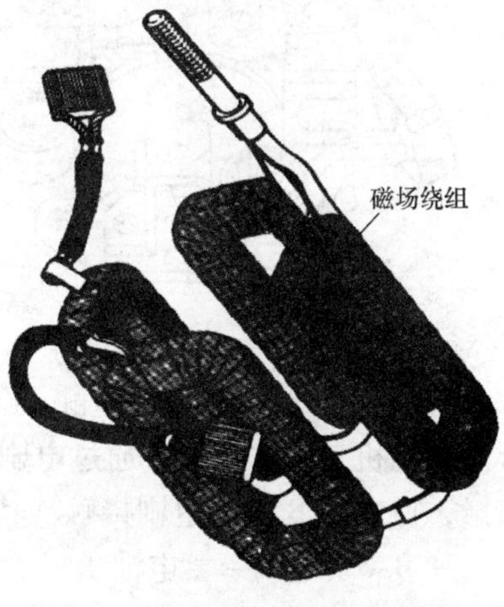

图 3-6　磁极结构

墨压制而成，呈棕红色，加入铜粉是为了减少电阻提高导电性；加入石墨是为了提高耐磨性。电刷置于电刷架中，其电刷架一般是框式结构，一台起动机有 4 个或 6 个电刷架，其中正电刷架与端盖绝缘固定，负电刷架直接搭铁。电刷架上装有弹性较好的盘形弹簧，电刷利用弹簧压力将其与换向器压紧连接。

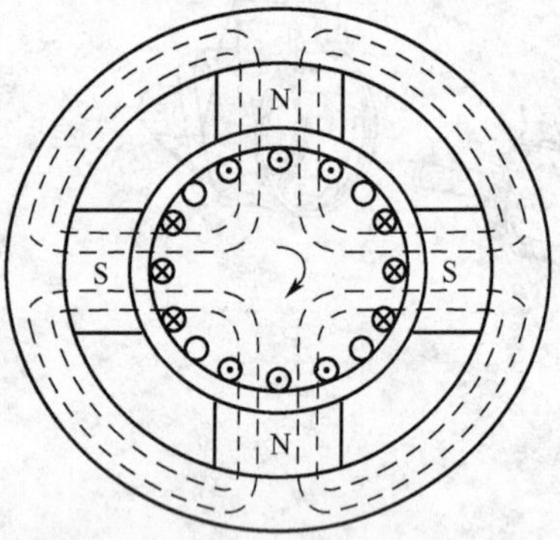

图 3-7　电动机的磁路

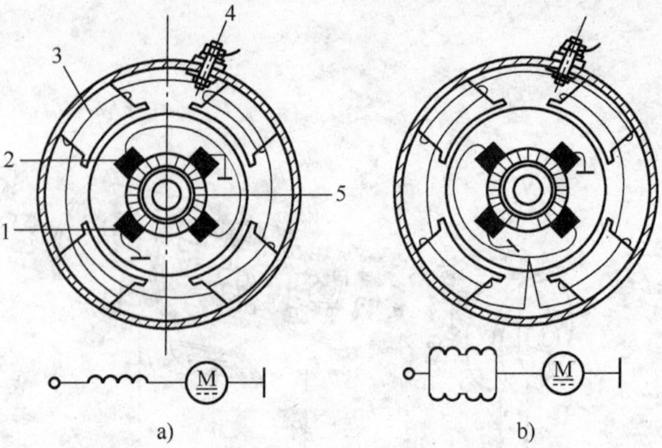

图 3-8　磁场绕组的接法

a）磁场绕组串联　b）磁场绕组串联后并联

1—负电刷　2—正电刷　3—磁场绕组　4—接线柱　5—换向器

（4）机壳　机壳由低碳钢卷制而成，或由铸铁铸造而成。由于起动机工作时间很短，所以电枢轴一般采用青铜石墨轴承或铁基含油滑动轴承。减速起动机由于其电枢的转速很高，电枢轴承则采用滚子轴承或球轴承。

2. 直流电动机的工作原理

（1）直流电动机的工作原理　在电力式起动机中，磁场线圈通过电流产生电磁场，如图 3-10 所示。直流电动机的工作过程是将电能转变为机械能，其工作原理是根据通电导体在磁场中受到电磁力的作用而发生转动，如图 3-11 所示。

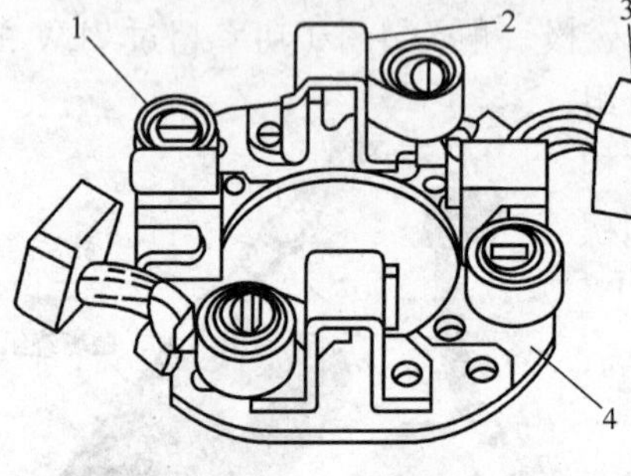

图 3-9　电刷组件

1—盘形弹簧　2—电刷架　3—电刷　4—电刷端盖

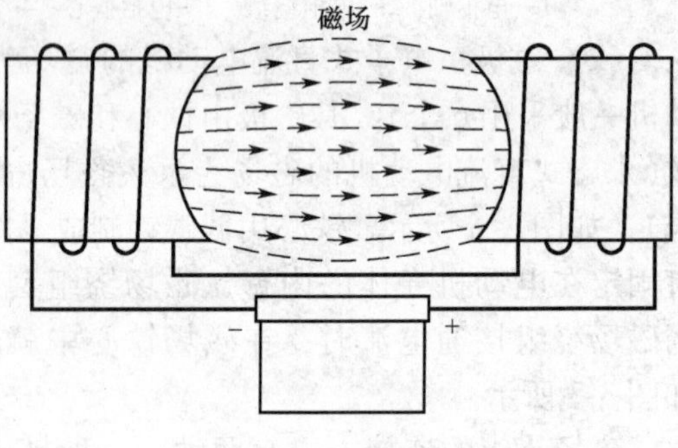

图 3-10　电磁场

电动机工作时，电流通过电刷和换向片流入绕组。如图 3-11a 所示，换向片 A 与正电刷接触，换向片 B 与负电刷接触，其电流方向为：蓄电池正极→正电刷→换向片 A→ 绕组→换向片 B→负电刷→蓄电池负极。根据左手定则判定绕组匝边 ab、cd 均受到电磁力 F 的作用，由此产生逆时针方向的电磁转矩使电枢转动；当电枢转动至换向片 A 与负电刷接触，

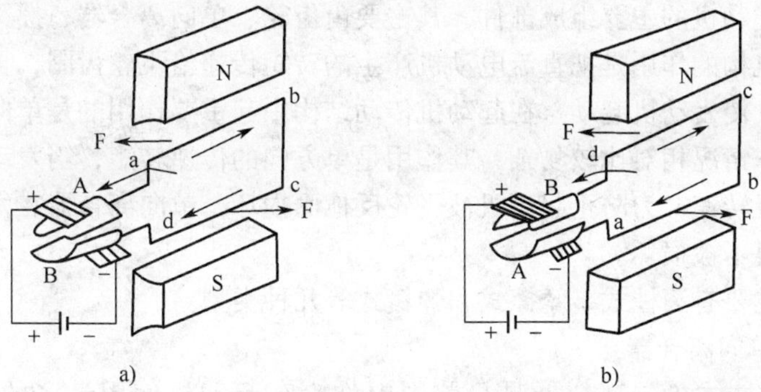

图 3-11　直流电动机的工作原理图

a）电流方向：a→b　b）电力方向：b→a

换向片 B 与正电刷接触时，如图 3-11b 所示，电流方向变为 d→a，但电磁转矩的方向仍保持不变，使电枢按逆时针方向继续转动。

但实际的直流电动机为了产生足够大且转速稳定的电磁力矩，电枢采用多匝绕组，换向器的铜片也随其相应增加。对于结构一定的电动机，根据安培定律，其电磁转矩 M 与磁极磁通 Φ 和电枢电流 I_a 成正比，其数学表达式为：

$$M = C_m \Phi I_a$$

式中，C_m 为电动机的转矩常数，它与电动机磁极对数、电枢绕组导线总根数及电枢绕组电路的支路对数有关 。

（2）直流电动机转矩的自动调节原理　当直流电动机接通电流时，电枢绕组就会产生电磁转矩 M 使电枢转动。在转动的同时，电枢绕组又切割磁感线而产生感应电动势，称为反电动势 E，其方向与电枢电流方向相反。反电动势 E 与磁通量 Φ 和电枢转速 n 成正比，其数学表达式为：

$$E = C_e \Phi_n$$

式中　C_e 为电动机的转矩常数，取决于电动机的结构。

由此可得出电压平衡方程式，即：

$$U = E + I_a R_a$$

式中　U 为电枢电动势，单位为 V；R_a 为电枢电阻，单位为 Ω。

在直流电动机刚接通电源的瞬间，电枢处于静止状态，电枢的反电动势为零。此时绕组中的电流处于最大值，使电枢在磁场中产生最大的电磁转矩，电枢开始加速转动。当直流电动机负载增大时，电枢轴上的阻力转矩增大，使电枢转速降低，反电动势随之减小，电枢电流增大，因此电磁转矩将随之增大，直至电动机的电磁转矩增加到与阻力转矩相等为止，此时电动机的转速将低于原来运转的转速直至平稳运转。反之，当电动机负载减小时，电枢轴的阻力转矩减小，电枢转速升高，反电动势增大，电枢电流减小，电磁转矩随之减小，直至电动机的电磁转矩减小到与阻力转矩相等为止，这时电动机将在较小的负载下以比原转速较高的转速平稳运转。

可见，当负载发生变化时，电动机能通过转速、电流和转矩自动发生变化来满足负载的需要，这就是直流电动机的转矩自动调节过程。

3. 传动机构

传动机构是起动机的主要组成部件，其主要由齿轮、单向离合器、拨叉及啮合弹簧等组成。起动机传动机构的作用是把直流电动机产生的转矩传递给飞轮齿圈，再通过飞轮齿圈传递给发动机曲轴，使发动机起动。在起动机传动结构中起重要作用的是单向离合器，单向离合器的结构和工作情况相对比较复杂，其作用是单方向的传递转矩，当发动机起动后，发动机转速高于起动机转速，为防止起动机被飞轮反拖而损坏，单向离合器在发动机起动后自动打滑，保护起动机不被损坏。

单向离合器主要有滚柱式、摩擦式和弹簧式等几种类型。

（1）滚柱式单向离合器

1）结构。滚柱式单向离合器是目前国内外汽车起动机使用最多的一种，其结构如图3-12所示，传动齿轮与外壳制成一体，外壳与十字块连接，使得外壳形成了4个楔形槽，在槽内装有4套滚柱、压帽和弹簧。十字块与花键筒固定在一起，壳底与外壳相互折合密封。在花键套筒的外面装有啮合弹簧、拨环及卡簧，离合器总成可做轴向移动和随轴转动。

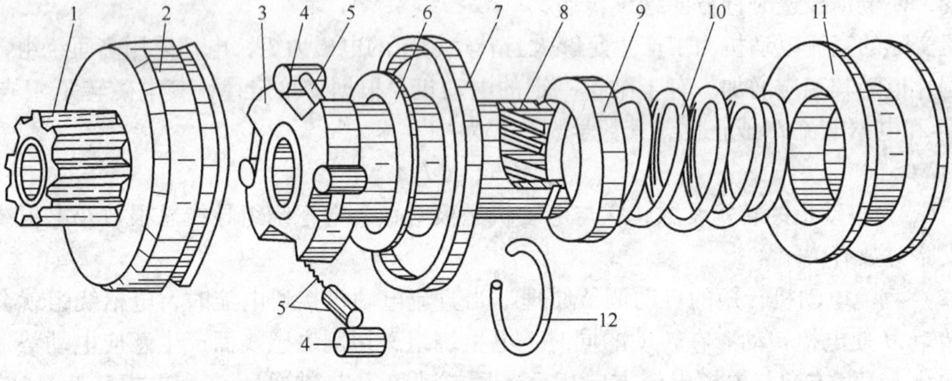

图3-12　滚柱式单向离合器

1—驱动齿轮　2—外壳　3—十字块　4—滚柱　5—压帽及弹簧　6—垫圈　7—护盖　8—花键套筒　9—弹簧座　10—啮合弹簧　11—拨环　12—卡簧

2）工作原理。滚柱式单向离合器的工作原理如图3-13所示，当发动机起动时，经拨叉

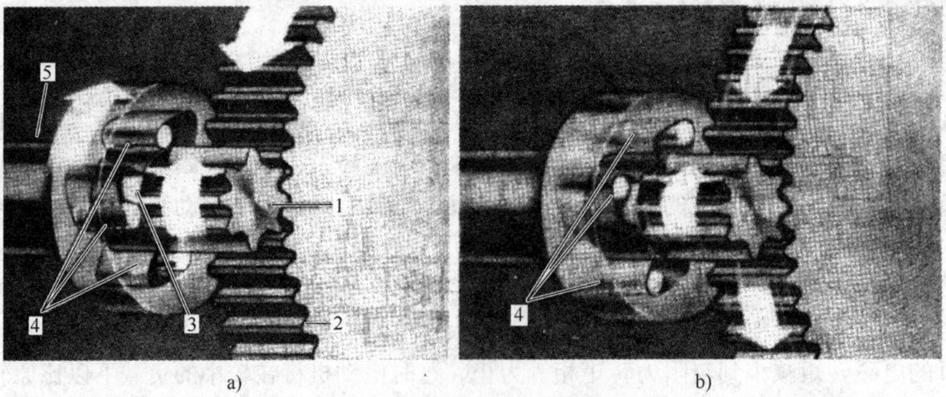

图3-13　滚柱式单向离合器的工作原理

1—驱动齿轮　2—飞轮齿圈　3—楔形槽　4—滚柱　5—花键轴

将单向离合器沿电枢花键轴推出，使驱动齿轮与发动机飞轮齿圈啮合。由于十字块处于主动状态，随电动机电枢一起旋转，促使 4 个滚柱进入楔形槽较窄的一端，将十字块与外壳挤紧向同一方向转动，于是电动机电枢的转矩就可由十字块经滚柱、外壳传给驱动齿轮，从而驱动发动机飞轮齿圈旋转，达到起动发动机运转的目的，如图 3-13a 所示。

当发动机起动后，发动机自行运转使飞轮齿圈的转速高于驱动齿轮，十字块处于被动状态，外壳与滚柱的摩擦力使滚柱进入楔形槽较宽的一端而自由滚动，只有驱动齿轮及外壳随飞轮齿圈作高速旋转，而起动机空转(起动机出现打滑)，如图 3-13b 所示。这种单向离合器的单向打滑功能防止了电枢超速出现飞散的危险。起动完毕，由于拨叉回位弹簧的作用，经拨环使单向离合器退回，驱动齿轮完全脱离飞轮齿圈。

(2) 摩擦片式单向离合器

1) 结构。摩擦片式单向离合器适用于中等功率和高功率的起动机，其结构如图 3-14 所示，驱动齿轮与外接合毂制成一个整体，在外接合毂内壁有 4 道轴向槽沟，装有从动摩擦片(青铜材料)；在花键套筒的一端设置有 3 条螺旋花键，与具有螺旋花键的内接合毂相配合；内接合毂的表面亦有 4 条轴向槽沟，用于装主动摩擦片(钢制)；主动摩擦片与从动摩擦片相间地排列组装；在内接合毂的另一端装有缓冲弹簧和拨环。

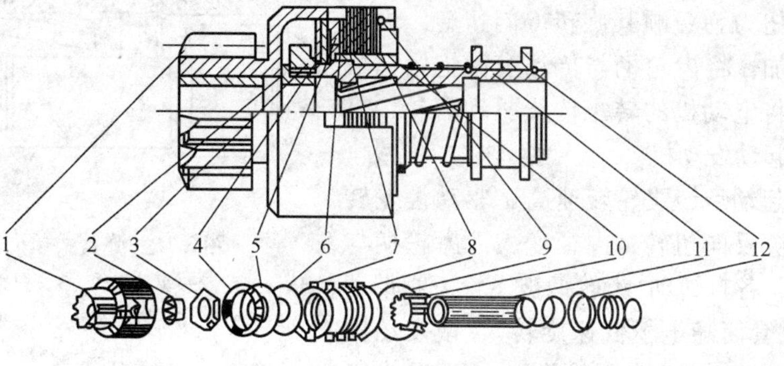

图 3-14　摩擦片式单向离合器总成

1—驱动齿轮　2—挡圈　3—螺母　4—弹性圈　5—压环　6—调整垫圈　7—从动摩擦片　8—主动摩擦片　9—卡环　10—内接合毂　11—螺旋套　12—拨环

2) 工作原理。在起动发动机时，移动拨叉推动拨环使内接合毂沿螺旋花键向外移动，同时电动机通电旋转，通过螺旋花键使主动齿轮和从动齿轮相互压紧，如图 3-15a 所示。当驱动齿轮啮合飞轮齿圈后，由于摩擦片被压紧产生摩擦力，将起动机的转矩传给驱动齿轮；当发动机的阻力矩较大时，内接合毂会继续向右移动，增大摩擦片之间的压力，直到摩擦片之间的摩擦力足够传递所需的起动转矩，带动曲轴旋转，起动发动机。

当发动机起动后，飞轮转速高于起动机转速，驱动齿轮被飞轮齿圈带动，此时，内接合毂沿螺旋花键向左退出，摩擦片之间的压力消失，如图 3-15b 所示。这时驱动齿轮出现打滑现象，防止起动机飞散损坏，起到保护的作用。

(3) 弹簧式单向离合器

1) 结构。弹簧式单向离合器的结构如图 3-16 所示。传动套筒套装在电枢轴的花键上，驱动齿轮则套在电枢轴前端的光滑部分上，两者之间由两个月形圈连接。月形圈可使驱动齿轮与传动套筒之间不能轴向移动，但可相对转动。在驱动齿轮柄与传动套筒外

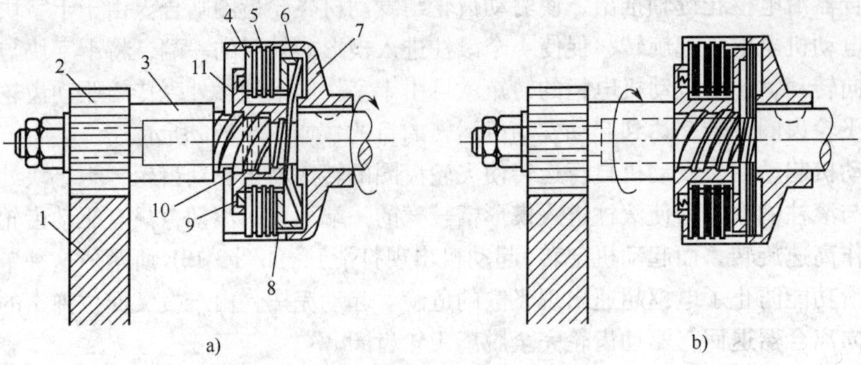

图 3-15　摩擦片式离合器工作原理图

1—飞轮　2—驱动齿轮　3—齿轮柄　4—从动摩擦片　5—主动摩擦片　6—弹性圈　7—外接合毂　8—压环　9—小弹簧　10—减振弹簧　11—内接合毂

面包有扭力弹簧，扭力弹簧的内径略大于两套筒的外径。扭力弹簧有圆形和矩形两种截面，外部有护圈封闭。

2）工作原理。在起动发动时，电枢轴带动传动套筒旋转，扭力弹簧顺其旋转方向扭转，内径变小，圈数增加，将齿轮柄与传动套筒抱紧，成为一个整体，将电动机的转矩传给驱动齿轮，带动飞轮旋转，起动发动机。

当发动机起动后，飞轮转速高于驱动齿轮转速，扭力弹簧被反向扭转，内径变大，齿轮柄与传动套筒松脱，各自转动(齿轮柄被飞轮齿圈带动高速旋转,传动套筒随电枢低速旋转)，使发动机转矩不能传给电枢，起飞散保护作用。

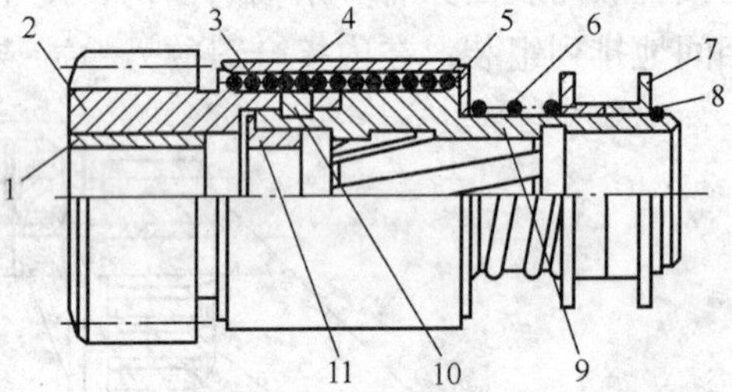

图 3-16　弹簧式单向离合器

1—衬套　2—驱动齿轮　3—扭力弹簧　4—护圈　5—垫圈　6—缓冲弹簧　7—拨环　8—卡环　9—传动套　10—月形圈　11—挡圈

4. 控制机构

起动机控制机构又称为操纵机构，主要由电磁开关、电磁继电器、拨叉、拨环、点火开关等组成。其中电磁开关在起动机工作时起主要控制作用，而电磁开关又受到电磁继电器的控制，像这种在电磁开关控制回路中加入继电器控制回路，称为带起动继电器式电磁开关，目前汽车起动机均采用起动继电器式电磁开关控制电路。

（1）电磁继电器　电磁继电器结构如图 3-17 左上角所示，蓄电池通过点火开关与电磁继电器“IG”端子连接，在“E”端子处搭铁；电磁继电器固定触点与“S”端子连接，活动触点经触点臂与蓄电池端子“BAT”连接。当线圈通电时，电磁继电器铁心产生电磁吸引力，使活动触点与固定触点闭合，电流通过“S”端子流入吸引线圈和保持线圈。

（2）电磁开关结构特点　电磁开关主要由活动铁心、吸引线圈、保持线圈、复位弹簧和接触盘构成，如图 3-18a 所示。电磁开关上有 4 个接线柱，如图 3-18b 所示；分别是两个主接线柱“C”端子和“30”端子，附加电阻短路接线柱“15a”和起动机接线柱“50”端子。吸引线圈和保持线圈一端与起动机接线柱相接组成公共端；而吸引线圈的另一端与主接线柱“C”相连，保持线圈的另一端搭铁。固定铁心与活动铁心安装在一个铜套内。固定铁心固定不动，活动铁心通过电磁引力可在铜套内做轴向移动。推杆固定在活动铁心前端，在

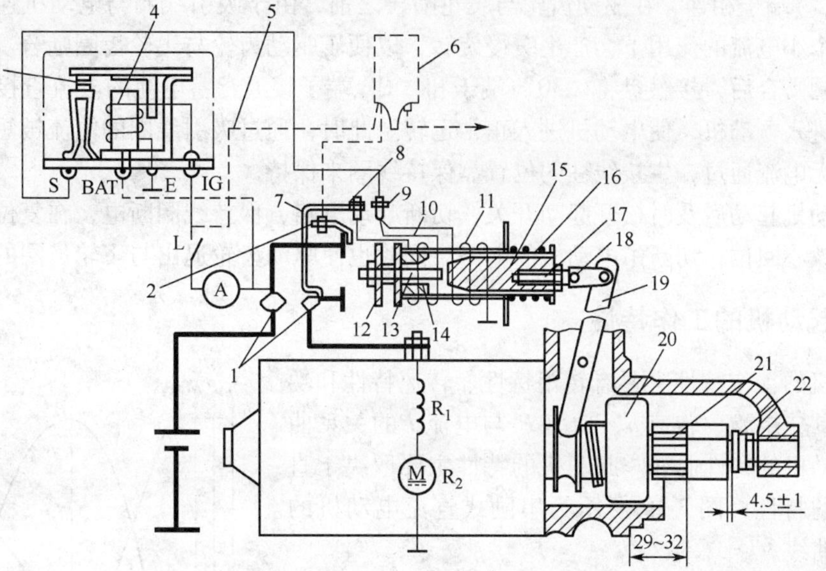

图 3-17　起动继电器式电磁开关控制电路

1—主接线柱（左为“30”端子，右为“C”端子）　2—短路附加电阻接线柱“15a”　3—起动继电器触点　4—起动继电器线圈　5—点火线圈附加电阻线（白色，1.7Ω/温度为 20℃时）　6—点火线圈　7—导电片　8—吸引线圈接线柱　9—起动机接线柱“50”　10—吸引线圈　11—保持线圈　12—接触盘　13—推杆　14—固定铁心　15—活动铁心　16—复位弹簧　17—调节螺钉　18—连接叉　19—拨叉　20—滚柱式单向离合器　21—驱动齿轮　22—止推螺母

推杆前端安装有开关触盘或接触盘；活动铁心后端用调节螺钉和连接销与移动叉连接。铜套外面安装有一个复位弹簧，其作用是使活动铁心等可移动部件复位。

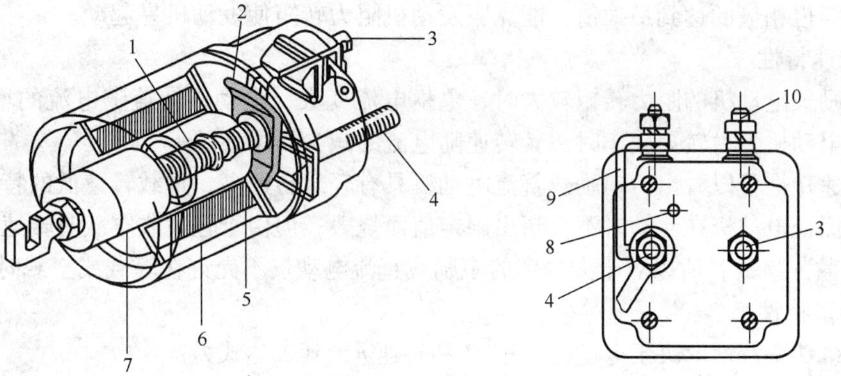

a)　　　　　　　　b)

图 3-18　电磁开关

1—复位弹簧　2—接触盘　3—“30”端子　4—“C”端子　5—吸引线圈　6—保持线圈　7—活动铁心　8—“15a”端子　9—导电片　10—“50”端子

（3）电磁开关的工作原理　电磁开关的工作过程如图 3-17 所示，闭合点火开关 L 使起动机电路接通，起动机继电器线圈通电，继电器触点闭合，使吸引线圈、保持线圈经起动机接线柱同时通电。两线圈通电后产生较强的电磁引力，克服弹簧弹力使活动铁心向左移动，一方面通过拨叉带动驱动齿轮右移与飞轮齿圈啮合，另一方面推动接触盘左移，与“30”

端子和“C”端子相连，在驱动齿轮与飞轮啮合之前，由于吸引线圈与电动机连接，所以电动机在这个小电流的作用下会产生缓慢旋转，以便于驱动齿轮与飞轮齿圈啮合。在驱动齿轮与飞轮齿圈啮合后，接触盘将“30”端子和“C”端子接通，蓄电池的电流直接通过主触点和接触盘进入电动机，使电动机进入正常运转。此时，通过吸引线圈的电流被短路，因此吸引线圈中无电流通过，主接线柱的位置靠保持线圈来保持。

在发动机起动后及时松开起动开关，切断起动电路，保持线圈断电，在复位弹簧的作用下，活动铁心回位，切断了电动机的电路，同时也使驱动齿轮退出与飞轮齿圈的啮合。

3.2.2　起动机的工作特性

起动机的工作特性主要有转矩特性、转速特性和功率特性，其转矩 M、转速 n、功率 P 与电流 I 的关系曲线称为起动机的特性曲线。起动机的特性主要取决于直流电动机的特性，图 3-19 所示为串励式直流电动机的工作特性曲线。

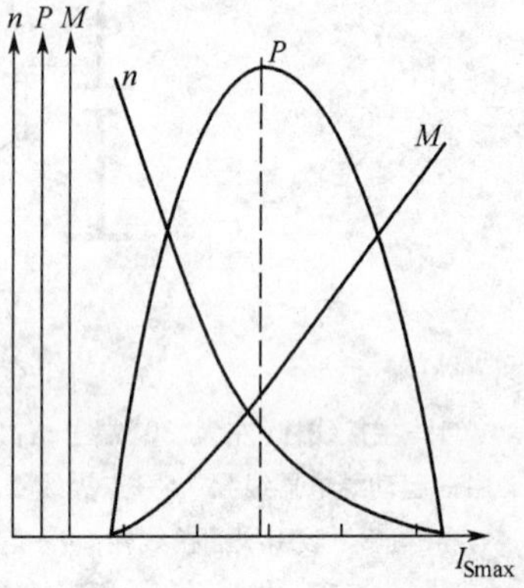

图 3-19　串励式直流电动机的工作特性

1. 转矩特性

对于串励式直流电动机，磁场电流 I_j 与电枢电流 I_S 相同，在磁极未饱和时，磁通量 Φ 与电流成正比，即 $\Phi = C_1 I_S$。其串励式直流电动机转矩用数学表达式为：

$$M = C_m I_S \Phi = C_1 C_m I_m^2$$

可见，串励式直流电动机的转矩 M 在磁极未饱和时与电枢电流的平方成正比。在起动机起动的瞬间，由于发动机的阻力转矩较大，起动机完全处于制动状态。此时电枢转速为零，电枢电流达到最大值，转矩也相应的达到最大值，能克服发动机阻力转矩使发动机易起动。

2. 转速特性

当串励式电动机的阻力转矩较大时，电枢电流变大，电动机转速随电流的增大而变小；相反，当电动机阻力转矩较小时，其转速随电流的减少而增大。

从转速特性可以看出，串励式直流电动机具有轻载转速高、重载转速低的特点。重载转速低可以保证电动机在起动时不会超出限定值而烧毁；但由于轻载或空载时转速很高，容易造成“飞散”事故，所以对于大功率的串励式直流电动机不允许在轻载或空载时运行。

3. 功率特性

起动机功率特性取决于电动机转矩 M 和转速 n，其表达式为：

$$P = \frac{Mn}{9550}$$

在完全制动状态($n=0$)和空载($M=0$)时，起动机的功率等于零；电枢电流接近制动电流的一半时，电动机输出功率最大。由于起动机起动时间很短，起动机可以最大功率运转，因此将其最大功率作为额定功率。

4. 影响起动机工作特性的主要因素

(1) 接线电阻和导线的影响　电刷与换向器接触不良、电刷弹簧弹力减弱、导线端子与蓄电池接线柱连接不牢等，都会使接触电阻增大；蓄电池的搭铁线和蓄电池至起动机电源端子“30”之间的导线过长或导线截面积过小，会使线路压降增大，所有这些都会使起动机的功率减小。因此必须保证电刷与换向器接触良好，蓄电池接线柱上的导线端子必须接牢；更换搭铁线或火线时，导线的长度和截面积必须符合规定标准，以保证起动机的正常工作。

（2）蓄电池容量的影响　蓄电池容量越小，其内阻越大，内阻上的电压降也就越大，供给起动机的电压降低，使起动机输出电流和功率减小。当蓄电池使用时间过长时，极板硫化程度将增大，内阻相应增大，使起动机起动性能降低，发动机就不易起动。

（3）环境温度的影响　当蓄电池使用环境温度降低时，电解液黏度增大，其内阻增大，蓄电池容量和端电压都将急剧下降，使起动机输出电流和功率显著降低。因此冬季寒冷时，应对蓄电池采取有效的保温措施。

3.3　起动系统的电路分析

起动系统电路主要有两种形式：一种是不带起动继电器的，如图3-20所示；另一种是带起动继电器的，如图3-21所示。无论是带起动继电器还是不带起动继电器，起动电路都可分为两个部分：一部分是主电路，另一部分是控制电路。

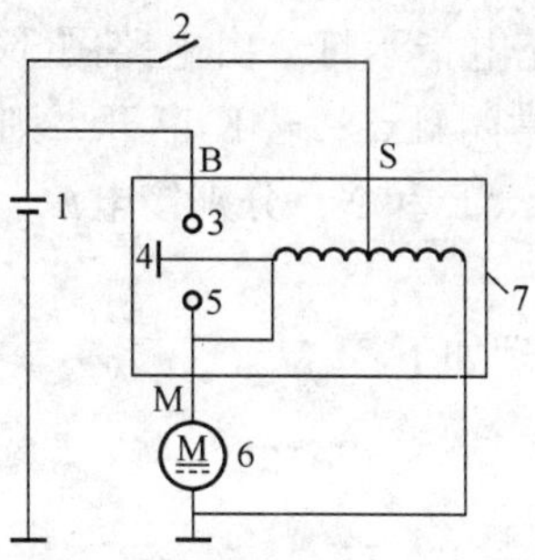

图3-20　不带起动继电器的起动电路

1—蓄电池　2—点火开关　3—“30”端子　4—接触盘　5—“C”端子　6—永磁式直流电动机　7—电磁开关

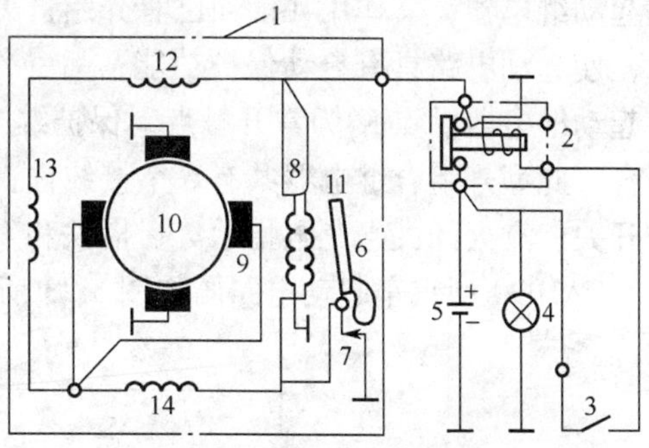

图3-21　带起动继电器的起动电路

1—电磁开关　2—起动继电器　3—起动开关　4—用电设备　5—蓄电池　6—活动铁心　7—触点　8—保持线圈　9—电刷　10—电枢　11、12、13、14—励磁绕组

主电路是起动机工作时为励磁绕组和电枢绕组提供电流的电路，其电路连接线路为：蓄电池正极→“30”端子→起动机电磁开关接触盘→“C”端子→起动机励磁绕组→电枢绕组→起动机外壳→搭铁→蓄电池负极。

控制电路的作用是控制起动机电磁开关动作。对于不带起动继电器起动控制电路是通过点火开关直接控制起动机电磁开关工作，由于起动机在工作时所需电流较大，容易损坏点火开关，所以目前的汽车很少采用。

对于带起动继电器的起动控制电路，当起动机起动时，起动继电器线圈通电，其触点闭合，使起动机电磁开关通电。励磁线圈11和保持线圈8产生的电磁引力使活动铁心移动，并通过拨叉将驱动齿轮推向飞轮使之啮合。在驱动齿轮完全啮合前，触点7处于闭合状态，此时，为复激式电动机。磁场的串联绕组12、13的电流小，而磁场并联绕组11电流大，因此电枢转速较低，加之励磁绕组 14 产生的反向磁场，使电枢转动受到一个阻力，更进一步降低了电枢的转速，从而保证驱动齿轮与飞轮稳定啮合。当驱动齿轮完全啮入后，触点 7 被断开，此时电动机由复激式变成串激式，电枢便产生正常的电磁转矩，起动发动机。起动过程中，保持线圈 8 产生的电磁引力可保持活动铁心的位置不变。

当发动机起动后，单向离合器开始打滑，保护起动机不会超速损坏。松开起动开关后，切断了起动继电器中的电流，起动机断电，活动铁心在回位弹簧弹力的作用下复位，并使单向离合器和驱动齿轮复位，触点 7 复位，起动机停止工作。

上述的两种电路在发动机起动后，若不小心将点火开关再转动到起动位置，起动电路又被接通从而造成“打齿”现象，这是因为在发动机工作时，起动机驱动齿轮试图与飞轮齿圈啮合，但由于转速不同造成此现象。为了防止此现象的发生，有些车辆的起动机采用组合继电器，图 3-22 所示为 CA1090 型汽车起动机装用的 JD171 型组合继电器，它由两部分组成，一部分是起动继电器，其作用在前面已有介绍；另一部分是保护继电器，其作用是与起动继电器配合，使起动电路具有自动保护功能；另一作用是能控制充电指示灯。由电路图 3-22 可以看出起动继电器触点 K_1 为常开触点，保护继电器触点 K_2 为常闭触点；若 K_2 断开，则 K_1 不可能闭合。此型号组合继电器共有 6 个接线柱：B、S、SW、L、E 和 N，分别接电源、起动机电磁开关、点火开关、充电指示灯、搭铁和发电机中性点。

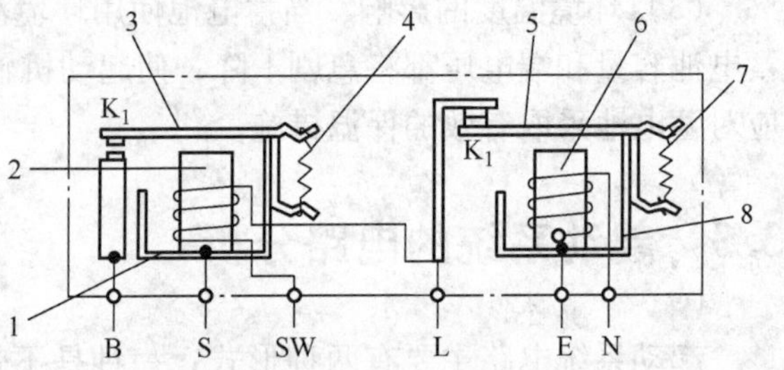

图 3-22　JD 型组合继电器

1—磁轭　2、6—铁心　3、5、8—动铁　4、7—弹簧

CA1090 型汽车起动电路图如图 3-23 所示，其工作原理如下：

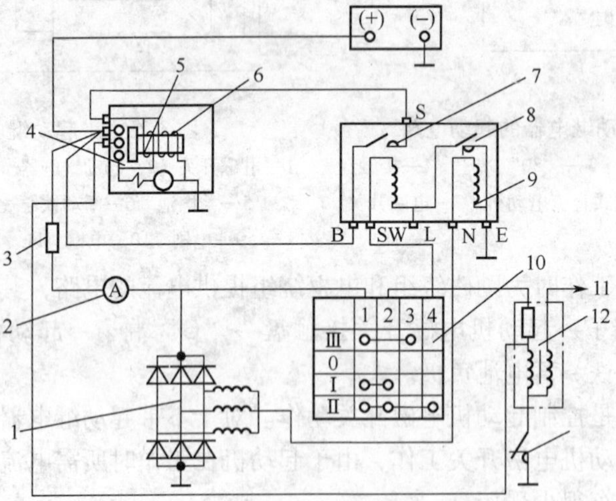

图 3-23　CA1090 型汽车起动系统电路图

1—发电机　2—电流表　3—熔断器　4—起动机　5—吸引线圈　6—保持线圈

7—起动继电器触点　8—保护继电器触点　9—保护继电器线圈　10—点火线圈

11—至分电器盖　12—点火线圈　13—断电器

1）当点火开关位置置于起动档(2档)时，起动继电器线圈通电，电流回路为蓄电池正极→熔断器→电流表→点火开关起动触点2→起动继电器线圈→保护继电器常闭触点→搭铁→蓄电池负极。起动继电器线圈通电使起动继电器的常开触点闭合，接通了起动机电磁开关电路，使起动机开始工作。

2）发动机起动后，松开点火开关，自动返回点火档(1档)，起动继电器触点打开，断开了电磁开关电路，电磁开关复位，起动机停止工作。

3）发动机起动后，如果点火开关没能及时返回1档，这时组合继电器中保护继电器线圈由于承受交流发电机中性点的电压，使常闭触点断开，自动切断了起动继电器线圈的电路，使起动继电器触点断开，电磁开关复位，起动机自动停止工作。发动机起动后，由于触点的断开，也切断了充电指示灯的搭铁电路，充电指示灯熄灭。

4）在发动机运行时，如果误将点火开关置于起动档，由于保护继电器的线圈有交流发电机中性点电压，使常闭触点处于断开状态，起动继电器线圈不能通电，起动机电磁开关不能动作，避免了发动机在运行中使起动机的驱动齿轮进入与飞轮齿圈的啮合而产生的冲击，起到了保护作用。

3.4　起动系统的常见电路故障诊断

起动系统常见电路故障主要有起动机不转、起动机运转无力、起动机空转和起动机异响。

1. 起动机不转的故障诊断

（1）故障原因　起动机不运转的电路故障可归纳为四种；电源及线路、起动继电器、电磁开关和起动机电路故障。

1）电源及线路故障：

① 蓄电池严重亏电。

② 蓄电池正、负接线柱上的导线连接松动或接触不良。

③ 控制线路断路。

2）起动机继电器故障：

① 继电器线圈绕组烧毁或断路。

② 继电器触点严重烧蚀或不能闭合。

3）电磁开关。起动机电磁开关触点严重烧蚀或两触点高度调整不当，从而导致触点表面不在同一平面，使接触盘不能将两个触点接通。

4）起动机电路故障：

① 换向器严重烧蚀而导致电刷与换向器接触不良。

② 电刷弹簧压力过小或电刷卡死在电刷架中。

③ 电刷与励磁绕组断路或正电刷搭铁。

④ 磁场绕组或电枢绕组有断路、短路或搭铁故障。

⑤ 电枢轴的铜衬套磨损过多，使电枢轴偏心或电枢轴弯曲导致电枢铁心“扫膛”，即电枢铁心与磁极发生摩擦或碰撞。

（2）故障诊断方法　各种型号汽车起动系统故障诊断的方法基本相同，仅线路有所不同。对于起动机出现不转故障时，首先检查蓄电池的储电情况以及蓄电池的搭铁线、正极线连接情况，其诊断方法如下：

① 检查电源及线路。打开汽车前照灯或按喇叭，若灯发亮或喇叭响声正常，则说明蓄电池储电充足，若喇叭声音小或嘶哑，灯光比平时暗淡，则说明蓄电池储电不足或电源线路有故障。应先检查蓄电池接线柱与接线端子及起动电路导线接头处是否有松动，触摸导线连接处是否发热，若某连接处松动或发热，则说明该处接触不良。

② 检查起动机电路。如果电源判断无故障，用跨接线将起动机电磁开关上连接蓄电池和电动机导电片的接线柱短接，若起动机不转，则说明起动机内部有故障；若起动机空转正常，则进行下一步检查。

③ 检查电磁开关电路。用跨接线将电磁开关上连接起动继电器的接线柱“50”端子与连接蓄电池的接线柱短接，若起动机不转，则说明起动机电磁开关有故障，应拆检电磁开关；若起动机运转正常，则说明故障在起动继电器或相关的线路上。

④ 检查起动继电器电路。用跨接线将起动继电器上的“电池”和“起动机”两接线柱短接，若起动机运转，则说明起动继电器内部有故障，否则应再做下一步检查。

⑤ 检查点火开关及线路。将起动继电器的“电池”与点火开关用导线直接相连，若起动机能正常运转，则说明故障在点火开关位置，可对其进行检修。

2. 起动机运转无力的故障诊断

（1）故障原因

1）蓄电池储电不足或有内部短路故障致使供电能力降低。

2）起动机主回路接触电阻增大使起动机工作电流减小，接触电阻增大的原因包括蓄电池搭铁线搭铁不实，正、负接线柱上的导线接头接触不良；起动机电磁开关触点与接触盘烧蚀；电刷与换向器接触不良或换向器烧蚀等。

3）起动机磁场绕组或电枢绕组匝间短路使起动机输出功率降低。

4）起动机装配过紧或有“扫膛”现象。

5）发动机转动阻力转矩过大。

（2）故障诊断方法

1）首先应检查蓄电池容量和电源导线的连接情况，确认蓄电池容量是否足够，线路连接是否良好。

2）若蓄电池容量充足且线路连接良好，但故障依然存在，区分故障所在的方法是：用跨接线短接起动机电磁开关的“30”端子和“C”端子两个接线柱。若短接后起动有力且运转正常，说明起动机电磁开关主触点和接触盘接触不良；若短接后起动仍无好转，则可认为是起动机有故障，需进一步拆检。

3）如果在接通起动开关后，起动机有连续的“咔哒”声，若短接起动机电磁开关的两个主接线柱，起动机转动正常，说明电磁开关保持线圈断路或短路。

3. 起动机异响的故障诊断

（1）故障原因

1）蓄电池严重亏电或内部短路。

2）起动机电磁开关保持线圈断路或搭铁不良。

3）起动继电器触点断开电压过高。起动继电器断开电压过高而导致电磁开关异响的原因是：当断开电压过高时，由于接通起动开关起动继电器触点闭合，吸引线圈和保持线圈通电，产生电磁吸引力，使活动铁心前移将起动机主电路接通，此时，蓄电池大量放电，其电压急剧下降。当蓄电池电压降到断开电压时，继电器触点断开，切断吸引线圈和保持线圈电流，活动铁心复位，起动机主电路切断，蓄电池停止放电，其电压迅速回升。与此同时，继电器线圈两端的电压迅速升高，其触点重新闭合，活动铁心再次前移，电动机主电路又接通，蓄电池大量放电，电压又一次急剧下降。由于继电器断开电压高，因此在起动机尚未转动时，蓄电池作用在继电器线圈两端的电压就迅速降到断开电压，触点又断开，铁心又复位。如此重复上述过程，驱动齿轮便周期性的敲击飞轮齿圈而发出“哒、哒……”声。

（2）故障的诊断方法　在起动发动机时，用万用表检测蓄电池电压不得低于 9.6V。若电压过低，说明严重亏电或内部短路，应予以更换。若蓄电池工作状况良好，起动机电磁开关仍有“哒、哒、哒”的响声，应拆检电磁开关的保持线圈，查看是否断路或搭铁不良。对于个别车型，还有可能是起动继电器断开电压过高，故应检查其断开电压。

3.5　起动系统的电路故障案例分析

案例一：

故障现象：一辆装用电磁操作直接传动起动系统的汽车被送到修理厂，车主反映起动机在点火开关旋转到起动位置时不能起动发动机。

故障诊断与排除：维修人员对蓄电池进行了负载检测，判定蓄电池工作性能良好。然后，维修人员用电压表检测了电磁铁的起动机接线端子（M 端子）的电压，测得的电压读数为 12.5V。

由于电磁铁的 M 端子存在电压，于是不必对连接处和部件（如起动安全开关等）进行分别检测，因为它们显然可以让电流通过绝缘电路。

维修人员然后对搭铁电路进行检测，判定搭铁回路也正常。由于正极电路和搭铁电路都处于正常状态，表明唯一的故障源是起动机存在断路，于是，维修人员将起动机从汽车拆卸下来进行修理或更换，故障即排除。

案例二：日产公爵王 V6 轿车不能起动。

故障现象：一辆日产公爵王 V6 轿车在途中熄火后，起动无反应，用车拖回汽修厂。

故障诊断与排除：

1）用电压表测量蓄电池电压为 12V，正常。

2）测量起动机主电源与机体电压为 12V，正常。

3）把点火开关调至起动档，起动继电器有动作，测试起动开关线，也有 12V 电压。初步判断起动开关有问题。

拆除电源负极线，把起动机从发动机上拆下。在电气试验台上测试，发现空转正常。短接开关与连线端，无反应。把开关拆下，用万用表 R×1 档测量其电阻，电磁开关 S 与 M 之间阻值为 3.2Ω（吸引线圈）；电磁开关 S 与壳体之间阻值为 12.6Ω（保持线圈），在标准范围内。然后检查开关活动铁心及传动机构，也正常。将起动机放在电气试验台上，不带负荷测试起动开关，正常工作。最后给起动机做例行保养，加油后把电磁开关装回，在装连接线螺母时却发现磁场接线与铜夹头上有一层锈迹，同样，固定螺母垫片上也有锈迹，用砂布擦干净，拧紧螺母，在电气试验台测试，一切正常。装回车上，顺利起动。

案例三：大宇轿车起动困难

故障现象：一辆(ESPERO)JF19Y000 发动机 G15MF1500CC 的大宇轿车，在发动机大修以后出现热车起动困难。

故障诊断与排除：维修人员经试车，发现冷车能起动，等冷却液温度上升到正常温度后，起动机出现类似起动机电枢扫镗后的现象。等再试几次后，起动机每次起动只发出“哼”的一声就再也带不动发动机旋转了。由于此车在大修前起动机不论是热车还是冷车均能起动发动机，只是大修了发动机后才出现故障，所以本着先简后繁的原则先用扳手盘转发动机，能够盘动发动机，故排除了发动机装配过紧的可能。然后把中央高压线拔下，再起动发动机，故障依旧，由此又把点火时刻过早的原因排除了。从发动机上拆下起动机进行检修。大宇轿车的起动机比一般的非减速起动机有一点改进，即转子前后轴的定位支撑由传统的压制含油青铜铜套改进成滚针轴承，这样的设计既保留了铜套式支撑转子起动机的小体积，又在稍稍提高成本的同时增加了起动机的耐用程度，而且此车起动机的励磁采用磁石励磁，结构简单。检查的结果是电枢正常，前后滚针轴承间隙在允许的范围内，没有扫镗现象。电刷的长度、电刷压簧的压力均可以，唯一不太好的是换向器有些油污。当时判断是因油污产生接触电阻，致使电压降低，起动力矩减小，无法带转发动机。处理完换向器，保养了起动机后，在车下无负荷试验运转正常。安装上车后试验起动发动机，冷车勉强能带动发动机，而热车根本不能带动。拆卸起动机仔细分析故障的表现，根据冷车和热车的变化，以及拆检的结果和起动机的结构，维修人员判断是用作励磁的磁石受热磁性减弱，产生励磁不足，起动力矩减弱，不能带转发动机。用螺钉旋具试磁石，凭经验感觉磁力不强。

因磁石不是常用维修备件，无法购到，更换一新的起动机后试起动发动机，不论冷车与热车均能正常起动，修理完毕。

思考与练习

1. 起动机由哪几部分组成？各部分的作用是什么？
2. 汽车上为何采用直流串励式电动机？
3. 电磁操纵强制啮合式起动机的主电路接通前后，吸拉、保持线圈中的电流方向有无变化？为什么？
4. 起动机如何分类？
5. 起动机单向离合器有哪些？单向离合器的作用是什么？
6. 简述带起动继电器的起动控制电路的工作过程。
7. 复合继电器控制电路为何对起动机具有保护功能？
8. 起动系常见的故障有哪些？
9. 起动机需要调整的内容有哪些？
10. 改变蓄电池的搭铁极性，起动机的旋转方向是否改变？为什么？

第 4 章　点火系统的检修及案例分析

学习要点：

- 了解点火系统故障会引起车辆出现怎样的现象。
- 了解传统点火系统电器设备是由哪些部分组成以及结构特征。
- 掌握微机控制点火系统电器设备是由哪些部分组成以及结构特征。
- 理解微机控制点火系统的基本工作原理。
- 理解点火提前角的含义及改变点火提前角的基本方法。
- 掌握微机控制点火系统的控制功能。
- 掌握微机控制电子点火系统常见电路故障的诊断。

4.1　点火系统故障引起的车辆故障现象

我们把能够及时在火花塞两电极之间产生电火花的全部装置称为汽油机点火系。点火系的作用是适时地为汽油发动机气缸内已经压缩的可燃混合气提供足够能量的电火花，使得发动机能及时、迅速地做功。点火系性能好坏对发动机的工作有着十分重要的影响。若车辆出现如下故障现象，则说明汽车点火系统出现了故障。

1）发动机起动困难或起动后容易熄火。

2）汽车行驶动力不足。

3）发动机起动有时顺利，有时困难，有时运转正常，有时运转不稳定，有时出现异响。

4）汽车急加速时有“嘎、嘎”声。

4.2　点火系统的组成与特征分析

4.2.1　传统点火系统组成

传统点火系统电器设备主要由电源、分电器、点火线圈、火花塞、点火开关及附加电阻等组成，图 4-1 所示为传统点火系统组成图。

1. 分电器

分电器总成包括断电器、配电器、电容器和点火提前机构 4 个部分。分电器主要由机油泵或凸轮轴驱动，分电器轴的转速与曲轴的转速比为 1/2。

（1）断电器　断电器是由固定在断电器底板上的触点和凸轮组成(凸轮的凸角数等于发动机的气缸数)，如图 4-2 所示。断电器的作用是接通和断开初级电路。断电器触点包括活动触点和固定触点，固定触点直接安装在继电器底板上并搭铁，活动触点安装在活动触点臂上，一方面通过弹簧片压制，一方面通过导线与分电器接线柱连接，凸轮由分电器轴驱动。

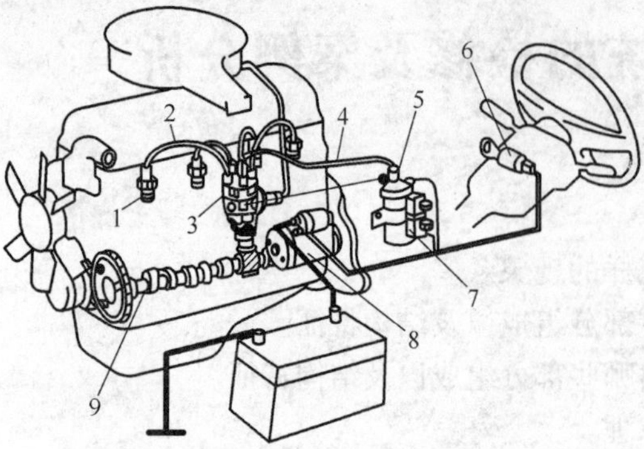

图 4-1　点火系统的组成及安装位置

1—火花塞　2—分缸高压线　3—分电器　4—中央高压线　5—点火线圈　6—点火开关　7—附加电阻　8—起动机　9—凸轮轴

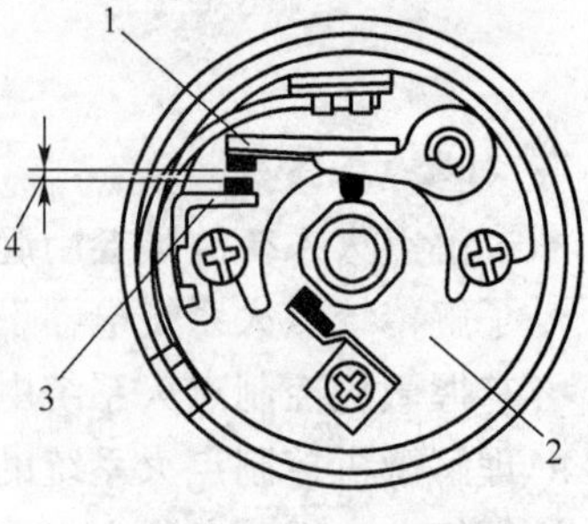

图 4-2　断电器总成

1—活动触点　2—断电器板　3—固定触点　4—触点间隙

（2）配电器　配电器由分电器盖和分火头组成，如图 4-3 所示。配电器安装在断电器的上方，其分火头置于断电器凸轮的顶端和凸轮一起转动。分电器盖的中央有一高压线座孔，称为中央电极，与分火头上的导电片相连。分电器盖的四周装有与发动机气缸数相等的旁电极，通过高压导线与各缸火花塞相连。当发动机工作时，来自点火线圈的高压电经中央电极→导电片→旁电极→火花塞。

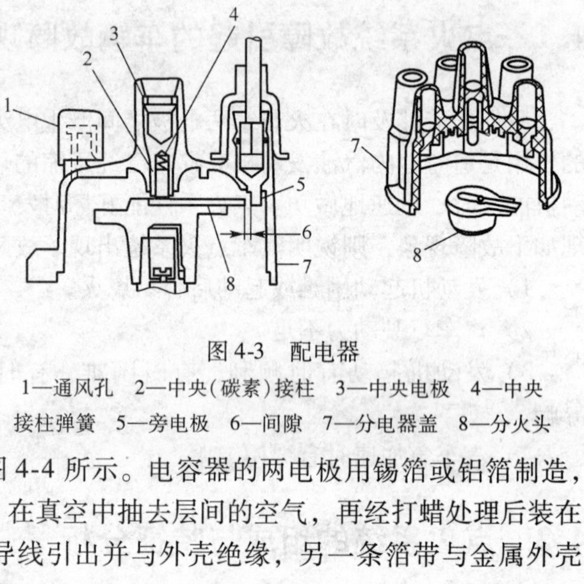

图 4-3　配电器

1—通风孔　2—中央（碳素）接柱　3—中央电极　4—中央接柱弹簧　5—旁电极　6—间隙　7—分电器盖　8—分火头

（3）电容器　电容器安装在分电器的外壳上，与断电器触点并联，其结构如图 4-4 所示。电容器的两电极用锡箔或铝箔制造，将绝缘纸夹在两条箔带之间，并卷成筒状，在真空中抽去层间的空气，再经打蜡处理后装在金属外壳中，其中一条箔带通过导电片用导线引出并与外壳绝缘，另一条箔带与金属外壳相连。

（4）点火提前调节机构　点火正时对发动机的工作影响很大，应当在活塞达到上止点前点火，使气缸内压力在活塞位置相当于曲轴转到上止点后 10°～15°时达到最高值。

点火时，曲轴的曲拐位置置于压缩行程结束，此时活塞在上止点时曲拐位置之间的夹角为点火提前角。影响最佳点火提前角的主要因素是发动机转速和混合气的燃烧速度。当转速一定时，随着负荷的加大，点火提前角应适当减小；反之，点火提前角应当加大。当负荷一定时，点火提前角应随转速升高而适当增大。

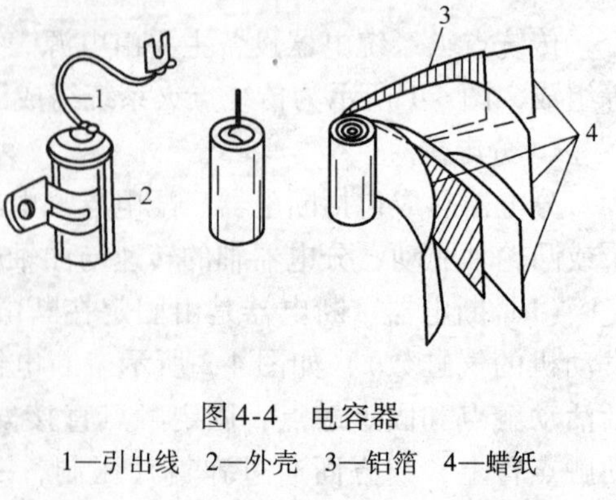

图 4-4　电容器

1—引出线　2—外壳　3—铝箔　4—蜡纸

在分电器中一般设有两套自动调节点火提

前角的装置，一套是能随发动机转速的变化而自动调节点火提前角的离心式点火提前角调节装置，另一套是按发动机负荷不同而自动调节点火提前角的真空式点火提前角调节装置。

2. 点火线圈

点火线圈主要由初级绕组、次级绕组及铁心等组成，如图 4-5 所示。其按磁路和结构的不同可分为开磁路和闭磁路点火线圈。

（1）开磁路点火线圈　开磁路点火线圈的中心是一个软铁心，外部套一层硬纸板，在硬纸板外绕制次级绕组（漆包线直径：0. 06 ~ 0. 10mm；匝数：11000 ~ 26000 匝），再在初次级绕组外绕制初级绕组（漆包线直径：0. 5 ~ 1. 0mm；匝数：230 ~ 370 匝），其结构如图 4-6 所示。

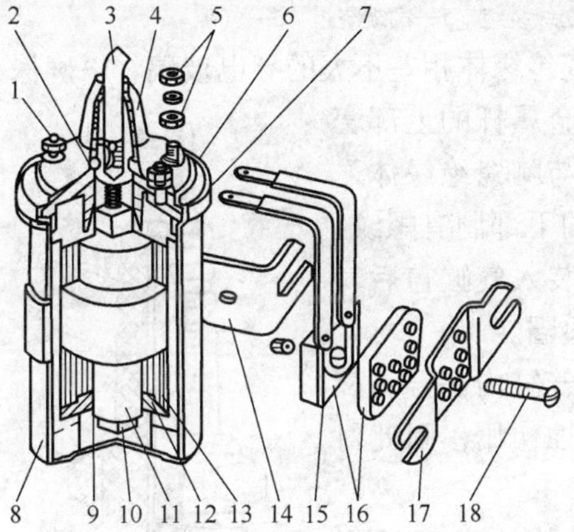

图 4-5　点火线圈

1—“－”接线柱　2—次级绕组引线及弹簧　3—高压阻尼线　4—高压线插座　5—螺母及垫片　6—绝缘盖　7—橡胶密封圈　8—外壳　9—瓷绝缘体　10—铁心　11—绝缘纸　12—次级绕组　13—初级绕组　14—固定夹　15—附加电阻及接线片　16—附加电子瓷质绝缘体　17—附加电阻盖　18—螺钉及螺母

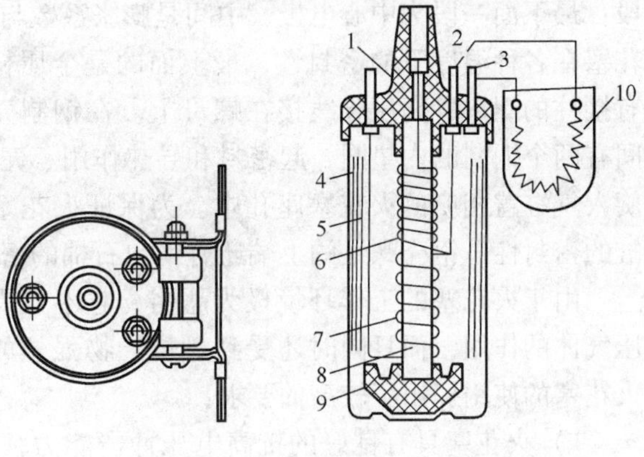

图 4-6　三接柱开磁路点火线圈

1—胶木盖　2—开关　3—“+”开关　4—外壳　5—硅钢片　6—次级绕组　7—初级绕组　8—铁心　9—瓷座

点火线圈的上部是胶木盖，中央突出的部分是高压线插孔，与配电器相连接，高压线插口两侧的接线柱是低压接线柱。对于低压三接线柱为“－”、开关和“+”开关，它们分别接断电器、起动机附加电阻短路接线柱和点火开关。为了加强绝缘和防止潮气进入点火线圈内部，在点火线圈的外壳内充满了沥青或变压器油。

（2）闭磁路点火线圈　闭磁路点火线圈的结构如图 4-7 所示，点火线圈的铁心为“日”字形或“口”字形，铁心内绕有初级绕组，在初级绕组外面绕有次级绕组。与开磁路点火线圈相比，闭磁路点火线圈具有漏磁少、能量转换效率高、体积小、质量轻和铁心裸露易于散热等优点，所以闭磁路点火线圈已在电子点火系中广泛使用。

3. 火花塞

火花塞的作用是将点火线圈产生的高压电引入发动机燃烧室内，利用高压电使火花塞间隙产生电火花，点燃混合气，其结构如图 4-8 所示。火花塞产生电火花的部分为中心电极和侧电极，两者之间用高氧化铝陶瓷绝缘体隔开。被绝缘体隔开的内部的中心导电部分分为三

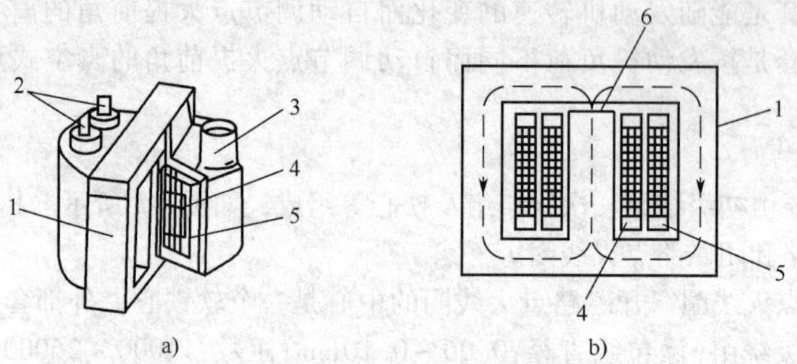

图 4-7 闭磁路点火线圈

a）外观 b）内部结构

1—铁心 2—低压接线柱 3—高压接线柱 4—初级绕组 5—次级绕组 6—气隙

段：最下面一段为中心电极，中间是膨胀系数与陶瓷绝缘体相差不大的导电玻璃，以确保火花塞在各种温度下的密封性，最上面的是金属杆，金属杆的上部套有接柱的螺母，高压导线接在螺母上。在钢制壳体与陶瓷绝缘体之间有两个铜制的内垫圈，起密封和导热作用。壳体的下部制有螺纹，旋入气缸盖相应的火花塞座孔中。为保证火花塞在装入气缸盖后气缸的密封性，钢壳螺纹的上端还有铜包石棉的密封垫圈。

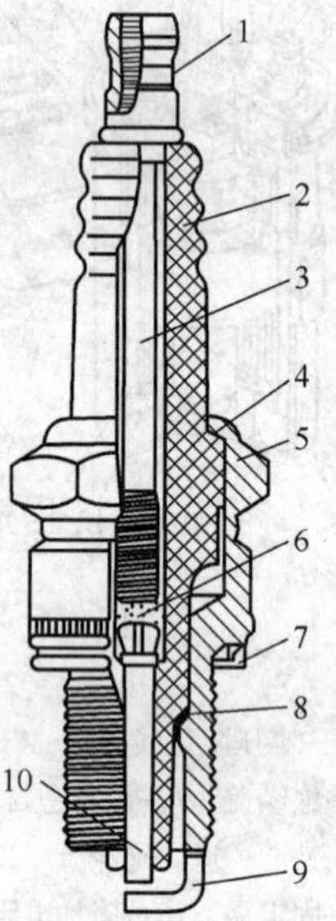

图 4-8 火花塞

1—接线螺母 2—绝缘体 3—金属杆 4、8—垫圈 5—壳体 6—导电玻璃 7—密封圈 9—侧电极 10—中心电极

由于火花塞的工作环境极为恶劣，它不仅受到气缸内高温、高压气体的作用，而且同时还受到燃烧产物强烈的腐蚀作用，因此对火花塞的使用提出了较高的要求：

1）火花塞具有良好的抗高电压冲击能力，其绝缘体应在 30kV 高压的作用下保证良好的绝缘性能。

2）发动机气缸内燃烧气体的温度（1500～2000℃）与刚进入气缸的新鲜混合气的温度（50～60℃）相差很大，火花塞要具有承受这种温度剧烈变化的作用，并保持一定的温度，不得产生局部过热或过冷。

3）火花塞要具有承受混合气燃烧所产生的巨大的冲击力（5.88～6.86MPa）能力。因此，火花塞要有足够的机械强度。

4）火花塞在工作中要受到燃烧产物中多种活性气体的腐蚀，因此要求火花塞的电极采用难熔、耐蚀的材料制成。

4.2.2 点火系统的功用及要求

1. 点火系统类型及功用

内燃机包括柴油发动机和汽油发动机。由于柴油着火点低，可通过气缸压缩空气将其点燃，柴油发动机无需设置点火装置；而汽油着火点高，气缸内混合气须通过高压电火花将其点燃，因此汽油发动机必须设置产生电火花的点火装置。从 1886 年第一辆以电磁机为电源的点火系统四循环内燃机汽车的出现，随着人们对汽油发动机技术指标的不断提高，点火系统逐渐得到了改进，结构性能得到进一步完善，如今点火系统按结构形式可分为：触点点火系统、电子点火系统和微机控制点火系统三种类型，现代汽车普遍采用微机控制点火系统。

点火系统的功用是将汽车电源系统的低电压（10～15V）转变成高电压（15～20kV），并按发动机的点火顺序引入气缸，在发动机气缸吸入可燃混合气，压缩行程终了时，及时地用电火花点燃可燃混合气，并满足可燃混合气充分地燃烧及发动机工作稳定的性能要求，使汽油发动机顺利地实现从热能到机械能的转变。

2. 点火系统的要求

要使点火系统能在发动机各种工况和使用条件下保证可靠而准确地点火，必须对点火系统有所要求：

（1）点火系统能迅速及时的产生足以击穿火花塞电极间隙的高电压　火花塞电极之间产生火花的电压称为击穿电压，发动机工况的不同，火花塞击穿电压也就不同，影响击穿电压的因素有：电极间隙、电极温度与极性、混合气压力与温度及发动机工况，图 4-9 所示为发动机工况与击穿电压的关系图，由图 4-9 可看出，起动发动机时所需电压达 19kV，其主要原因是发动机各机件都处于冷态，被吸入气缸的混合气温度低、雾化不良等，因此击穿电压较高；当发动机正常工作时，由于气缸压缩温度和火花塞温度高，所以击穿电压较低。点火系统为了使发动机在各种工况下能可靠点火，一般设有一定储备电压，但电压不能过高，以防止因绝缘不良而导致漏电，通常限制在 30kV。

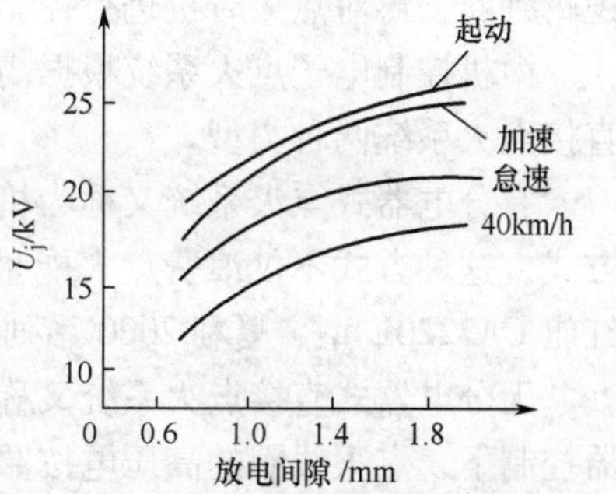

图 4-9　发动机工况与击穿电压的关系

（2）电火花应具有足够的能量　要让混合气能可靠点燃，只有足够的电压是不行的，还必须具备有一定的放电电流，这时火花塞产生的电火花才具有足够的能量。若火花能量越大，则混合气越容易点然，发动机的着火性能就越好；反之，则着火性能就越差。

影响混合气着火点所必需能量的因素有：发动机吸入混合气的成分和浓度、电极间隙和形状等。当发动机正常工作时，在活塞压缩完成后混合气的温度已接近其自燃温度，因此所需火花能量很小，一般只需 1～5mJ。根据实测表明，点火系统的总能量一般都在 50mJ 以上，足以点然可燃混合气。在发动机起动、怠速和加速时，混合气难以点燃，因此需要较高的火花能量。为了保证可靠点火，点火系统应能保证提供 50～80mJ 的能量。

（3）点火时间应适应发动机的各种工况　点火系统应按发动机的工作顺序依次为各个气缸进行点火。如某发动机的工作顺序是 1-3-4-2，那么点火系统首先为 1 缸点火，然后是 3 缸点火，再后是 4 缸点火，最后是 2 缸点火。对于每一个气缸来说，要使发动机发出的功率最大、油耗最低、排放污染最小，点火系统必须在最有利的时刻进行点火，用最佳点火提前角来表示。从理论上说，点火的时刻应该在发动机工作循环中压缩行程的上止点，但发动机在实际的运转中，点火时刻应在压缩上止点之前的某一位置，也就是点火相对于压缩上止点应有一定的提前，称为最佳点火提前角。影响最佳点火提前角的因素有：发动机的转速、发动机负荷、发动机压缩比和汽油质量等。点火系统应使点火的时刻达到或接近最佳的点火时刻。

4.2.3　微机控制电子点火系统的组成和工作原理

1. 微机控制电子点火系统概述

20 世纪 70 年代末期，随着微机控制的喷油系统的应用与发展，以微机控制点火时刻的点火系统开始在汽车上广泛使用。这种微机控制的点火系统解决了传统点火系统中点火提前装置不能适应发动机工况和状态改变时实际需要的问题，可使点火提前角获得复杂而又精确的控制，从而提高了发动机的动力性、燃油经济性和减少有害气体的排放量。

微机控制电子点火系统的英文缩写为 MCI，它取消了断电器的触点，采用了先进的多功能专用点火芯片为核心的电子组件，配上高能点火线圈，使点火系统具有了点火能量高、点火电压大、能够实现点火的恒流控制和闭合角控制等多种控制功能。当发动机运转时，微型计算机(点火芯片)根据与发动机工作参数有关的各种传感器输入的信号，经过数学运算和逻辑判断，再对点火时机进行控制，因此点火提前角是由点火芯片控制的。

微机控制电子点火系统根据高压电的分配方式可分为有分电器式点火系统和无分电器式直接点火系统两种类型。

有分电器式点火系统又称为机械配电式点火系统。机械配电式就是传统的点火系统配电方式，这种方式不仅浪费点火能量，而且产生无线电和音响的干扰信号。桑塔纳 2000GLi、红旗 CA7220E 型、夏利 2000 系列轿车和切诺基吉普车都采用了分配式点火系统。

无分电器式直接点火系统又称为电子配电式点火系统(DIS)。电子配电是指在点火控制器控制下，点火线圈的高压电按照一定的点火顺序，不需要分电器的分配而直接加到火花塞上的点火方式。国产桑塔纳 2000GSi 和捷达系列轿车采用了微机控制直接点火系统。到目前为止，微机控制的直接点火系统是最先进的点火系统。

2. 有分电器式微机控制电子点火系统的组成和工作原理

微机点火系统主要由传感器、电控单元 ECU、点火控制器、点火线圈、分电器和火花塞等组成，如图 4-10 所示。

(1) 传感器　传感器的作用是用来检测与点火有关的发动机工况信息，并将信息输入电子控制器 ECU，作为运算和控制点火时刻的依据。传感器(包括各种开关)主要有凸轮轴位置传感器、曲轴位置传感器、空气流量传感器、进气温度传感器、冷却液温度传感器、节气门位置传感器及爆燃传感器等。目前车辆所使用的传感器其结构、类型、数量和安装位置各不相同，但其作用基本相似。

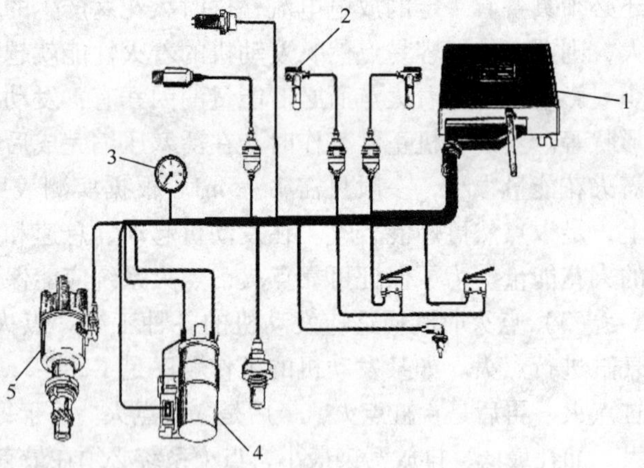

图 4-10　微机控制电子点火系统的组成

1—电子控制单元 ECU　2—执行器　3—电流表

4—点火线圈　5—分电器

1) 凸轮轴位置传感器。凸轮轴位置传感器是确定曲轴基准位置和点火基准的传感器，如图 4-11 所示。该传感器在曲轴旋转至某一特定的位置时，将这一位置转变为脉冲信号，并传至电子控制单元 ECU，ECU 将这一脉冲信号作为计算曲轴位置的基准信号，再利用曲轴转角信号计算出曲轴任一时刻所处的位置。

2) 曲轴位置传感器。曲轴位置传感器(图 4-12)将发动机曲轴转过的角度变换为电信号输入 ECU。曲轴每转过一定角度，传感器就发出一个脉冲信号，ECU 通过不断地检测脉冲次数，即可计算出曲轴转过的角度。同时，ECU 根据单位时间内接收到的脉冲次数，也可计算出发动机的转速。在微机控制电子点火系统中，发动机曲轴转角信号用来计算具体的点火时刻，转速信号用来计算和读取点火提前角。凸轮轴位置信号和曲轴位置信号是保证 ECU 在微机控制电子点火系统中正常工作的最基本信号。

图 4-11　凸轮轴位置传感器

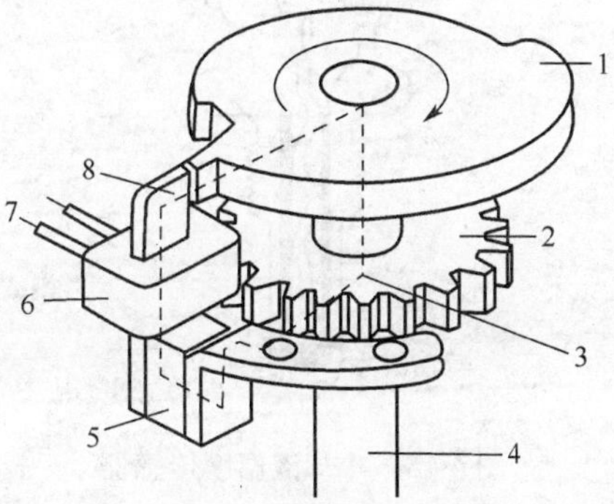

图 4-12　曲轴位置传感器

1—G_1G_t转子　2—N_e转子　3—磁路　4—轴
5—永久磁铁　6—线圈　7—信号输出　8—铁心

3）空气流量传感器。空气流量传感器（图 4-13）包括流量型（L 型）和压力型（D 型）两种类型，主要用于确定进气量的大小。在流量型（L 型）电控燃油喷射系统中，采用的是流量型传感器直接检测空气流量；在压力型（D 型）电控燃油喷射系统中，采用的是进气歧管压力传感器通过检测节气门后进气歧管内的真空度来间接检测空气流量。传感器将空气流量信号输入 ECU 后，除了用于计算基本燃油喷射的时间之外，还用作负荷信号来计算和确定基本点火提前角。

4）进气温度传感器。进气温度传感器（图 4-14）用于检测发动机吸入空气的温度。在微机控制电子点火系统中，ECU 利用该信号对基本点火提前角进行修正。

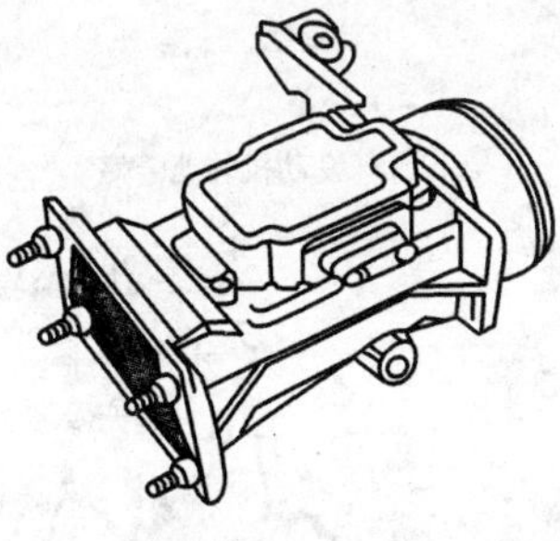

图 4-13　空气流量传感器

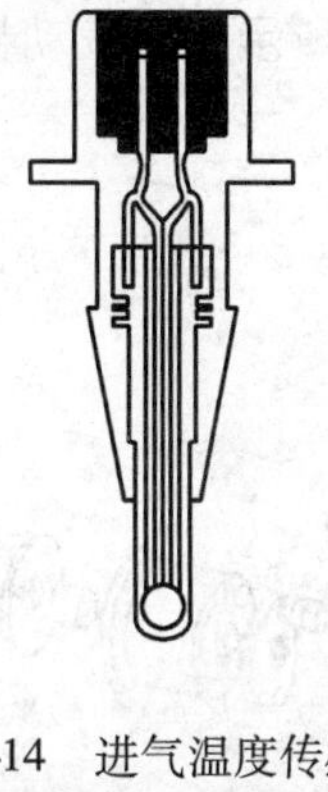

图 4-14　进气温度传感器

5）冷却液温度传感器。冷却液温度传感器（图 4-15）是用来检测发动机工作温度的高低。在微机控制点火系统中，ECU 除了利用该信号对基本点火提前角进行修正之外，还要利用该信号控制起动和发动机暖机期间的点火提前角。

6）节气门位置传感器。节气门位置传感器（图 4-16）是用来检测节气门的开度情况，并将节气门开启角度转换为电信号输入 ECU，ECU 利用该信号和车速传感器信号来综合判断发动机所处的工况(怠速、中等负荷、大负荷、减速)，并对点火提前角进行修正。

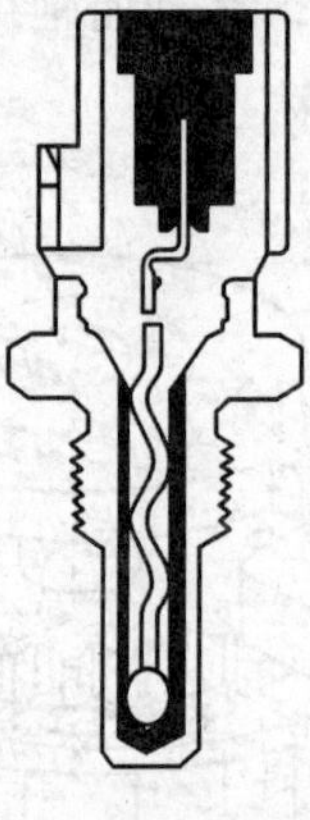

图 4-15　冷却液温度传感器

图 4-16　节气门位置传感器

7）爆燃传感器。发动机发生爆燃是指气缸内可燃混合气在火焰前锋尚未到达之前自行燃烧导致压力急剧上升而引起气缸体振动的现象。爆燃传感器的作用是用来检测发动机是否发生爆燃，并将爆燃信号转变成电信号传给 ECU，ECU 通过计算修正点火提前角消除爆燃。通过传感器对发动机爆燃的检查方法有三种：一种是检测混合气燃烧的噪声；一种是检测燃烧室压力的变化；还有一种是检测发动机缸体的振动频率。由于对检测发动机缸体振动频率的方法，其传感器安装方便且电压高、测量精度较高，所以目前汽车普遍采用。

爆燃传感器按结构的不同可分为磁致伸缩式和压电式两种传感器。

磁致伸缩式爆燃传感器结构如图 4-17 所示，主要由感应线圈、伸缩杆、永久磁铁和壳体组成。伸缩杆用高镍合金制成，在其一端设置有永久磁铁。传感线圈绕制在伸缩杆的周围，线圈两端引出电极与控制线路连接。当发动机发生爆燃时，传感器的伸缩杆就会随缸体一起振动，感应线圈中的磁通量就会发生变化。由电磁感应原理可知，线圈中就会产生感应交变电动势，即传感器就有信号电压输出，输出电压高低取决于发动机的振动强度和振动频率，如图 4-18 所示。当发动机缸体振动频率达到 6 ~ 9 kHz 时，振动强度最大，线圈中产生的电压最高。

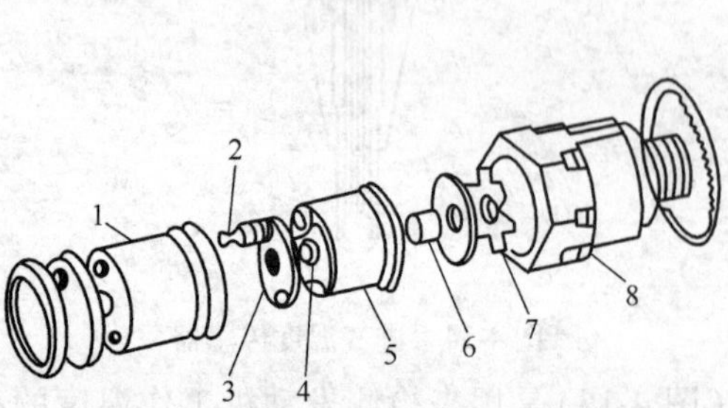

图 4-17　磁致伸缩式爆燃传感器结构图

1—软磁套　2—端子　3—绝缘体　4—伸缩杆
5—绕组　6—磁铁　7—弹簧　8—外壳

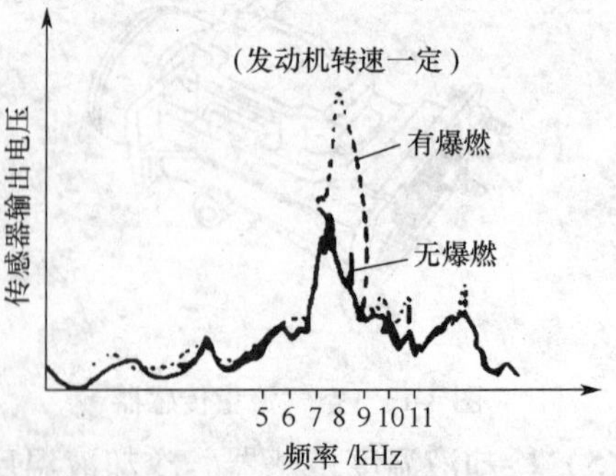

图 4-18　磁致伸缩式爆燃传感器信号波形图

目前，国内外大多数汽车微机控制点火系统均采用压电式爆燃传感器，如桑塔纳 GLi、2000GLi、2000GSi、3000 型、捷达 AT 和 GTX 型等轿车。压电式爆燃传感器的结构如图4-19 所示，主要由套筒底座、电压元件、惯性配重、塑料壳体和接线插座等组成。压电元件是爆燃传感器的主要部件，用压电材料制成垫圈形状，在其两侧安放有金属垫圈作为电极，并通过导线引到接线插座上。惯性配重与压电元件以及压电元件与传感器套筒之间安放有绝缘垫圈，套筒中心制作有螺孔，传感器通过螺栓固定在发动机缸体上，调整螺栓的拧紧力矩便可调整传感器输出的信号电压(注意:螺栓的拧紧力矩在出厂时已经调好,不得随意调整)。

当发动机发生爆燃时，传感器套筒底座及惯性配重随之产生振动，并将振动作用在压电元件上，由压电效应(某些晶体的薄片受到压力或机械振动之后产生电荷的现象)可知，压电元件的信号输出端就会输出与振动频率和振动强度有关的交变电压信号，如图 4-20 所示。试验证明：发动机爆燃产生的压力冲击波频率在 6 ~ 9 kHz 时振动强度较大，所以信号电压较高。发动机转速越高，信号电压幅值越大。

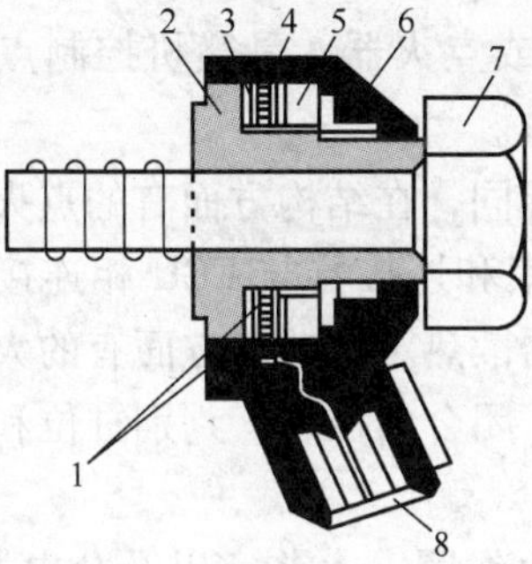

图 4-19　压电式爆燃传感器的结构图

1—电极　2—套筒底座　3—绝缘垫圈　4—电压元件
5—惯性配重　6—塑料壳体　7—固定螺栓　8—接线插座

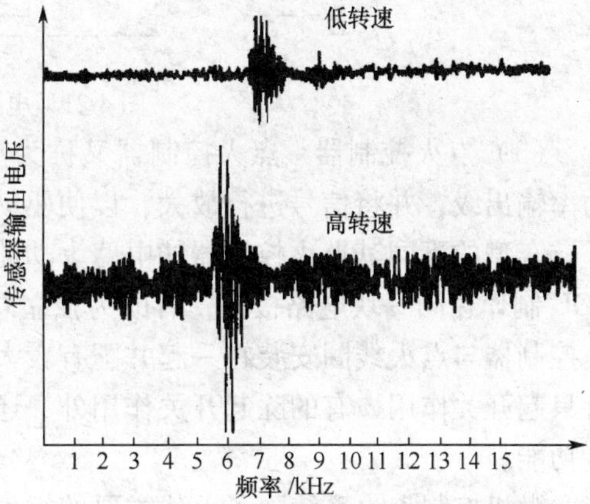

图 4-20　压电式爆燃传感器的输出波形

8）各种开关信号。

① 起动开关信号：在起动机起动时，将起动信号通知 ECU 使发动机处于起动状态，并以此修正起动时的点火提前角。

② 空调开关信号：发动机在怠速工况下使用空调时，ECU 在提高发动机转速的同时，也对点火提前角进行修正。

③ 空档开关信号：在配置有自动变速器的车辆上，此信号可以使 ECU 获得变速器位于空档的信息，对点火提前角进行必要的修正。

以上这些传感器一般都与电控燃油喷射系统的各传感器共用，确定最佳的供油量和最佳点火提前角。

(2）电控单元 ECU　电子控制器本身就是一台微机，其作用是根据发动机各传感器输入的信息，进行运算、处理、判断，然后输出指令(信号)控制有关执行器(如点火器)的动作，达到快速、准确地控制发动机工作的目的，基本构成如图 4-21 所示。

在 ECU 的只读存储器 ROM 中，存储着各种程序和该车在各种工况下的最佳点火提前角等数据；随机存储器 RAM 是用来存储 ECU 工作时暂时需要存储的数据。在发动机工作时，ECU 根据各传感器及开关信号输入的信息，查出此时的基本点火提前角，并根据此时发动机的工况计算出最佳点火提前角。ECU 适时按最佳点火提前角向输出回路发出指令，控制点火器切断点火线圈初级电流，产生高压电，并按发动机的点火顺序分配到各缸火花塞进行点火。

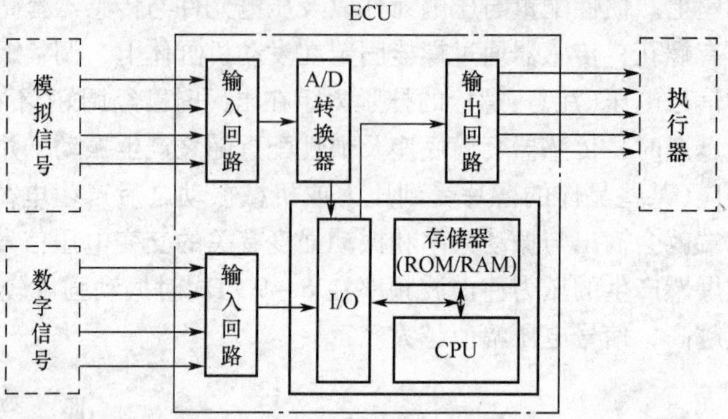

图 4-21　电控单元 ECU 的组成

（3）点火控制器　点火控制器又称为点火电子组件或点火器，是微机控制点火系统的功率输出级，并将信号进行放大，以便驱动点火线圈工作。

车型的不同其点火控制器的电路、功能与结构各不相同，在结构方面有的点火控制器与 ECU 制作在同一块电路板上；有的为独立总成，并用线束和连接器与 ECU 相连接；有的点火控制器与点火线圈安装在一起并配有较大面积的散热器散热。在功能方面有的大功率晶体管只起开关作用，有的除起开关作用外，还有电流控制、闭合角控制、判别缸位和点火监视等功能。

微机控制点火系统除了上述主要的组件外，还有点火线圈、火花塞以及分电器等部件，其结构原理及作用与传统点火系统基本相同，故在此不赘叙。

（4）有分电器式微机控制电子点火系统的工作原理　微机控制电子点火系统工作原理如图 4-22 所示。在发动机工作时，ECU 通过各个传感器把发动机的工况信息采集到随机存

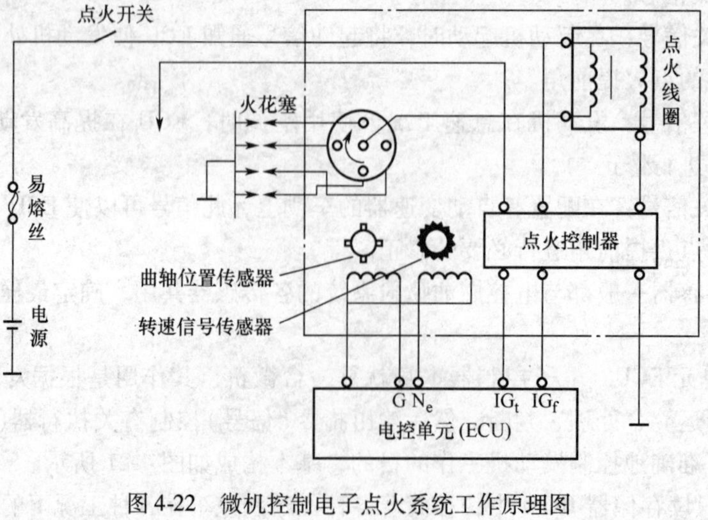

图 4-22　微机控制电子点火系统工作原理图

储器 RAM 中，并不断检测 G 信号，G 信号指凸轮轴位置传感器信号，判定是哪一缸即将到达压缩上止点。当接收到 G 信号后，ECU 立即开始对 Ne 信号（指曲轴转角信号）进行计数，以便控制点火提前角。此时，ECU 根据反映发动机工况的转速信号、负荷信号等一些与点火提前角有关的传感器信号，从只读存储器中查询出发动机相应工况下的最佳点火提前角。当 ECU 检测到曲轴转角等于最佳点火提前角时，ECU 立即向点火控制器发出控制指令，使功率晶体管截止，点火线圈初级电流切断，次级绕组产生高压，并按发动机点火顺序分配到各缸火花塞跳火点燃可燃混合气。

3. 无分电器式微机控制电子点火系统的配电方式

（1）分电器的缺陷　微机控制电子点火系统具有准确的点火正时、点火高电压和点火高能量等优点，但高电压的分配依然存在许多缺点，以下是有分电器式点火系统存在的一些缺陷：

1）分火头与分电器盖旁电极之间必须保留一定间隙才能进行高电压的分配，因此，将会损失一部分点火能量，同时也是一个主要的无线电干扰源。

2）为了抑制无线电的干扰信号，高压线采用了高阻抗导线，也要消耗一部分能量。

3）当分火头、分电器盖或高压导线漏电时，会导致高压电火花减弱、缺火或断火，使点火系统的可靠性下降。

4）曲轴位置传感器转子由分电器轴驱动，旋转机构的机械磨损会影响点火时刻的控制精度。

5）分电器安装的位置和占据的空间，会给发动机的结构布置和汽车的外形设计造成一定的困难。

（2）无分电器式微机控制电子点火系统的配电方式　为了消除分电器的缺陷，进一步提高点火性能，降低点火能量的高压传输损失，提高点火系统的可靠性和耐久性，便出现了无分电器的点火系统（DIS）。无分电器式微机控制点火系统是指在点火控制器控制下，点火线圈的高电压按照一定的点火顺序，直接加到火花塞上的直接点火方式。由于有分电器式点火系统配电方式存在上述缺陷，因此，越来越多的汽车采用了无分电器式点火系统配电方式控制点火。常用配电方式分为各缸单独点火、双缸同时点火以及二极管配电点火三种配电方式。

1）各缸单独点火方式。各缸单独点火是指每缸都有各自独立的点火线圈，即点火线圈的数量等于气缸的个数，其电路图如图 4-23 所示。由于各缸单独点火，即使发动机的转速很高，点火线圈也有较长的通电时间（闭合角大），可提供足够高的点火能量。与有分电器式控制点火系统相比较，在发动机转速和点火能量相同的情况下，单位时间内通过点火线圈初级电路的电流要小得多，且点火线圈不易发热，因为点火线圈的体积很小，所以可直接将点火线圈压装在火花塞上，如图 4-24 所示。

2）双缸同时点火方式。双缸同时点火方式是指用一个点火线圈同时为两个气缸点火，其电路图如图 4-25 所示。但同时点火的两个气缸其工作过程应相差 360° 曲轴转角，即一个气缸处于压缩行程的上止点，另一气缸处于排气行程的上止点。点火时，两个气缸的火花塞同时产生电火花，处于排气行程的气缸由于气缸内的压力很小，火花塞很容易跳火，能量损失较小。处于压缩行程的气缸内压缩压力很高，气体分子密度很大，必需有足够的点火电压。在双缸同时点火的过程中，实际加在压缩行程火花塞的电压远高于排气行程气缸火花塞

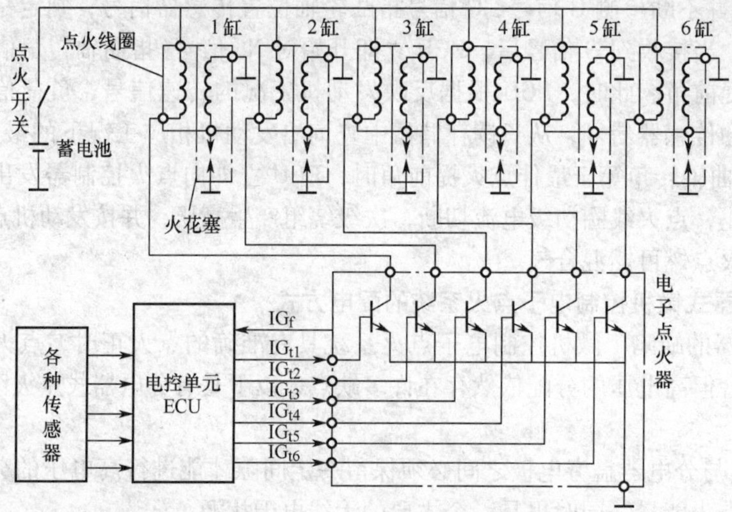

图 4-23　各缸单独点火方式电路图

的电压，保证了压缩行程气缸火花塞的正常跳火，而排气行程的火花塞的火花只是一次无效火花，不会造成大的能量损失。

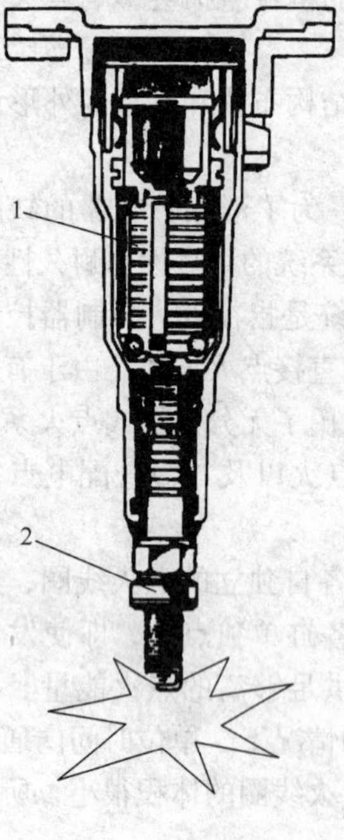

图 4-24　安装有点火线圈的火花塞

1—点火线圈　2—火花塞

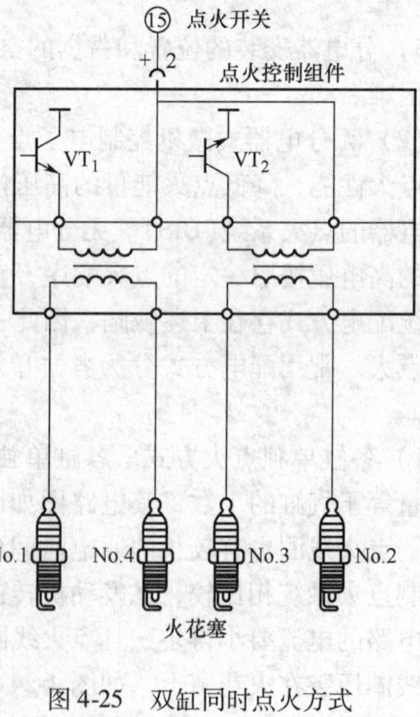

图 4-25　双缸同时点火方式

双缸同时点火的分配方式只适用于气缸数为双数的发动机，与单独点火方式相比，这种配电方式的电路相对简单，应用也比较广泛。

3）二极管配电点火方式。利用二极管分配高压电点火电路图如图 4-26 所示。点火线圈由两个初级绕组和一个次级绕组构成，次级绕组的两端通过 4 个高压二极管与火花塞串联。其中二极管有内装式（安装在点火线圈内部）和外装式两种。对于图 4-26 中所示的 4 缸发动机，1、4缸为一组；2、3缸为另一组。点火控制器中的两个功率晶体管分别控制一个初级绕组，两只功率晶体管由电控单元ECU按点火顺序交替控制其导通与截止。

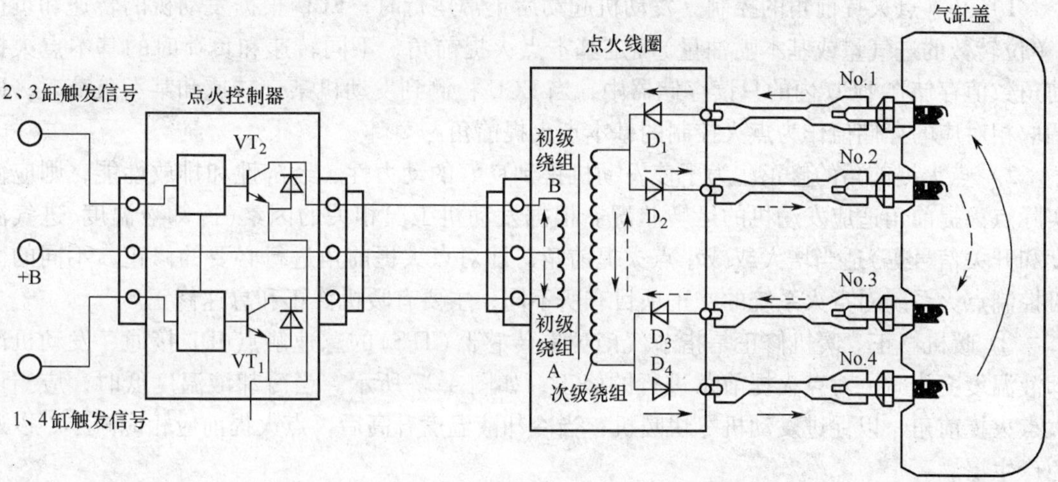

图4-26 二极管配电方式电路图

当电控单元ECU输入1、4缸的点火触发信号给点火控制器时，功率晶体管VT_1截止，初级绕组A中的电流被切断，此时次级绕组瞬间产生高压电动势，方向如图4-26中实线箭头方向所示。在该电动势的作用下，二极管D_1、D_4正向导通，1、4缸火花塞电极上的电压迅速升高直至跳火。同时D_2、D_3反向截止，不能构成放电回路，因此2、3缸火花塞电极上无高压火花放电电流而不能跳火。

当ECU输入2、3缸点火触发信号给点火控制器时，晶体管VT_2截止，初级绕组B中的电流被切断，次级绕组产生高压电动势，方向如图4-26中虚线箭头方向所示。此时二极管D_1、D_4反向截止D_2、D_3正向导通，因此2、3缸火花塞电极上的电压迅速升高直至跳火，高压放电电流经图4-26中虚线箭头所指方向构成回路。

4.2.4 微机控制电子点火系统的控制功能

微机控制电子点火系统的控制功能包括：点火提前角的控制、通电时间的控制和爆燃控制三个方面。

1. 点火提前角的控制

微机控制电子点火系统与传统点火系统最大的区别是对点火提前角的控制，在微机控制电子点火系统的电控单元(ECU)只读存储器中，存储了通过大量台架试验得出的发动机不同工况下的最佳点火提前角数据。微机控制的实际点火提前角由初始点火提前角、基本点火提前角和修正点火提前角三部分组成，即实际点火提前角=初始点火提前角+基本点火提前角+修正点火提前角，并按发动机起动时和发动机正常运行时两种模式来实现控制的。

(1) 发动机起动时点火提前角的控制　在发动机起动时，由于发动机转速变化大，进气量不稳定，空气流量传感器输出的电信号就不稳定，点火提前角不能准确控制，因此采用固定的初始点火提前角进行控制，其实际点火提前角等于初始点火提前。初始点火提前角又称为固定点火提前角，其值大小取决于发动机的结构形式，并由曲轴位置传感器的初始位置决定，一般为上止点前6°～12°。

（2）发动机正常运行时点火提前角的控制

1）基本点火提前角的控制。发动机起动后正常运行时，ECU 根据发动机的转速和负荷（单位转数的进气量或基本喷油量）确定基本点火提前角，不同转速和负荷时的基本点火提前角数值存储在 ECU 内的只读存储器中，当 ECU 检测到发动机某一转速和某一负荷时，即调取相对应的存储值作为点火控制的基本点火提前角。

2）点火提前角的修正。为了使发动机得到良好的动力性、经济性和排放性能，则应使实际点火提前角适应发动机的运转状况。根据发动机工况相关的因素（冷却液温度、进气温度和开关信号等）适当增大或减小点火提前角，即对点火提前角进行必要的修正。不同的微机控制点火系统对点火系统的修正项目有所不同，主要有暖机修正和怠速修正。

① 暖机修正。暖机修正是指节气门位置传感器（TPS）的怠速触点 IDL 接通、发动机冷却液温度变化时，对点火提前角进行的修正，如图 4-27 所示。当冷却液温度低时，应当增大点火提前角，以促进发动机尽快暖机；当冷却液温度升高后，点火提前应相应减小，以避免产生爆燃。

② 怠速修正。怠速修正是为了保证怠速时发动机运转稳定而对点火提前角进行的修正。怠速运转时，由于发动机的负荷变化 ECU 会将怠速转速调整到设定的目标转速。如动力转向开关或空调开关接通，发动机实际转速低于规定的目标转速时，ECU 将根据转速之差，相应地减小点火提前角，如图 4-28 所示，使怠速运转平稳，防止发动机怠速熄火。

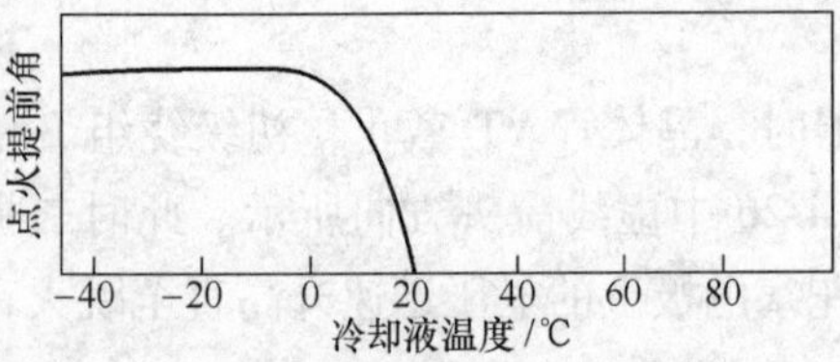

图 4-27　暖机修正曲线

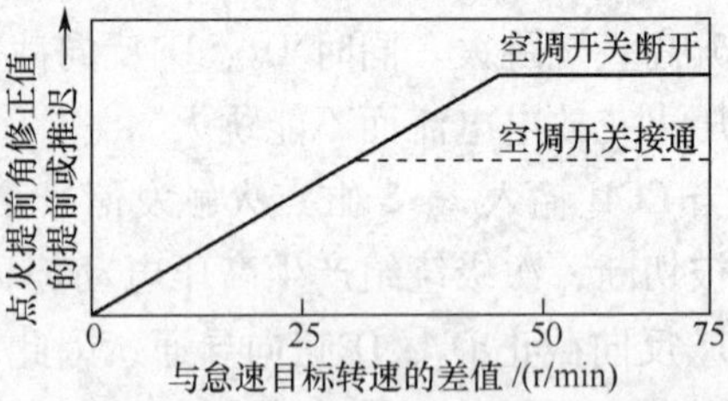

图 4-28　怠速修正曲线

2. 通电时间的控制

在微机控制点火系统中，为了减小转速对次级电压的影响，提高点火能量，采用了初级绕组电阻很小的高能点火线圈。为了防止初级电流过大而烧坏点火线圈，在点火控制电路中，必须控制一个最佳通电时间，保证在任何转速下初级电流都能达到规定值（一般为 7A），这样既能改善点火性能，又能防止初级电流过大而烧坏点火线圈。

影响点火线圈初级绕组通电时间和点火线圈储存能量的主要因素是发动机转速和蓄电池的供电电压，为了保证在不同的转速和蓄电池供电电压时都具有相同的初级绕组断电电流，必须对点火线圈的导通角加以控制。点火导通角是指点火线圈初级电路的功率晶体管导通期间，发动机曲轴转过的角度。导通角的控制方法是：ECU 首先根据电源电压高低，从预先试验并存储在存储器中的导通时间脉谱图中查询导通时间，然后根据发动机转速确定导通角的大小，控制原理如图 4-29 所示。

3. 爆燃控制

实践证明，严重爆燃会影响发动机的动力性和经济性。当发动机工况处于临近爆燃或有

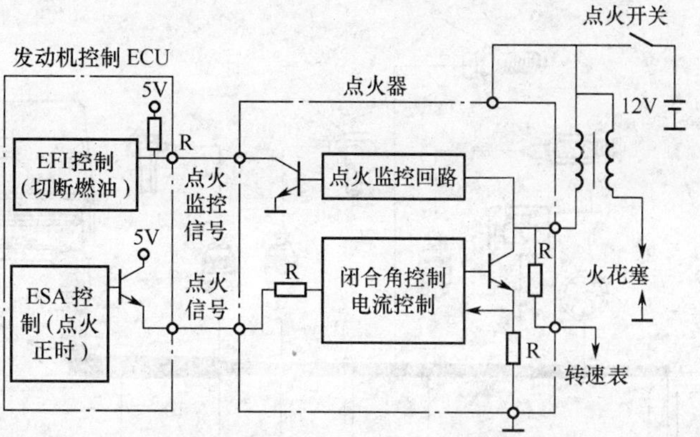

图 4-29　通电时间控制原理图

轻微爆燃的情况下，其热效率最高，动力性和经济性最好。控制点火提前角是控制发动机爆燃最有效的方法，因此利用点火提前角的控制可使发动机工况处在爆燃边缘，提高发动机的动力性和经济性。

爆燃传感器安装在气缸体或气缸盖上，其原理是利用压电晶体的压电效应，把爆燃时传到气缸体上的机械振动及时地转换成电压信号，并输入 ECU，ECU 把爆燃传感器输出的信号进行运算，判断发动机有无爆燃及爆燃的强度。若爆燃强，ECU 发出指令，控制点火时刻推迟(一般推迟 0.5°~1.5°)。每次调整都以一固定的角度递减，直到爆燃消失为止。而后又以一固定的角度提前，当发动机再次出现爆燃时，ECU 又使点火提前角再次推迟，调整过程如此反复，图 4-30 所示为爆燃控制点火提前角工作原理图。

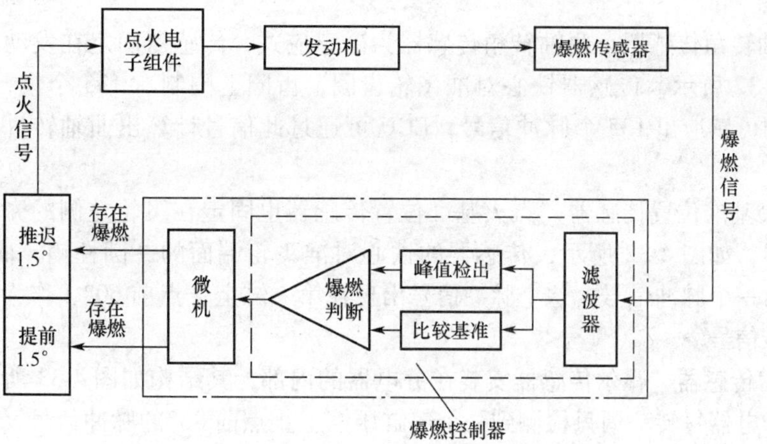

图 4-30　爆燃控制点火提前角工作原理图

4.2.5　典型微机控制电子点火系统

奥迪 200 型轿车的点火系统为典型的有分电器式微机控制点火系统，其系统构成如图 4-31所示。点火器与电子控制单元 ECU 集成在一起，通过传感器的电信号，控制点火提前角和闭合角的点火参数。

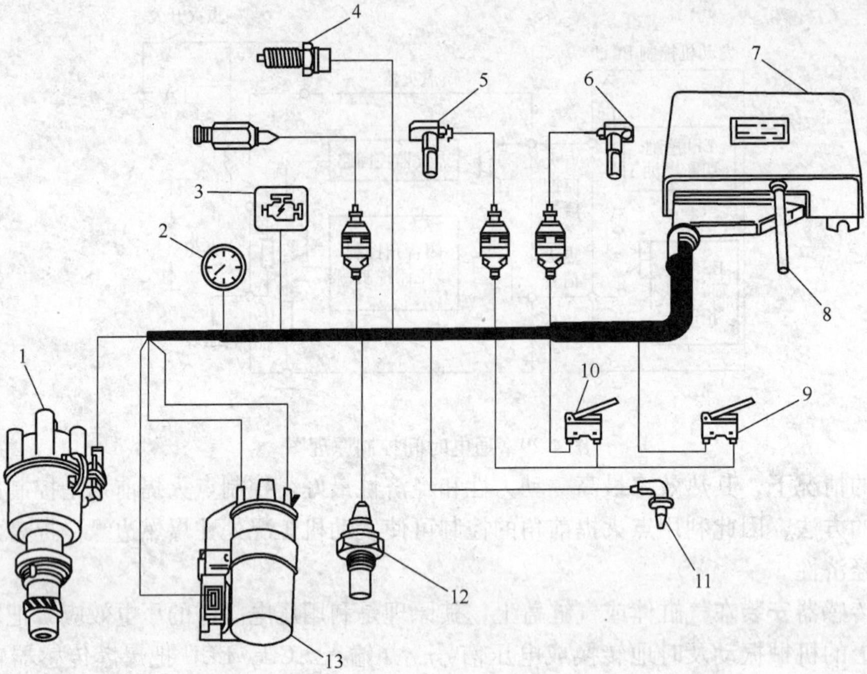

图 4-31　奥迪 200 型轿车有分电器式微机控制电子点火系统结构图
1—霍尔分电器　2—车速表　3—故障报警灯　4—制动灯开关　5—转速传感器　6—点火基准位置传感器
7—电控单元 ECU　8—增压传感器　9—全负荷开关　10—怠速开关　11—进气温度传感器
12—冷却液温度传感器　13—点火传感器

1. 传感器

（1）曲轴转角传感器　曲轴转角传感器为磁感应式，传感器固定在发动机左侧的飞轮壳上，如图 4-32 所示，传感器铁心对准飞轮齿圈，齿圈上围制有 135 个齿，曲轴转一圈，传感器的线圈可感应出 135 个脉冲信号，ECU 可通过此信号计算出曲轴转过的角度和发动机的转速。

（2）点火基准位置传感器　点火基准位置传感器也固定在飞轮左侧的壳体上，也是磁感应式传感器，如图 4-32 所示，传感器的铁心对准飞轮端面的一圆柱销，曲轴每转一圈，传感器便发出一个脉冲信号，这个脉冲信号出现在第一缸上止点前 60°，作为电控单元起动时的点火基准信号。

（3）霍尔传感器　霍尔传感器安装在分电器的内部，其结构如图 4-33 所示，转子只有一个缺口，分电器每转一周只检测到一个气缸压缩上止点前 80°的脉冲信号，信号的宽度为 35°曲轴转角，此信号与点火基准位置信号共同确认某气缸点火信号并传给 ECU。

（4）增压传感器　增压传感器位于电子控制器 ECU 的内部，用一根橡胶管与发动机进气管相连，使 ECU 能够检测到发动机增压后的进气压力，并以此作为负荷信号来计算点火提前角。

除此之外还有前面所讲的进气温度传感器、冷却液温度传感器和爆燃传感器等，此处不再重复。

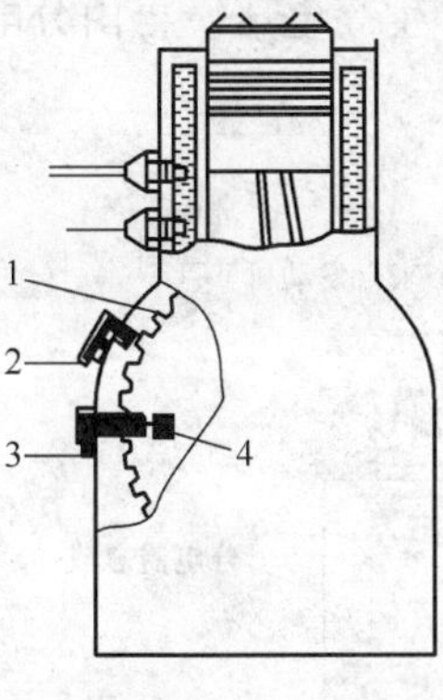

图 4-32　曲轴转角传感器和点火基准传感器的位置

1—飞轮　2—曲轴转角传感器

3—曲轴基准位置传感器　4—圆柱短销

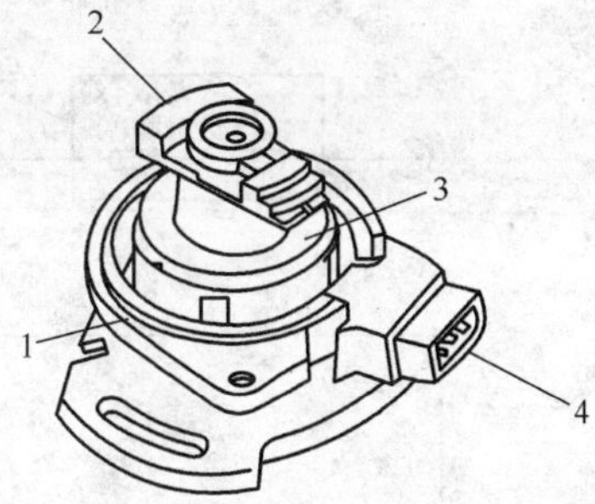

图 4-33　霍尔传感器

1—外壳　2—分火头　3—转子　4—插座

2. 点火提前角的确定与修正

本系统以气缸上止点前 60°的脉冲信号作为点火基准信号，再根据各传感器传来的信号计算出基本提前角和修正提前角，发出点火信号，控制点火线圈旁的大功率晶体管导通与截止，从而控制点火系统的工作。

当发动机产生爆燃时，爆燃传感器产生爆燃电压信号，ECU 收到信号后，通过运算后发出指令，使点火提前角按一定的角度推迟直至爆燃消除，然后再将点火提前角逐渐提前至最佳值。系统对点火提前角的控制范围为上止点前 6° ~54°。

在该系统中，ECU 还具备以下功能：

1）当发动机怠速及超速燃油切断开关闭合，发动机转速在 400 ~ 775 r/min，由怠速稳定装置控制点火时刻，使发动机的转速保持在 775r/min 左右。

2）在燃油供给系统中装有超速燃油阻断阀，由 ECU 根据节气门位置传感器信号和发动机转速信号控制。当节气门位置传感器的怠速触点接通，同时发动机的转速超过 1600r/min 时，ECU 接通超速燃油阻断阀，并调整点火时刻。当发动机转速下降到 1200r/min 时，阻断阀断开，发动机回到怠速转速。

3）ECU 内的故障自诊断系统不断地监测系统的工作情况，如果发现故障，便点亮故障警告灯，并存入相应的故障码以备诊断之用。

4.3　微机控制电子点火系统的电路分析

1. 有分电器式微机控制电子点火系统电路分析

在此以本田雅阁汽车 F22B1 型发动机点火系统为例讲解，其电路如图 4-34 所示，在该微机控制电子点火系统中，曲轴位置传感器（TDC/CKP/CYP）、点火线圈及点火控制器都在分电器中，与分电器为一个整体。

点火系统的初级电路为：蓄电池正极→点火开关→点火线圈初级绕组→点火控制器→搭铁。点火系统由发动机 ECU 控制，发动机 ECU 根据发动机转速传感器、进气歧管压力传感器、曲轴位置传感器、节气门位置传感器、发动机冷却液温度传感器和进气温度传感器等输入信号，计算最佳点火时刻，然后输出 10V 触发信号（点火信号 IGT）到点火控制器，点火控制器使点火线圈的初级电路迅速截止，从而使次级线圈产生高电压，再由分电器分配给各缸火花塞，产生电火花点燃混合气。

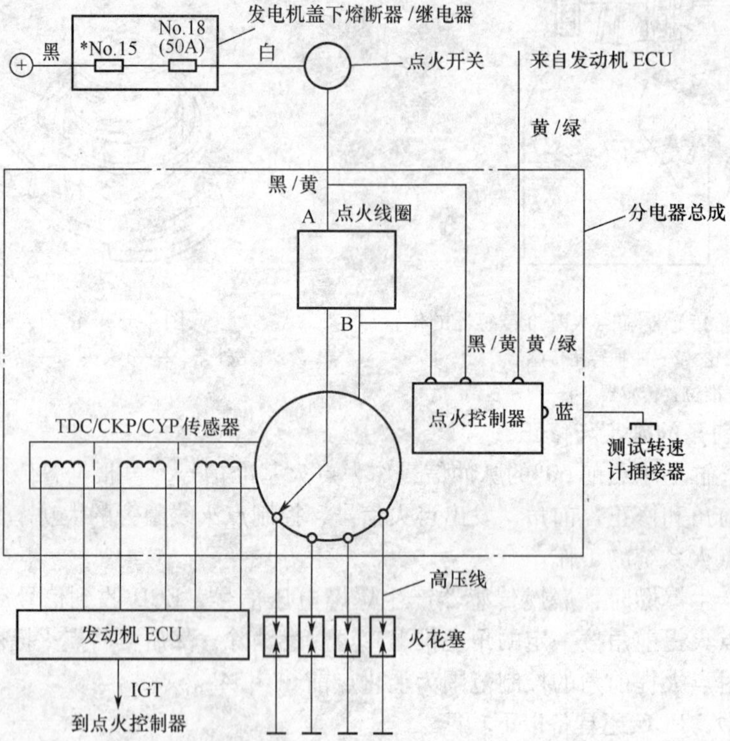

图 4-34　本田雅阁汽车 F22B1 型发动机点火系统电路图

2. 无分电器式微机控制点火系统电路分析

图 4-35 所示为日本丰田汽车公司的 1G-GZEU 型发动机无分电器式点火系统电路图，采用的是双缸同时点火方式，即将两个活塞同时到达上止点的气缸（压缩行程和排气行程）共

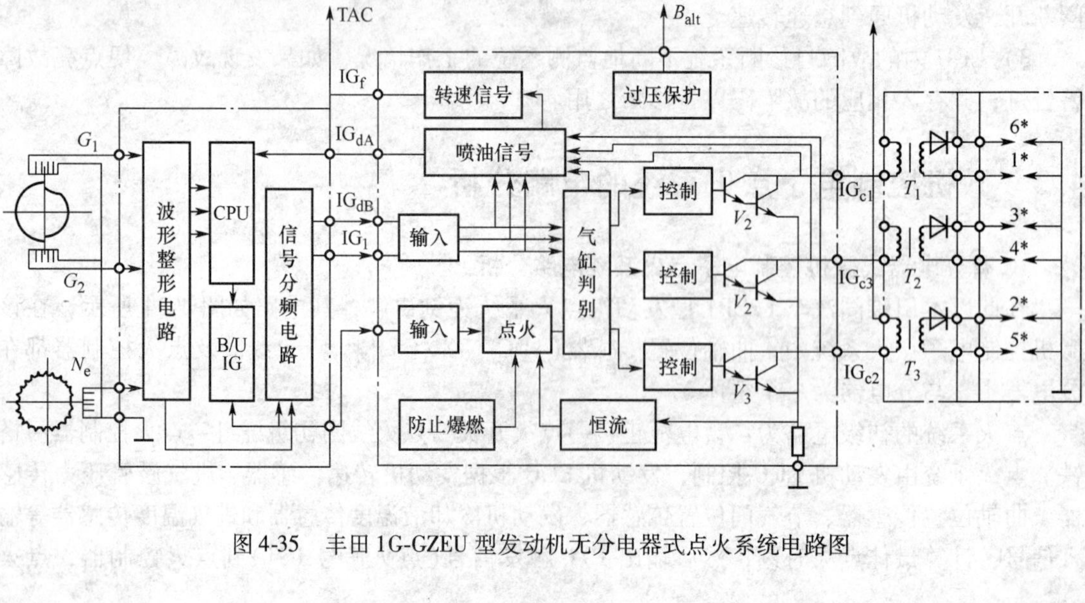

图 4-35　丰田 1G-GZEU 型发动机无分电器式点火系统电路图

用一个点火线圈，对于共用一个点火线圈的两个缸称其为“对应缸”。在同一对应缸中，火花塞与共用点火线圈次级绕组串联。当点火线圈初级电路断路时，一个气缸到达压缩行程的上止点，火花塞跳火点燃该缸的混合气，使活塞进入做功行程，此过程称为有效点火；而另一气缸到达排气行程的上止点，但火花塞跳火不起作用，称为无效点火。由于处于排气行程气缸内的压力很低，加之废气中导电离子较多，其火花塞很容易被高电压击穿，消耗的能量就非常少，所以不会对压缩行程气缸点火产生影响。

在发动机工作时，通过凸轮位置传感器给电控单元ECU一个电压信号，ECU对此信号进行处理后，ECU再给点火器提供一个IG_t信号和两个辅助判缸信号（IG_{dA}和IG_{dB}信号）。其中IG_{dA}和IG_{dB}的作用是用来判断各对应缸中到底该哪一组共用点火线圈点火，IG_t信号通过IG_{dA}和IG_{dB}的辅助判断在控制点火器执行点火。

4.4 微机控制电子点火系统的常见电路故障诊断

微机控制电子点火系统常见电路故障及现象见表4-1。

表4-1　微机控制电子点火系统常见电路故障及现象

故障现象	常见电路故障
发动机不能起动	电源电压不足；低压线路断路、短路、搭铁或接触不良；点火线圈故障；分电器盖或分火头漏电；分电器轴松旷；点火器损坏；信号发生器损坏；高压导线接触不良或漏电；点火正时不对；电脑故障
个别缸不工作（运转不稳，排气管冒黑烟）	火花塞积炭、脏污或损坏；配电器漏电；分缸高压线漏电或接触不良；点火调节装置工作不良
功率不足（行驶加速度无力、回火、过热）	火花塞故障；高压导线漏电或接触不良；分电器壳体松动；配电器盖漏电；分火头漏电或接触不良；点火线圈故障点火过迟；点火器损坏；传感器故障；电脑故障

在微机控制的点火系统中，为给故障诊断与排除带来更多的方便，汽车都安装有电控故障自诊断系统。在进行微机控制点火系的故障诊断与排除时，充分利用电控单元的自诊断功能，能够快速的查找出故障原因，及时的排除故障。

微机控制点火系故障诊断的一般程序与方法有如下：

（1）调取故障码　调取故障码的方法有多种，可以就车调取故障码，也可以借助一些检测设备（如解码器），来获取存储在电控单元中的故障码。

故障码给排除故障指明了方向，特别像信号断路或上、下限超标等具有明显征兆的故障，很容易解决。但也有部分故障是不具有故障码的，这就需要借助其他手段，做进一步的诊断。

（2）元件性能检测　根据故障码的提示，对于各元器件，需要进一步明确是元器件损坏还是线路接触不良所造成的故障，因此需要对元器件做进一步的检测。元器件的性能检测与传统电子点火系的元器件检测方法基本一致；线路故障可以用万用表测量、观察插接器松旷情况等手段进行检测。

（3）故障模拟再现　对于一些间歇性的故障，受某种特殊环境因素的影响才会出现，在对故障进行检测时，车辆应处于这种环境之中。因此，应采用模拟故障出现的环境因素，让故障再现。一般常用的模拟方法有振动法、加热法、水淋法、电器全部接通法和道路试验法等。

1）振动法。振动法是在怀疑线路接触不良或电气元件安装不牢固时所采用的一种方法。振动时的力度要轻，幅度要小。还可以用手轻轻拍打怀疑有故障的元器件，但不可用力过大。

2）加热法。加热法是在怀疑某些元器件受温度的影响而发生故障时所采用的一种方法。加热法可用电吹风加热被怀疑的元器件，看故障是否再现。但不能直接加热 ECU 内部的元件，且加热温度不能超过 60℃。

3）水淋法。水淋法是怀疑元器件因潮湿或遇漏水时产生的故障所采用的一种方法。使用该方法时，不能直接用水淋电子元器件，而是采用间接改变电气元件所处环境的湿度来影响元器件，使其故障再现。

4）电器全部接通法。使用该方法主要是怀疑某些元器件因受电负荷过大而产生故障。不过这种方法在诊断排除微机控制点火系故障时应用较少。

5）道路试验法。有些些故障只有在特定的运行状态下才会出现，因此，在进行道路试验时，应尽量接近出现故障时的运行条件，并及时作出分析判断，找出故障所在。

4.5　微机控制电子点火系统的电路故障案例分析

案例一：发动机加速不良，怠速发抖，且排出的废气有汽油味。

故障现象：一辆奥迪 100 2.6E 轿车，车主反映发动机加速不良，怠速发抖，排出的废气中汽油味较浓。

故障诊断与排除：拆下各缸火花塞，检查火花塞状况，发现 5 缸火花塞中央电极与三个侧电极中的一个电极之间有积炭。因积炭使高压电流对地短路，而造成点火丢失，混合气不能被点燃，废气中汽油味较浓。火花塞积炭是由于汽油中含有杂质，燃烧后形成固体颗粒所致。

清除火花塞积炭。发动机工作正常，怠速平稳，加速良好，排出的废气中汽油味消失。

案例二：发动机加速不良，动力不足。

故障现象：一辆桑塔纳轿车，发动机加速不良，动力不足。

故障诊断与排除：

① 用 VAG 故障诊断仪查询无故障码存储，读数据块未见异常。

② 检查点火系工作正常。

③ 检查燃油系统压力正常。

④ 检查点火线圈次极绕组电阻不符合规定值(4 ~6kΩ)。

更换点火线圈后试车，故障消失，发动机工作正常。

案例三：发动机起动后熄火，排放冒黑烟。

故障现象：一辆桑塔纳轿车，车主反映发动机起动后熄火，且排放冒黑烟。

故障诊断与排除：

① 用 VAG 故障诊断仪查询无故障码存储，读数据块未见异常。

② 检查燃油系统压力正常。

③ 检查点火正时正常。

④ 检查高压火花，发现第 2 缸和第 3 缸无火花。

⑤ 检查点火放大器，发现第 2、3 缸处有开裂现象，故第 2 缸和第 3 缸无火花。更换点火放大器，试车故障排除。

思考与练习

1. 点火系统的作用是什么？对其有何要求？
2. 试述微机控制电子点火系统的工作原理及过程。
3. 什么是点火提前角？其过大或过小有何危害？
4. 影响汽油发动机点火系统次级电压的因素有哪些？
5. 微机控制电子点火系统由哪几部分组成？
6. 微机控制电子点火系统如何分类？
7. 简述微机控制电子点火系统的工作原理？
8. 微机控制电子点火系统是如何实现最佳点火提前角的精确控制的？
9. 简述微机控制电子点火系统的故障诊断流程？
10. 简述微机控制电子点火系统的电路分析方法。

第 5 章　汽车照明与信号系统的检修及案例分析

学习要求：

- 了解汽车照明与信号系统故障会引起车辆出现怎样的故障现象。
- 知道汽车照明与信号系统电器设备是由哪些部分组成。
- 知道前照灯、信号灯及电喇叭的基本结构及工作原理。
- 理解起动机的工作特性。
- 掌握闪光器的基本结构及工作原理。
- 掌握前照灯、信号灯及电喇叭的常见电路故障诊断方法。

5.1　汽车照明与信号系统电路故障引起的车辆故障现象

为了保证汽车的正常运行和夜间或雾中安全行驶，汽车上都装有多种照明设备和灯光信号装置。这个系统主要包括照明与标志信号两个部分。另外，在汽车上，除了标志信号外，还有声音信号，如蜂鸣器、语音和电喇叭等。

为了保证汽车在夜间微光或无光条件下安全行驶，在汽车上装备有照明系统。为使其他车辆和行人注意本车的行驶状况，保证车辆和行人安全，在汽车上装备有灯光信号系统和音响信号系统。

1）转向灯和危险报警灯部分常见故障现象：全部信号灯常亮不闪烁、全部信号灯都不亮、一侧的信号灯故障不正常等。

2）示廓灯、停车灯、制动灯、门灯等信号灯不亮或亮度不够等。

3）电喇叭不响或音量、音质效果不好。

5.2　汽车照明与信号系统的组成与特征分析

汽车照明与信号系统，除了主要用于照明外，还可用于汽车装饰。随着汽车电子技术应用程度的不断提高，照明系统正在向智能化方向发展。汽车信号系统是用于汽车使用中指示其他车辆或行人的灯光信号（或标志），通常由转向信号装置、制动信号装置、电喇叭等组成，以保证汽车行驶的安全性。

照明灯根据安装位置的不同可分为：外部照明灯（约 20 个）和内部照明灯（约 40 个）。外部照明灯主要有前照灯、防雾灯、牌照灯和倒车灯等；内部照明灯主要包括仪表照明灯、阅读灯和顶灯等。

信号灯也分为外信号灯和内信号灯，外信号灯指转向指示灯、制动灯、尾灯、示宽灯和倒车灯；内信号灯泛指仪表板的指示灯，主要有转向、机油压力、充电、制动和关门提示等仪表指示灯。

图 5-1 和图 5-2 所示为车辆各灯的一般安装位置。

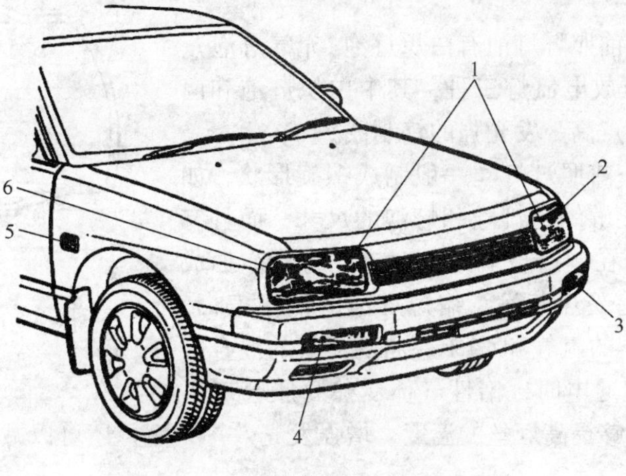

图 5-1　前部车灯的安装位置

1—前照灯　2—左前示廓灯　3—左前转向灯

4—右前转向灯　5—侧转向灯　6—右前示廓灯

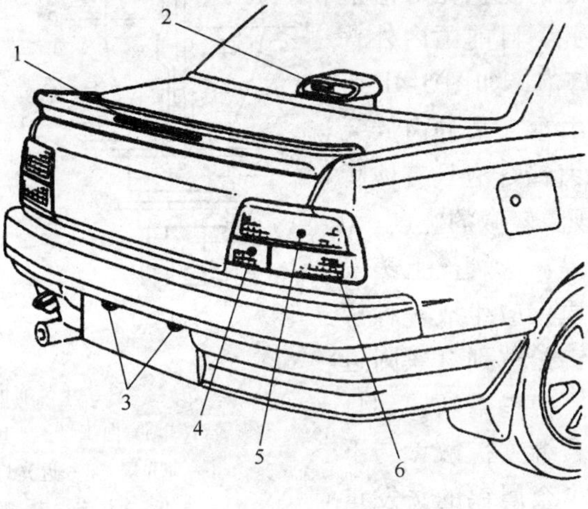

图 5-2　后部车灯的安装位置

1—高位停车灯(LED 停车灯)　2—高位制动灯　3—牌照灯

4—倒车灯　5—尾灯与停车灯　6—转向灯

5.2.1　汽车前照灯的结构特征分析

汽车前照灯主要由灯泡(光源)、反射镜和配光镜三部分组成，如图 5-3 所示。前照灯安装在汽车前部左、右两侧，由于在夜间其照明效果直接影响到交通安全，因此世界各国都以法律形式规定了汽车前照灯的照明标准，以保证行车安全，其基本要求如下：

1）照明距离不低于 100m。前照灯应保证车前有明亮而均匀的照明，使驾驶人能够辨清车前 100m 以内路面上的任何障碍物。随着汽车行驶速度不断的提高，前照灯的照明距离也应越来越远(一般为 200 ~ 250m)。

2）防止炫目功能。前照灯应具有防止炫目功能，以免夜间两车迎面相遇时，使对方驾驶人炫目而造成交通事故。

1. 灯泡

目前汽车使用的前照灯灯泡有白炽灯泡(充气灯泡)、卤钨灯泡和新型高压放电氙灯三种，其中白炽灯泡和卤钨灯泡灯丝均采用熔点高、发光强的钨制成。

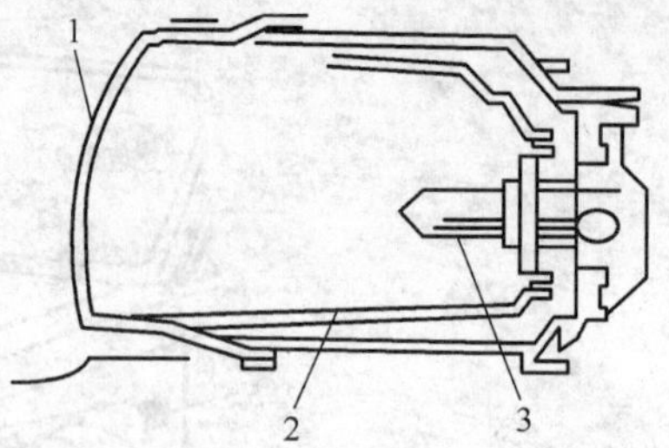

图 5-3　前照灯基本组成

1—配光镜　2—反光镜　3—灯泡

(1) 白炽灯泡　前照灯灯丝一般制成螺旋形状，如图 5-4a 所示，不仅能够缩小灯丝和灯泡的尺寸，而且有利于聚合平行光束。在制造玻璃灯泡时应先将灯泡抽成真空，以防止金属钨受热蒸发，缩短灯泡的使用寿命。然后再充入 86% 左右的氩气和 14% 左右的氮气的混合惰性气体，因为在灯泡通电时，惰性气体受热膨胀会产生较大压力，这不仅能够提高灯丝的温度，增强发光效率，而且还可以减少金属钨的蒸发量，延长灯泡的使用寿命。

(2) 卤钨灯泡　虽然白炽灯泡充满了混合惰性气体，但是灯丝的金属钨仍然会蒸发损耗，且蒸发出来的钨淀积在灯泡上会使灯泡发黑变暗，因此，目前国内外普遍采用新型电光源卤钨灯泡，如图 5-4b 所示，即在充入惰性气体中参入某种卤族元素(氟、氯、溴或碘等)。卤钨灯泡具有体积小、发光强度大和发黑现象轻微的优点。

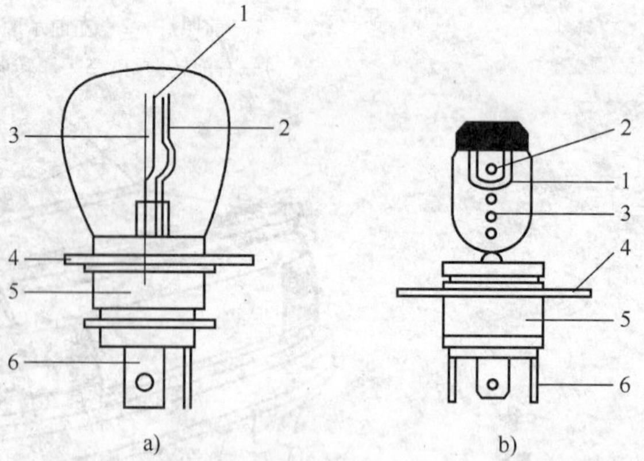

图 5-4　前照灯灯泡

a) 白炽灯泡　b) 卤钨灯泡

1—配光屏　2—近光灯丝　3—远光灯丝

4—定焦盘　5—灯头　6—插片

卤钨再生循环过程是：从灯丝上蒸发出来的气态钨与卤素物质反应生成一种挥发性的卤化钨，当卤化钨扩散到灯丝附近的高温区域时又会分解，使钨重新回到灯丝上，被释放出来的卤素继续扩散参与下一次循环反应，从而减少金属钨的蒸发量和灯泡发黑现象。

(3) 新型高压放电氙灯　新型高压放电氙灯的组件由弧光灯组件、电子控制器和升压器三大部件组成，其外形及结构原理示意图如图 5-5 所示。灯泡发出的光色和日光灯非常相似，亮度是卤钨灯泡的 3 倍，寿命可达卤钨灯泡的 5 倍，克服了传统卤钨灯泡的缺陷；几万伏的高压使得其灯光亮度加强，完全可以满足汽车在夜间高速行驶的需要。在新型高压放电氙灯中没有传统灯泡的灯丝，取而代之的是装在石英管内的两个电极，管内充有氮气及微量金属(或金属卤化物)。当在电极上加上数万伏的引弧电压后，气体开始电离而导电，即气体原子处于激发状态，使电子发生级跃迁而开始发光，电极间蒸发少量的水银蒸气，光源立刻引起水银蒸气弧光放电，等温度上升后再转入卤化物弧光灯工作。

2. 反射镜

前照灯如果没有反射镜，灯泡的光照强度就不大，这样驾驶人只能辨清车前 6m 处有无障碍物。反射镜的作用是将灯泡的光线聚合并导向远方，如图 5-6 所示。反射镜的材料一般有薄钢板、玻璃和塑料等，先将其表面制成旋转的抛物面，在内表面镀上银、铝或铬，然后

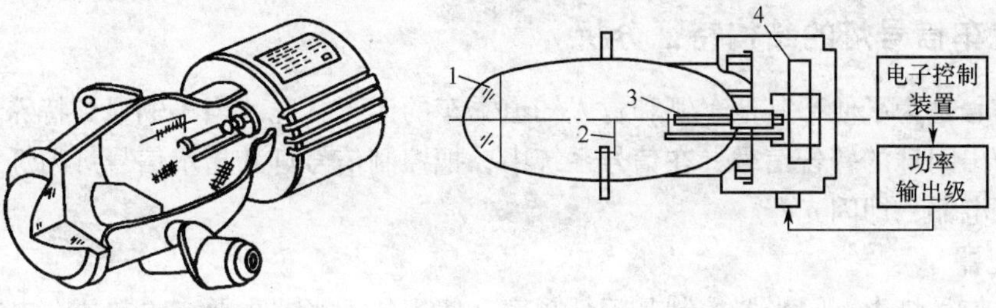

图5-5　新型高压放电氙灯

a）外形图　b）结构示意图

1—透镜　2—遮光板　3—弧光灯　4—引燃及稳弧部件

再进行抛光。灯丝位于焦点F上，灯丝的绝大部分光线向后射在立体角范围内，经反射镜反射后变成平行光束射向远方，使光度增强几百倍至几千倍，从而使车前150～400m范围内的路面照得清晰可见。从灯丝射出的位于4ω范围内的光线则向各方散射，散射向侧方和下方的部分光线，可照亮车前5～10m的路面和路缘。

3. 配光镜

为使照明范围内光度均匀，需要将反光镜反射出的平行光束进行整形，故在前照灯上配装有配光镜，又称为散光玻璃。配光镜是由若干块棱镜和透镜组合而成，几何形状比较复杂，其外形一般为圆形、异形和矩形，如图5-7所示。

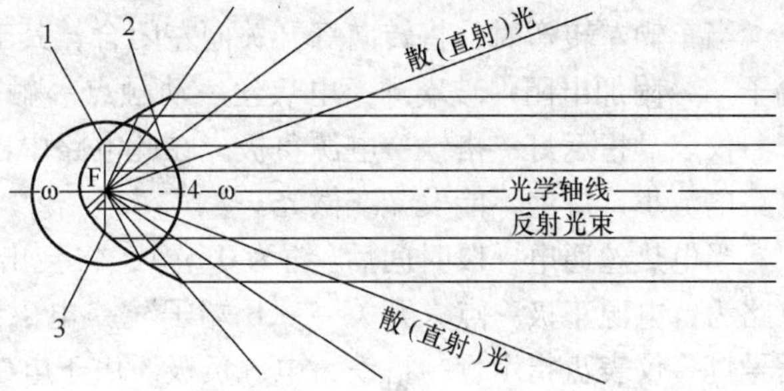

图5-6　反射镜的作用

1—反射镜　2—配光镜　3—灯丝

配光镜的作用是将反射镜反射出的光束在水平方向扩散、在竖直方向向下折射，使前照灯照射符合配光法规要求。当反射镜反射出的平行光束照射到凹透镜上时，凹透镜将使光束向水平方向散射，如图5-8a所示；当平行光束照射到棱镜上时，棱镜将使光束向下折射，如图5-8b所示。

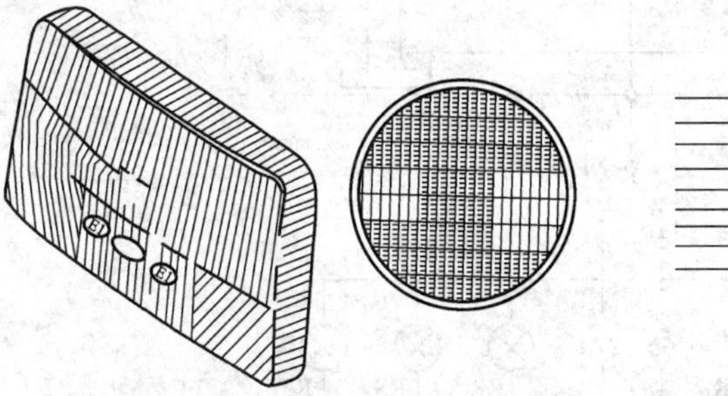

图5-7　配光镜

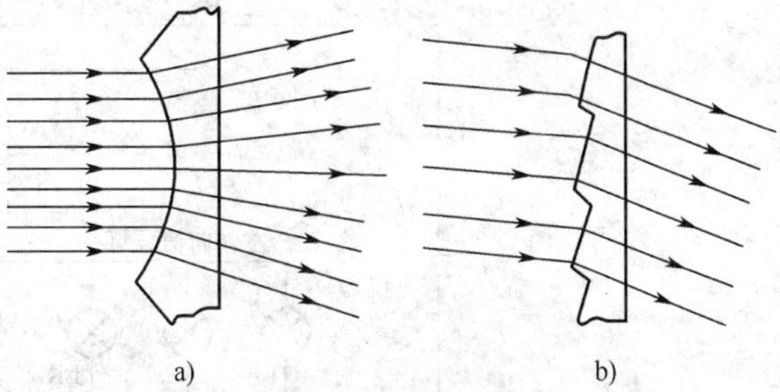

图5-8　配光镜的作用

5.2.2　汽车信号灯的结构特征分析

灯光信号是为了便于其他车辆和行人知道本车的运行状况，当车辆遇到特殊情况时，信号灯将会做出闪烁的警告信号。在信号系统中，把控制信号灯和指示信号灯闪烁发光的装置称为闪光继电器，即闪光器。

1. 闪光器

在转向信号灯中，闪光器控制其闪烁频率。使用的闪光器主要有电热式、电容式和电子式三种。但是由于电子式闪光器具有性能稳定、可靠性高和使用寿命长的特点，所以现代汽车普遍采用电子式闪光器。

（1）电热式闪光器　图 5-9 所示为电热式闪光器的结构与工作原理。在胶木底板上固定一个工形铁心，然后绕上一个线圈，线圈的一端与固定触点相连，另一端与接线柱相连。有较大膨胀系数的电热丝（镍铬丝）一端与活动触点相连，另一端固定在调节片的玻璃球上。附加电阻也由镍铬丝制成，连接于玻璃球与“B”端子之间。

电热式闪光器是利用电热丝的热胀冷缩特性来接通或断开转向灯电路，从而实现信号灯闪烁的，其工作原理如下：

当车辆左转弯时，将转向灯开关向左闭合，其工作电路为：电源正极→点火开关→“B 端子”→附加电阻→玻璃球→电热丝→动触点→触点臂→弹片→转向灯开关→左转向信号灯→仪表盘指示灯→搭铁→电源负极。在此电路中由于附加电阻和电热丝的阻值较大，所以电路电流小，灯泡不能发光或微光。

当电热丝通电一段时间后（约为 0.5s），将会出现受热膨胀而伸长，使两触点闭合，其电路为：电源正极→点火开关→“B 端子”→电磁线圈→触点→弹片→转向灯开关→转向信号灯→仪表盘指示灯→搭铁→电源负极。由于电磁线圈电阻较小，此电路电阻小，所以灯泡发光明亮。

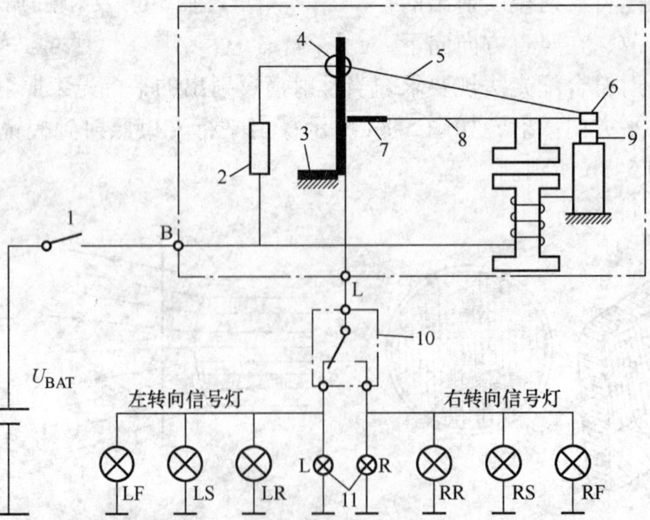

图 5-9　电热式闪光器

1—点火开关　2—附加电阻　3—支架　4—玻璃球　5—电热丝　6—动触点　7—弹片　8—触点臂　9—静触点　10—转向灯开关（TSW）　11—指示灯

当转向灯接通时，电路将出现以上工作循环，从而使转向灯和指示灯一暗一亮的闪烁。

（2）电容式闪光器　电容式闪光器外形及结构原理图如图5-10所示。当车辆转向时，闭合转向开关，工作电路为：蓄电池正极→点火开关→接线柱B→串联线圈→常闭触点→接线柱L→转向开关→转向灯及转向指示灯→搭铁-→蓄电池负极。

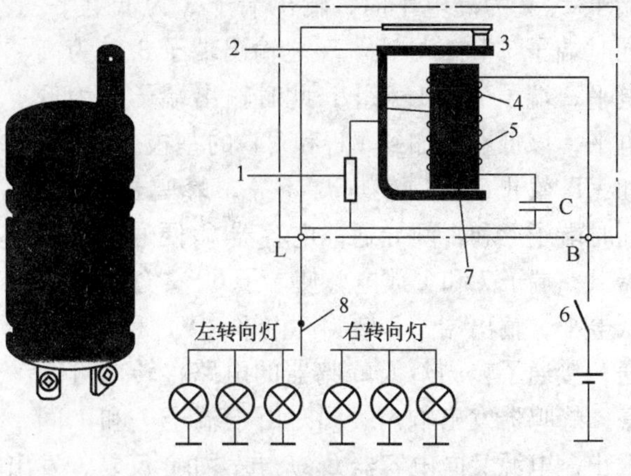

图5-10　电容式闪光器

1—灭弧电阻　2—弹簧片　3—触点　4—串联电磁线圈　5—并联电磁线圈　6—点火开关　7—铁心　8—转向灯开关

经过串联线圈的电流产生的吸力大于触点弹簧的作用力，将触点迅速打开。触点打开后，蓄电池开始向电容器C进行充电，回路为蓄电池正极→点火开关→接线柱B→串联线圈→并联线圈→电容器C→转向开关→转向灯及转向指示灯(左或右)→搭铁→蓄电池负极。由于电磁线圈电阻较大，充电电流较小，不足以使转向灯亮。同时，两线圈产生的电磁吸力方向相同，使触点处于打开状态，随着电容器C两端电压的升高，充电电流逐渐减小，电磁吸力也相应减小，导致触点闭合。随后，电源通过串联线圈、触点、转向开关向转向灯供电，电容器经并联线圈、触点放电。由于此时两线圈磁力方向相反，但产生的合成磁力还不足以使触点打开，此时转向灯变亮。随着电容器两端电压下降，并联线圈中的电流减少，产生的磁力减弱，串联线圈产生的电磁吸力又将触点打开，转向灯变暗。如此反复，使转向灯以一定的频率闪烁。

（3）集成电路闪光器　电子闪光器一般由多谐振荡器、功率放大器和继电器组成。振荡器由集成电路(IC)和电容组成，被称为集成电路闪光器。集成电路闪光器是电子闪光器中最为典型的一种，可分为有触点式和无触点式两种集成电路闪光器。

1）有触点式集成电路闪光器。有触点式集成电路闪光器电路如图5-11所示。该闪光器主要由555时基电路构成多谐振荡器，在电路中晶体管(9013)主要起驱动继电器J的作用，以控制继电器J的开闭，即控制转向灯的通断；二极管(IN4148)与继电器J并联，起保护晶体管的作用。

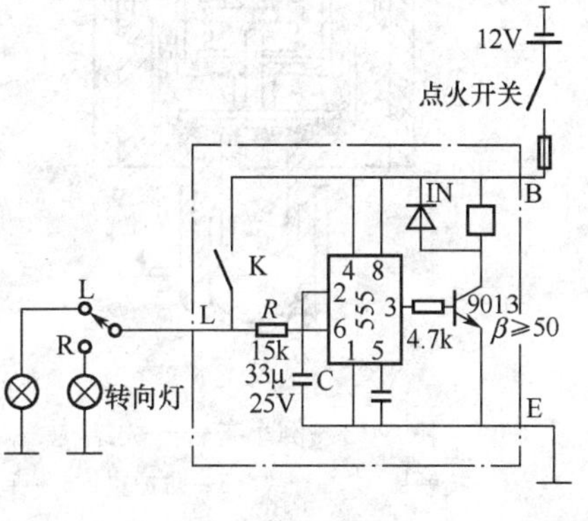

图5-11　有触点式集成电路闪光器电路图

2）无触点式集成电路闪光器。图5-12为无触点式集成电路闪光器电路图。它是用大功率晶体管VT_1代替了有触点闪光器的继电器，利用晶体管的开关作用，实现对转向灯的开、关控制。同时还增设了声响功能(蜂鸣器Y)，构成了声光并用的转向信号装置，以引起人们对汽车转向的注意，提高警惕和安全性。

当转向灯开关S闭合时，电流经过VD_1(或VD_2)、R_1、电位器R向电容器C_1进行充电，使555集成定时器的端子6、2的电位逐渐升至高电平，由555定时器的逻辑运算得知，端子6、2为高电平时，输出端子3为低电平。同时端子7和1导通。反之输出端子3转为高电平，端子7和1截止，此时输出端子3为低电平，该低电平加到VT_1和VT_2的基极上，VT_1和VT_2截止，所以转向灯不亮，蜂鸣器无声。同时端子7和1间导通，电容器C_1便通过电位器R、端子7和1放电，使端子6、2逐渐降为低电平，输出端子3转为高电平，VT_1和VT_2导通，接通了转向灯及蜂鸣器的电路，转向灯变亮，蜂鸣器发出响声。同时由于端子7和1间截止，电源又向电容器C_1充电。如此反复，发出转向灯音响信号。若闪光频率不符合要求，可通过电位器进行调整。

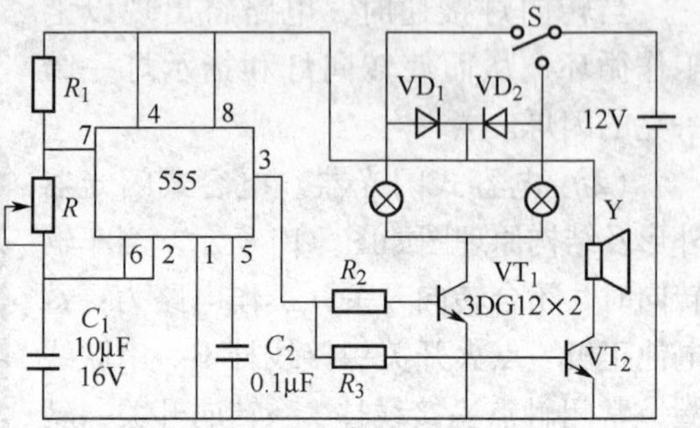

图5-12　无触点式集成电路闪光器电路图

2. 倒车信号灯与警告器

倒车灯及倒车警告器主要是在汽车倒车时提醒行人及其他车辆驾驶人，由装在变速器盖上的倒车开关控制，其倒车警告开关结构如图5-13所示。

当变速杆将倒档变速叉轴拨到倒档位置时，倒档轴叉上的凹槽恰好对准钢球，钢球在弹簧作用下带动膜片和接触盘下移，使静触点与接触盘接触，倒车灯亮。与此同时，也接通了倒车警告器电路，如图5-14所示，使警告器发出响声。电流通过电磁线圈L_2对电容器进行充电，由于流入电磁线圈L_1和L_2的电流大小相等，方向相反，产生的合力使线圈不显磁性，因此继电器触点继续处于闭合状态。随着电容器两端的电压逐渐上升，流入线圈L_2中的电流变小，即电磁吸力减小，但线圈L_1产生的电磁力不变，当L_1与L_2产生的合力大于触点的弹簧拉力时，触点被吸开，警告器电路被切断而停止发出声响。

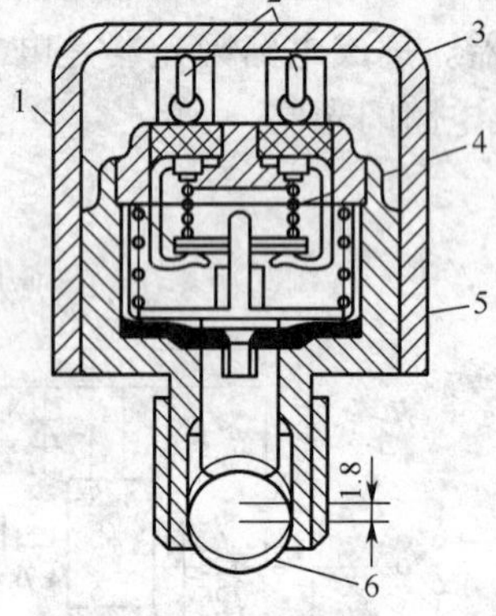

图5-13　倒车警告开关结构

1—接触片　2—导线　3—防护罩　4—弹簧　5—膜片　6—钢球

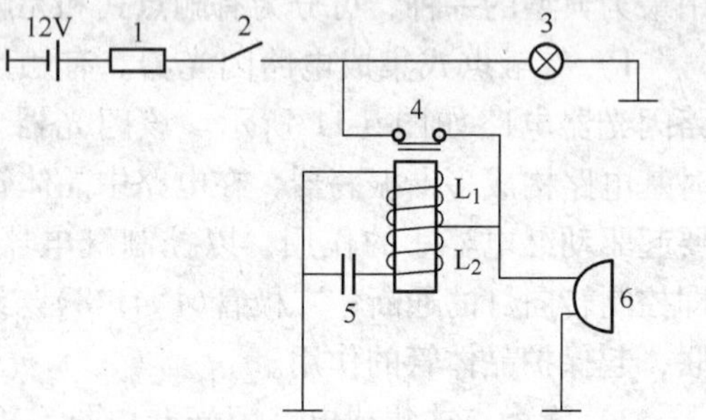

图5-14　倒车警告电路图

1—熔丝　2—倒车警告开关　3—倒车信号灯　4—继电器触点　5—电容器　6—蜂鸣器

在继电器触点打开时，电容器又通过电磁线圈L_1和L_2放电，使电磁线圈产生磁力，触点仍继续打开。当电容器两端电压下降到一定值时，线圈磁力减弱，继电器触点又重新闭合，警告器通电发出响声，电容器又开始充电。如此反复，继电器触点不断闭合、打开，使警告器发出断续的响声以示倒车。

3. 制动信号灯

制动信号灯是与汽车制动系统的工作同步进行的。它通常由制动信号灯开关控制，其制动开关可分为气压式、液压式和机械式三种。

（1）气压式制动信号灯开关　气压制动系统的信号灯通常由安装在制动系统管路中或制动阀上的制动开关控制，其结构如图 5-15 所示。制动时，压缩空气推动橡胶膜上拱，使触点闭合，接通制动灯电路。

（2）液压式制动信号灯开关　液压制动系统的制动信号灯一般由装于制动总泵前端的制动开关控制，其结构如图 5-16 所示。当踩下制动踏板时，制动系统中油液压力增大，橡胶模向上拱曲，克服弹簧的作用力使动触片接通接线柱，制动信号灯通电发亮。松开制动踏板时，油液压力降低，动触片在弹簧的作用下复位，制动信号灯熄灭。

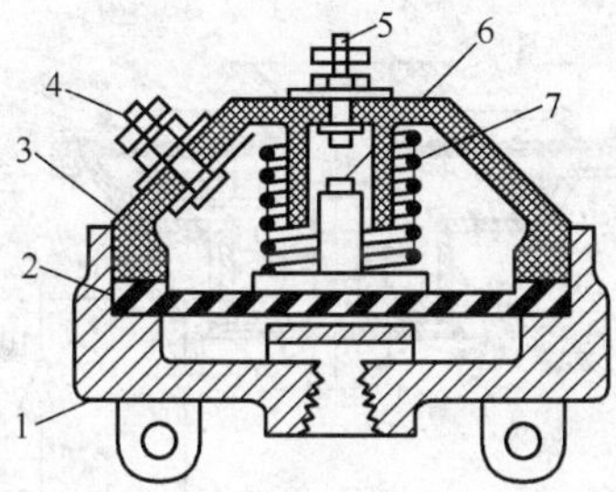

图 5-15　气压式制动开关结构图

1—壳体　2—橡胶模　3—胶木盖

4、5—接线柱　6—触点　7—弹簧

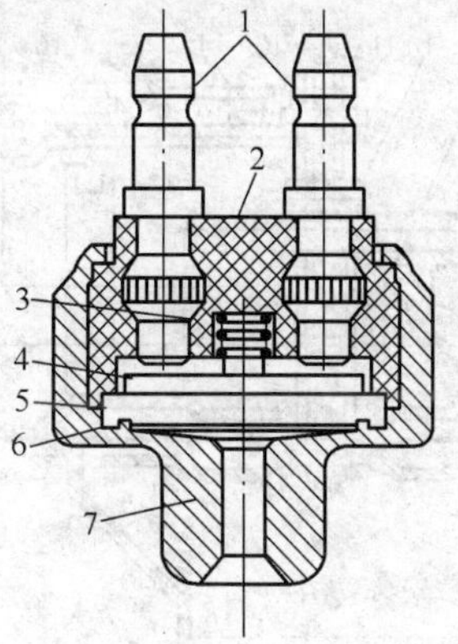

图 5-16　液压式制动开关结构图

1—接线柱　2—胶木盖　3—弹簧　4—动触片

5—壳体　6—橡胶模　7—管接头

（3）机械式制动信号开关　机械式制动系统信号灯由装于制动踏板下的制动开关控制，如图 5-17 所示。当踩下制动踏板时，制动开关内的活动触点便将两接线柱接通，使制动灯变亮。松开制动踏板，断开电路，灯泡熄灭。

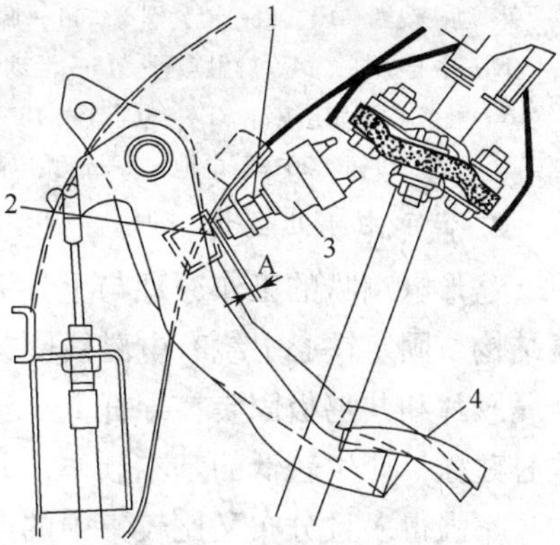

图 5-17　机械式制动开关

1—调整螺母　2—制动踏板限制快；

3—制动开关　4—制动踏板

5.2.3　汽车电喇叭的结构特征分析

汽车喇叭主要用于警告行人和其他车辆驾驶人，以引起注意，保证行车的安全性。喇叭按发音动力有气喇叭和电喇叭之分，目前汽车上所装用的喇叭一般为电喇叭，它具有体积小、质量轻、指向好、噪声小等优点。电喇叭是利用电磁力使金属膜片振动产生音响，按外形有筒形、盆形之分。

电喇叭按有无触点可分为普通电喇叭和电子电喇叭。普通电喇叭主要是靠触点的闭合和断开来控制电磁线圈激励膜片振动而产生音响；电子电喇叭中无触点，它是利用晶体管电路激励膜片振动产生音响。

1. 筒形电喇叭

筒形电喇叭又称螺旋形电喇叭，其结构如图5-18所示，主要由扬声器、共鸣板、山形铁心、线圈、金属膜片、触点以及电容器等组成。

膜片和共鸣板用中心杆与衔铁、调整螺母和锁紧螺母联成一体。当按下按钮时，电流由蓄电池正极→电磁线圈→触点→按钮→搭铁→蓄电池负极。电流通过电磁线圈，产生电磁吸力，吸下衔铁，中心杆上的调整螺母压下活动触点臂，使触点分开而切断电路。此时电磁线圈电流中断，电磁吸力消失，在弹簧片和金属膜片的弹力作用下，衔铁又返回原位，触点重新闭合，电路重又接通。此后，上述过程反复进行，金属膜片不断振动，从而发出一定音调的音波，通过扬声器加强后传出。共鸣板与金属膜片刚性连接，在振动时发出陪音，使声音更加悦耳。为了减小触点火花，保护触点，在触点间并联了一个电容器(或消弧电阻)。

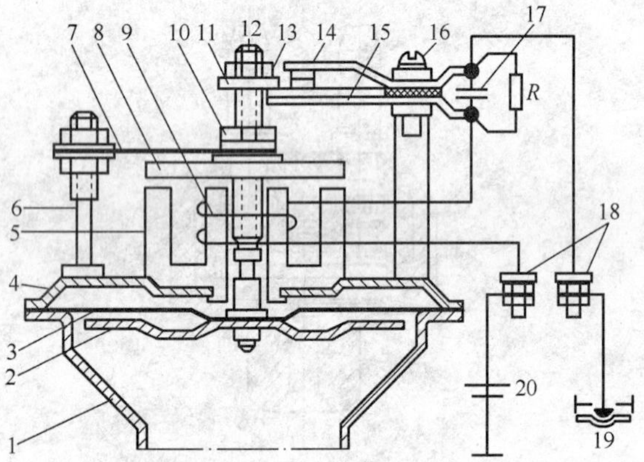

图5-18　筒形电喇叭结构

1—扬声器　2—共鸣板　3—金属膜片　4—底板
5—山形铁心　6—连接螺栓　7—弹簧片　8—衔铁
9—励磁线圈　10、13—锁紧螺母　11—调整螺母
12—中心螺杆　14—静触点臂　15—活动触点臂
16—触点总成固定螺钉　17—电容器　18—接线柱
19—按钮　20—蓄电池　*R*—消弧电阻

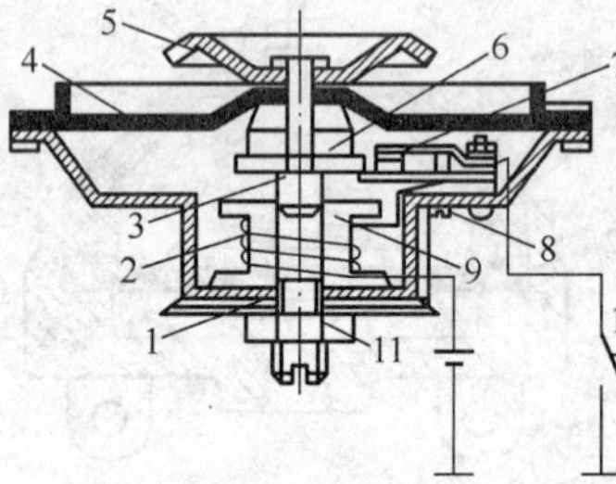

图5-19　盆形电喇叭结构图

1—下铁心　2—电磁线圈　3—导杆　4—金属膜片
5—共鸣板　6—衔铁　7—触点　8—调整螺钉
9—固定铁心　10—喇叭按钮　11—紧固螺母

2. 盆形电喇叭

盆形电喇叭的工作原理与上述基本相同，其结构特点如图5-19所示。电磁铁采用螺管式结构，固定铁心上绕有电磁线圈，通电后能产生较大的吸力。它无扬声器，而是将衔铁、金属膜片和共鸣板固装在导杆上。当电路接通时，电磁线圈产生电磁吸力，导杆被吸下与下铁心碰撞，产生较低的基本频率，并激励与金属膜片一体的共鸣板产生共鸣，从而发出比基本频率强得多且分布又比较集中的谐音。为了保护触点，在触点之间同样也并联了一只电容器(或消弧电阻)。

3. 电子电喇叭

图5-20所示为盆形电子电喇叭的结构，其电路如图5-21所示。当电路接通后，由于晶体管VT加正向电压而导通，电磁线圈中便有电流通过，产生电磁力，吸引上衔铁连同绝缘膜片和共鸣板一起移动，当上衔铁与下衔铁接触而直接搭铁时，晶体管VT失去偏压而截止，切断了电磁线圈中的电流，电磁力消失，膜片与共鸣板在弹力的作用下复位，上、下衔

铁又处于断开状态，晶体管 VT 重新导通。如此反复的工作，膜片不断振动便发出响声。

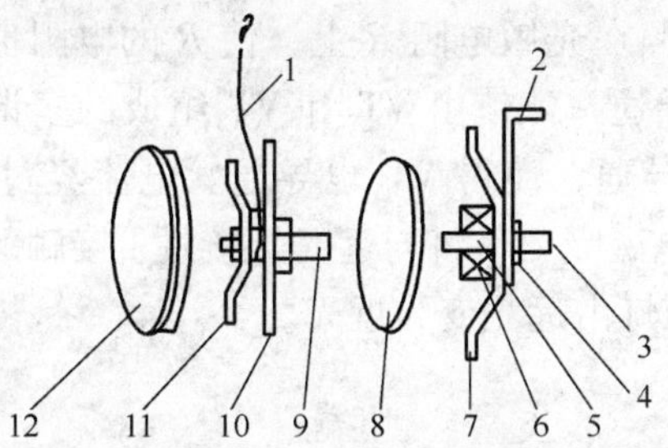

图 5-20　盆形电子电喇叭结构图

1—导线　2—托架　3—调节螺钉　4—锁紧螺母

5—下衔铁　6—电磁线圈　7—喇叭体　8—绝缘垫圈

9—上衔铁　10—绝缘模块　11—共鸣板　12—罩盖

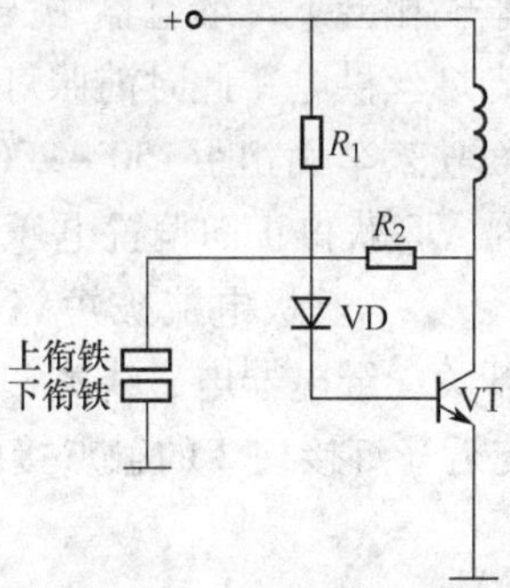

图 5-21　盆形电喇叭电路图

4. 喇叭继电器

汽车装备一只电喇叭时，可通过按钮直接控制其电流的通断。在装备两只或两只以上的电喇叭时，由于喇叭总电流较大(每只 10A 左右)，因此，如果仍用按钮直接控制喇叭电流，当按钮接通或松开时，就会产生强烈的电火花而烧坏按钮。为避免喇叭按钮不被烧蚀，采用了喇叭继电器来控制多个喇叭，控制电路如图 5-22 所示。

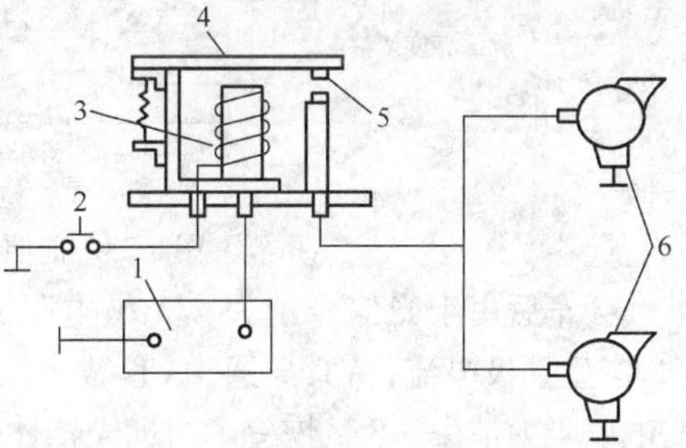

图 5-22　喇叭继电器电路图

1—蓄电池　2—按钮　3—电磁线圈

4—触点臂　5—触点　6—喇叭

当按下喇叭按钮时，其工作电路为：蓄电池正极→继电器电磁线圈→喇叭按钮→搭铁→蓄电池负极。电磁线圈电流使继电器铁心磁化产生电磁吸力，将触点臂向下吸引使触点闭合，从而接通喇叭电路。由于继电器线圈电阻较大，因此流过线圈和按钮的电流较小，从而避免喇叭按钮的烧蚀。

5.3　汽车照明与信号系统的电路分析

5.3.1　汽车前照灯的电路分析

前照灯是汽车夜间行驶必不可少的照明设备。由于车辆行驶的速度不断的提高，为了确保夜间的行车安全，许多汽车上采用了前照灯电子控制装置，对前照灯进行自动控制。常用的控制装置有前照灯自动变光器、前照灯昏暗自动发光器和前照灯关闭自动延时器等。

1. 前照灯自动变光器电路

汽车前照灯自动变光器是一种根据对方车辆灯光的亮度自动变更远光为近光或变近光为远光的控制装置，它的优点是实现了自动控制，它具有体积小、性能稳定可靠和灵敏度高等特点。图 5-23 所示为前照灯自动变光器的控制电路图，其控制原理如下：

在无车辆相会下，继电器中无电流通过，继电器将电源的正极与继电器的接线柱 1 接通，给远光灯丝供电，此时前照灯的远光灯工作。

当对面驶来车辆相距 150 ~ 200m 处时，其车灯照在光敏电阻 R 上，使 R 的电阻值突然减小，于是 VT_1 获得正向偏置电压而导通，使 VT_2 导通，致使由 VT_3 和 VT_3 组成的多谐振荡器开始翻转，VT_3 基极电流被短路，VT_3 截止，VT_4 导通，使得 VT_5 也导通。电流经过 VT_5、脚踏变光开关、继电器电磁线圈，使电磁线圈产生电磁吸力，将与远光灯接柱 1 接触的触点 S 打开，与近光灯接柱 2 的触点接触，此时汽车前照灯由远光变为近光。

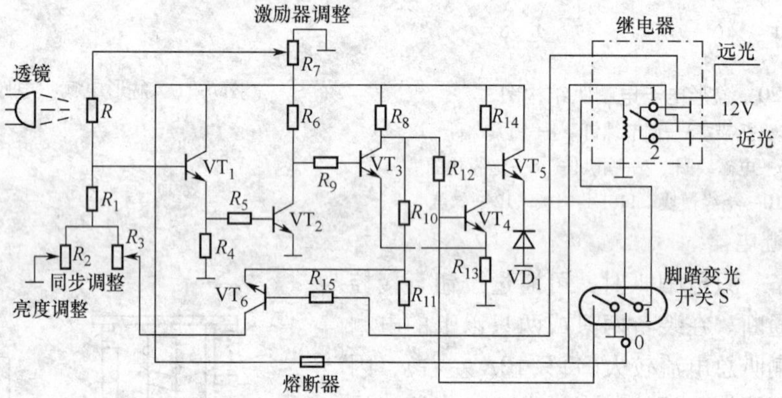

图 5-23　前照灯自动变光器控制电路图

会车后由于光信号消失，光敏电阻 R 的电阻值上升，使 VT_1 截止，VT_2 也截止，致使 VT_3 产生基极电流，VT_3 导通，VT_4 截止，使 VT_5 也截止，这样无电流经过继电器电磁线圈，使电磁吸力消失，S 又恢复了与远光接柱 1 的接触，汽车又由近光变为远光。

如果前照灯处于远光状况下工作，用脚踏下机械式变光器，使 S 由“1”位置变为“0”位置，此时电流经过脚踏变光开关、继电器电磁线圈，使电磁线圈产生电磁吸力，使触点与 2 接通，前照灯由远光变为近光。与此同时，与 VT_4 相连的导线将 VT_4 的基极接地，使多谐振荡器停止振荡，光敏电阻 R 上是否收到对面灯光信号对本车前照灯工作无影响，前照灯将一直在近光灯状态下工作，直到再次踏下机械变光开关变为远光灯工作为止。

2. 前照灯昏暗自动发光电路

该电路具有昏暗自动发光的功能，如图 5-24 所示。电路主要由光电传感器和晶体管放大器两大部分组成。光电传感器由光敏元件、延时电路和控制开关等组成。

电路工作原理为：当自然光的强度降低到某一程度而被光电传感器接收时，传感器中光敏电阻的阻值发生变化，达到一定数值后（需要发光的信号），将信号输出送往晶体管放大器。晶体管放大器收到信号后，晶体管 VT_1 导通，接通灵敏继电器线圈电路，产生电磁吸力，使触点 S_1 闭合，接通了继电器线圈 K_2 的电路，故开关 S_2 也闭合，将前照灯的电路接通，前照灯即被点亮。电容 C 与晶体管 VT_2 的作用主要是延时，前照灯点亮时，C 被充足电。点火开关切断时，电容 C 上电压使 VT_1、VT_2 维持导通状态，K_1、K_2 线圈中仍有电流，前照灯仍点亮，只有当电容器 C 上的电压减少到不足以使 VT_2 导通为止。VT_2 截止后，VT_1 也截止，K_1、K_2 线圈中均无电流通过，触点 S_1 和 S_2 均打开，使前照灯自动熄灭。延时时间可由延时电阻调整。这种电路在美国通用和克莱斯勒汽车公司生产的轿车中较为常见。

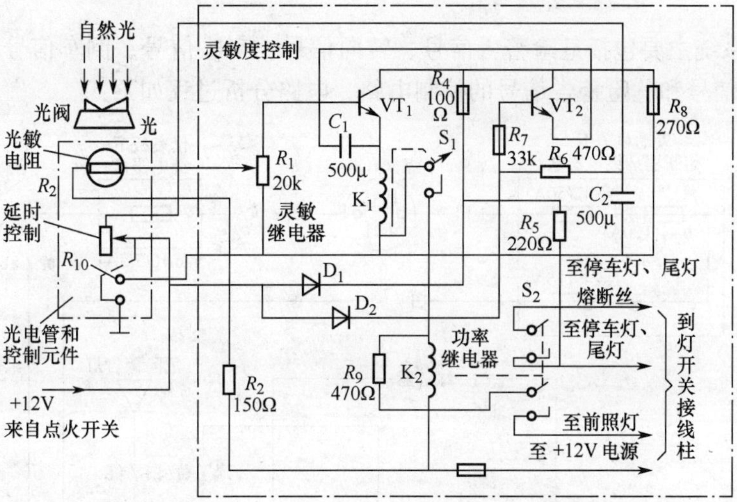

图 5-24　前照灯昏暗自动发光控制电路图

3. 前照灯自动关闭延时电路

该电路具有前照灯在电路被切断情况下，仍继续照明一段时间后自动熄灭，为驾驶人下车离开提供一段照明时间的功能，如图 5-25 所示。电路主要由可控硅 U_V 与单结管 VT_2 组成。电路工作原理：当汽车停驶切断点火开关时，晶体管 VT_1 处于截止状态，蓄电池正级→R_3→R_4→C_1→搭铁→蓄电池负极，给 C_1 充电；当 C_1 上的电压达到晶体管 VT2 的导通电压时，C_1 通过 VT_2 的发射极、基极和电阻 R_7 放电，于是在 R_7 上产生一个电压脉冲，使晶体管 VT_3 瞬时导通，消除加在可控硅 U_V 上的正向电压，使可控硅 U_V 关断；随后 VT_3 恢复截止，U_V 还来不及导通，前照灯继电器 J 线圈失电，使其触点从常开位置回到常闭位置，将前照灯电路切断，实现自动延时关灯的功能。

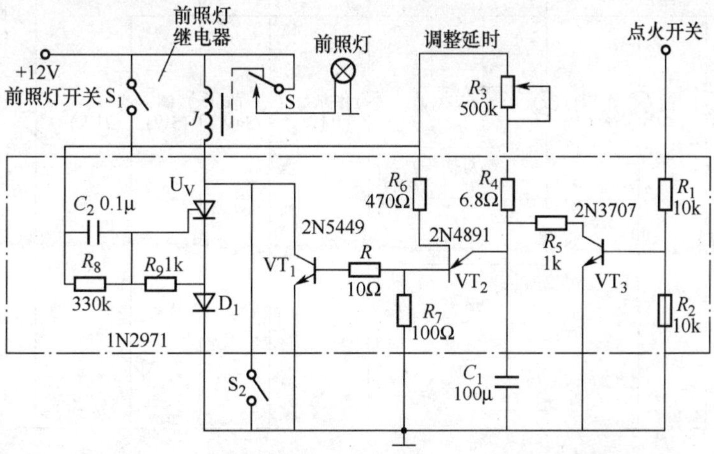

图 5-25　前照灯自动关闭延时电路图

5.3.2 汽车信号灯的电路分析

汽车信号系统主要包括危险警告信号、转向信号、喇叭信号、倒车信号和制动信号等。图 5-26 为转向信号和危险警告信号的控制电路，电路分析过程如下：

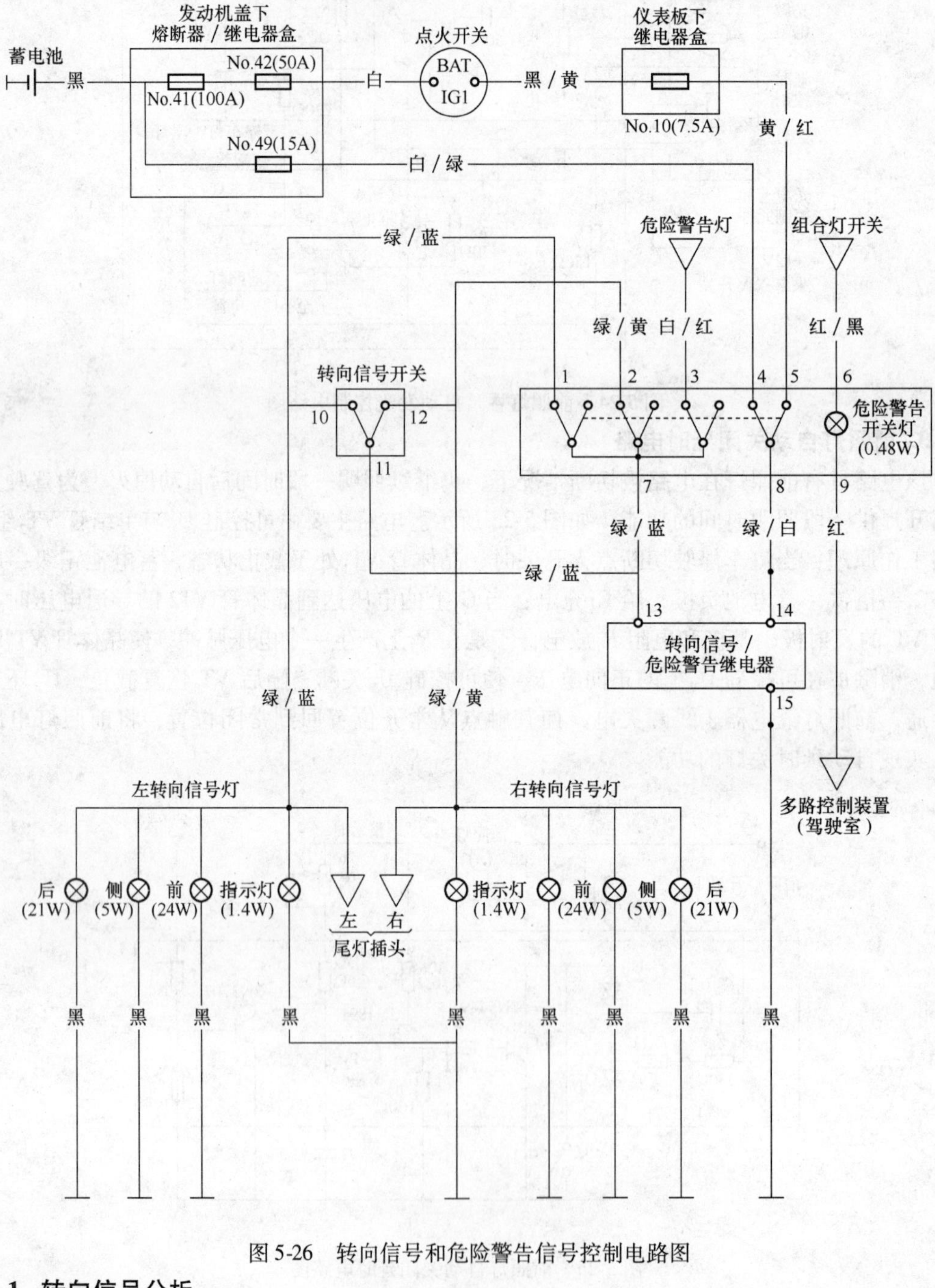

图 5-26　转向信号和危险警告信号控制电路图

1. 转向信号分析

分别打开点火开关“ON”位置和转向开关左或右位置，转向灯工作时，其工作电路为：蓄电池正极→熔断器 No. 41 和 No. 42→点火开关→熔断器 No. 10→危险警告开关 5 号和 8 号端子→转向继电器 14 号端子(15 号端子搭铁)→转向继电器 13 号端子(带闪光)→转向信号开关 11 号端子→转向信号开关 10 号或 12 号端子→左或右转向信号灯以及仪表上的转向信号指示灯→搭铁→蓄电池负极。

2. 危险警告信号分析

当车辆发生特殊事件时，按下危险警告开关，其工作电路为：蓄电池正极→熔断器 No. 49→危险警告开关 4 号和 8 号端子→危险警告继电器 14 号端子(15 号端子搭铁)→危险警告继电器 13 号端子→危险警告开关 7 号和 1、2 号端子→左/右转向信号灯和仪表转向信号指示灯→搭铁→蓄电池负极。

5.3.3　汽车电喇叭的电路分析

由于普通电喇叭存在触点易烧蚀、氧化，故障率较高等缺陷。目前轿车已开始用无触点的电子电喇叭，其电路如图 5-27 所示。

VT_1、VT_2、VT_3和 C_1、C_2及 R_1 ~ R_9组成多谐振荡电路。VT_4、VT_5组成振荡电流信号的放大电路。C_3是喇叭的电源滤波电容，以防止其他电路电压的干扰，VD_2、R_1向多谐振荡电路提供稳压电源，VD_1有温度补偿作用，使振荡频率稳定，VD_3防止电源反接起保护作用，C_3防止电磁波干扰，R_6可用于调节喇叭的音量。

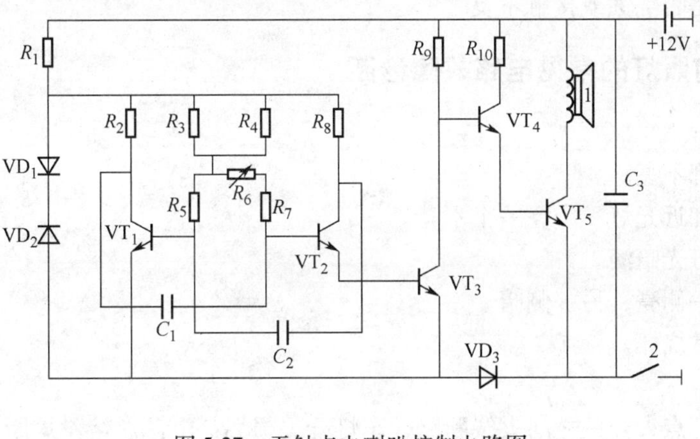

图 5-27　无触点电喇叭控制电路图

1—喇叭　2—按钮

工作原理如下：当按下喇叭按钮时，电路被通电，由于 VT_1、VT_2的电路参数有差异，不可能完全一致，都有可能出现导通。假设在电路接通的瞬间 VT_1先导通，VT_1的集电极电位先下降，则会产生如下正反馈过程：VT_1的集电极电位下降经 C_1使 VT_2基极电位下降，引起 VT_2的集电极电位上升，经 C_2使 VT_1基极电位升高。这样就使 VT_1迅速饱和导通，而 VT_2迅速截止，VT_3截止，电路进入暂时稳态。这时，C_1充电使 VT_2的基极电位升高，当达到 VT_2的导通电压时，VT_2开始导通，电路又形成正反馈过程，使 VT_2迅速导通，而 VT_1则迅速截止，电路又进入新的暂时稳态。此时，C_2的充电又使 VT_1的基极电位升高，使 VT_1又导通，电路又产生一个正反馈过程，使 VT_1迅速饱和导通，而 VT_2迅速截止。如此周而复始，形成振荡。振荡信号经 VT_4、VT_5放大，喇叭线圈中有电流通过，产生电磁力吸动膜片，喇叭发出响声。

5.4　汽车照明与信号系统的常见电路故障诊断

汽车照明与信号系统的不同其灯泡作用就各不相同，但从形式上看，它们之间却又有一定的联系。这些照明与信号系统的供电线路往往交织在一起，电气设备配线都采用线束，所以当发生故障时，很难一下子做出判断。因此，在对照明与信号系统进行检修时，应首先熟悉掌握汽车电系图，这对故障的分析查找、排除起着极为重要的作用。

从其故障现象来看，一般可大致分为两类：一类是器件本身的故障，如仪表、喇叭、传感器、蜂鸣器和灯泡等；另一类是线路存在的故障，如导线、接头、插头和开关等。在处理上述类别故障时，一般重点检查以下两项内容：一是看其电路是否有短路、断路(接线柱处接触不良)；二是熔丝是否熔断，在车上均可采用试灯法或万用表进行检查。

在查找故障时，一般可对如下几个部位进行检查：

1）各连接部位是否生锈、松动或脏污。

2）各搭铁处是否氧化、生锈或安装松动。

3）线路绝缘层是否老化、龟裂或被刮伤。

4）器件接线是否正确。

5）器件本身是否损坏。

6）有触点是否烧蚀或接触不良。

5.4.1　汽车前照灯的常见电路故障诊断

1. 故障现象

1）所有灯都不亮。

2）远光灯和近光灯一个亮一个不亮。

3）前照灯灯光暗淡。

4）前照灯一侧亮，另一侧暗。

5）灯泡经常烧坏。

2. 故障原因

1）蓄电池到点火开关之间火线断路，车灯开关损坏，电源总熔丝熔断。

2）变光开关损坏，近、远光灯中的一个导线断路，双灯丝灯泡中某灯丝烧断，灯光继电器损坏，车灯开关损坏。

3）电源电压低，前照灯开关或继电器触点接触不良，熔丝松动，导线接头松动。

4）前照灯暗的一侧存在搭铁不良、变光开关接触不良或左右两侧灯泡的功率不同。

3. 故障诊断方法

(1）前照灯的远近光均不亮的诊断方法　若远光灯和近光灯都不亮，应先检查仪表灯是否正常，如果仪表灯亮，证明车灯开关的电源线正常。再将点火开关接通、车灯开关置于2档(前照灯接通)位置，测变光开关上电源接线柱电压是否正常，若电压为零，说明车灯开关至变光开关之间断路或车灯开关有故障；若电压正常，可以直接短接变光开关试验。若灯亮，说明变光开关损坏，应更换；若灯不亮，则检查变光开关后的线路。可用电源短接法，直接在插头上给远、近光灯供电，若灯亮，说明导线断路或插头接触不良；若灯不亮，则说明灯丝损坏。

（2）前照灯一侧亮，另一侧暗的诊断方法　首先检查两侧灯泡的功率是否相同，可采用互换的办法进行左右灯泡的判断。若灯泡功率一致，可用一根导线一端接车身，另一端与灯光暗淡的灯泡搭铁接柱相接，若恢复正常，则说明该灯搭铁不良；若灯丝发光微弱，常为变光开关接触不良或连接该灯泡灯丝的插头松动或锈蚀使接触电阻过大所致。可用电源短接法迅速判断故障部位。灯泡搭铁不良时，灯光暗淡，表现在灯泡远光与近光都同时发光微弱；否则就不是灯泡搭铁不良故障，一般是前照灯反射镜有灰尘或氧化，可通过清洁或更换反射镜来排除故障。

5.4.2　汽车信号灯的常见电路故障诊断

1. 转向信号灯不工作

（1）故障现象　接通转向信号灯开关，转向信号灯都不亮。

（2）故障原因

1）熔断器熔断、电源线路断路或灯系中有短路处。

2）闪光继电器损坏。

3）转向信号灯开关损坏。

（3）故障诊断与排除　检查熔断器是否熔断。若熔断，说明灯系中有搭铁故障。可采用试灯法，即在断路的熔断器两端串上一只试灯，再把转向信号灯开关的进线拆下，若此时串联的试灯发亮，则表明熔断器至转向信号灯开关这一线路中有搭铁故障，再用断路法，找出这一段线路中的搭铁部位；若在转向信号灯开关进线拆下后，试灯熄灭，则应接好拆下的导线拨动转向信号灯开关，拨到一侧试灯变暗，说明此侧正常，拨到另一侧试灯亮度不变，说明该侧搭铁存在故障，进一步找出搭铁部位，排除故障。

若熔断器未断，说明线路中有断路故障。应注意的是，有时某一边转向信号灯线路搭铁，闪光继电器烧坏，看上去像是断路故障，实际是搭铁故障。应首先对闪光继电器的两个接线柱进行短接，再接通转向信号灯开关，若转向灯亮，为闪光继电器损坏所致，应更换；若出现一侧转向信号灯亮，而另一侧不但不亮，而且在短接接线柱时，出现强火花，则说明不亮的一侧转向灯线路中某处搭铁，以致烧坏闪光继电器，则必须先排除搭铁故障，再换上新的闪光继电器。排除搭铁故障的方法可采用上述的试灯法和断路法。

若在短接闪光器两接线柱，接通转向信号灯开关后，转向信号灯仍全不亮，可接通危险报警灯开关。若转向灯全亮，则说明转向开关或转向开关到闪光器接线柱线路有故障；若转向灯仍不亮，应根据电路图重点检查线路故障。

2. 转向信号灯闪光频率异常

（1）故障现象　转向信号灯工作时，左、右转向信号灯的闪光频率不一致或闪光频率不正常。

（2）故障原因

1）导线接触不良。

2）灯泡功率选用不当或某一边有一灯泡烧坏。

3）闪光器故障。

（3）故障诊断与排除　首先检查闪光器、转向信号灯开关接线柱上接线是否有松动，灯泡功率是否符合规定，左、右灯泡功率是否相同。若灯泡功率都符合规定，则应检查其中有一只灯泡是否烧坏。若左、右转向信号闪光频率都高于或低于规定值，说明闪光器有故障，应更换。

3. 倒车灯不工作故障

（1）故障现象　车辆倒车时倒车灯不亮。

（2）故障原因

1）倒车灯的灯泡损坏。

2）倒车灯开关损坏。

3）线路有断路。

（3）故障诊断与排除　首先检查熔断器是否熔断。若熔断，采用试灯法串接一试灯找出搭铁处，排除故障。若未熔断，可采用短接法，即拔下倒车灯开关上所接的两根接线直接短接，若短接后倒车灯亮，表明倒车灯开关损坏，应更换开关；若短接后倒车灯仍不亮，则应检查灯泡是否烧坏，搭铁是否良好。如有一只倒车灯不亮，多是该灯泡已损坏。

5.4.3 汽车电喇叭的常见电路故障诊断

电喇叭常见电路故障现象、原因及排除方法见表 5-1。

表 5-1 电喇叭常见电路故障现象、原因及排除方法

故障现象	故 障 原 因	排除方法
按下喇叭按钮，喇叭只发出“嗒”的一声	喇叭触点之间短路 调整不当，喇叭触点不能张开 电容器或灭弧电阻短路	拆下触点固定螺钉，更换绝缘垫 重新进行调整，直至能正常工作为止 检修或更换
喇叭声嘶哑	蓄电池亏电 喇叭膜片损坏 喇叭触点烧蚀、接触不良 膜片复位弹簧片折断	对蓄电池进行充电 更换 通过打磨清洁触点 更换
按下喇叭按钮，喇叭不响	喇叭电源线断路 喇叭线圈烧坏或脱焊 喇叭导线的接头与转向器之间的接线管脱开 喇叭按钮上的连线接触不良或脱焊 喇叭继电器线圈断路，触点间隙过大不能闭合 线路短路或过载，熔丝烧断 喇叭触点烧蚀 导线在转向器轴管里被扭断 喇叭按钮搭铁或接触不良	找出断路处接好或直接更换导线 更换 重新进行连接 重焊 检修后进行调整 找出短路处，接好熔丝 打磨触点，重新调整 重新更换 检修
触点烧蚀	调整不当，导致工作电流过大 喇叭线圈匝间短路，触点电流过小 电容器或灭弧电阻损坏	重新进行调整 检修 更换
喇叭长鸣不停	喇叭继电器触点烧结在一起 喇叭按钮线路短路	检修或重新更换 检修

5.5 汽车照明与信号系统的电路故障案例分析

案例一：打开前小灯，前照灯近光同时亮。

故障现象：一辆捷达 CT 轿车，在打开前小灯的同时前照灯近光点亮。

故障诊断与排除：首先检查前照灯开关，开关无故障，拆下继电器盒，目视观察无异常，将继电器盒重新安装好，测量前照灯线电压，发现在打开前小灯后，前照灯线有电压，前照灯开关线束完好，因此故障点应在继电器盒内。

更换继电器盒，故障排除。

案例二：所有转向灯不亮。

故障现象：一辆捷达 GIX 轿车，所有转向灯均不亮。

故障诊断与排除：先打开点火开关，向左或向右拨动转向灯开关，转向灯不亮，更换闪光继电器，而故障依旧。捷达轿车闪光继电器有三个端子，即 12V 电源端子、搭铁端子和信号输出端子，拔下闪光继电器，用万用表测量其插座的供电端 4/49 插孔，发现电压 0V，则说明电源电路有断路之处，包括 17 号熔丝、紧急警告灯开关、继电器盒及其线路。经检查，断路点在紧急警告灯开关内。

更换警告灯开关，故障排除。

案例三：喇叭不响。

故障现象：车主反映汽车喇叭不起作用。

故障诊断与排除：为了排除这种故障，维修人员必须确认汽车喇叭系统是否设有继电器。图 5-28 所示为未采用继电器的双喇叭电路。电压经过熔丝供给转向柱上的喇叭按钮，喇叭按钮是常开的，按下按钮将电路接通，使电压沿转向柱向下到达一个公共节点，此处有两个喇叭并联，喇叭的另一侧搭铁。用 12V 试灯检查该电路在按钮被按下时的电压供给情况，并检查搭铁电路。当按下按钮时，开关有输入电压但没有输出电压，故需更换开关。

图 5-29 所示是一个简化的喇叭电路图，经过熔丝的电压不是供给开关，而是供给常开的喇叭继电器。继电器线圈的一端和触点都由熔丝供给电源电压，继电器线圈的另一端接转向柱上的常开开关。按下按钮，使开关闭合，继电器线圈搭铁，线圈通电使继电器触点闭合，将电压传到两个搭铁喇叭的公共节点。

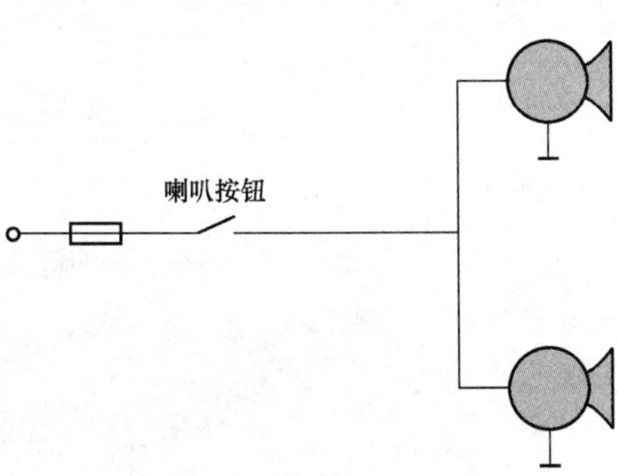

图 5-28　没有继电器的双喇叭电路

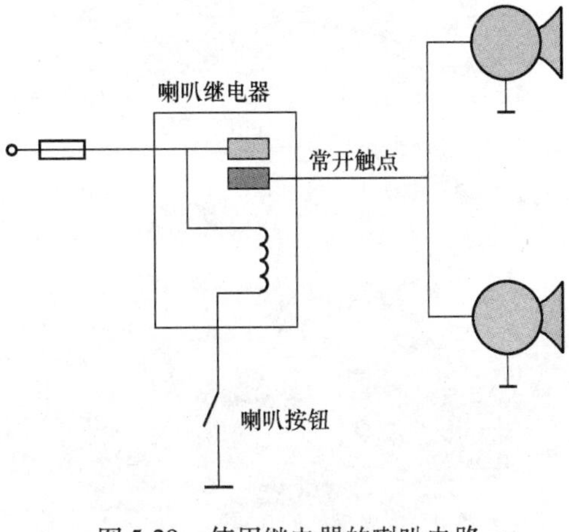

图 5-29　使用继电器的喇叭电路

注意：任何继电器电路都必须对两个独立电路进行诊断。继电器线圈是产生闭合触点所需电磁场的独立电路，触点闭合后，电流经由另一个电路流向喇叭。像诊断任何继电器电路一样，应分别诊断这两个电路。利用 DMM 和电路图追踪电路的电压。

思考与练习

1. 汽车照明系统由哪几部分组成？各有何作用？
2. 汽车前照灯如何检查与调整？
3. 汽车照明系统常见的故障及原因有哪些？
4. 汽车照明系统如何检修？
5. 汽车转向信号的闪光继电器有哪些种类？简述各自的工作原理。
6. 汽车转向信号系统有哪些常见故障？怎样进行判断与排除？
7. 简述汽车倒车警报器的工作原理。
8. 汽车电喇叭有哪些种类？
9. 简述汽车电喇叭及喇叭继电器的工作原理。
10. 怎么进行汽车电喇叭的调整？

第 6 章　汽车仪表与警告信息系统的检修及案例分析

学习要求：

- 了解起动系统故障会引起车辆出现怎样的故障现象。
- 知道起动系统电器设备是由哪些部分组成及起动机的结构特征。
- 理解起动机各组件的基本工作原理。
- 理解起动机的工作特性。
- 掌握起动系统电路故障的诊断方法。

6.1　汽车仪表与警告信息系统电路故障引起的车辆故障现象

汽车仪表用来监视和测量汽车的工作状况，供驾驶人随时了解各系统的工作状态，防止事故的发生，对确保行车安全和机件安全起着重要的作用；汽车警告灯则是用来对油压过低、冷却液温度过高、充电系统故障或制动器故障发出警告。它们不属于仪表用传感器，警告灯用的传感器大多为简单的开关，开关的类型既可以是常开式又可以是常闭式，取决于所监测电路的特点。若汽车出现如下一系列的故障现象，则说明汽车转向系产生了故障。

1）发动机工作时，冷却液温度表指针不动，反映不出发动机冷却液温度。

2）无论油箱内燃油多少，燃油表的指针总指向无油位置不动。

3）汽车在行驶过程中，发动机无论冷态还是热态，冷却液报警灯常亮。

4）报警灯始终点亮。

5）油压灯始终不熄灭。

6）充电指示灯异常。

6.2　汽车仪表与警告信息系统的组成与特征分析

为了便于驾驶人能够随时掌握汽车发动机的各种工作参数，防止发生人身和机械事故，在汽车上都设置有各种仪表，以便及时采取措施。这些仪表显示汽车的常规运行参数及某些极限参数。对于传统的汽车仪表都是采用机械式或机电结合式仪表，通过指针和刻度实现模拟显示，如图 6-1 所示。

由于传统汽车仪表存在着显示信息量少，视觉特性不好，准确率低等缺点，难以满足人们对汽车性能越来越高的要求。随着新型传感器、电子显示器件以及电子技术的广泛应用，汽车仪表电子化已经成为显示汽车信息的发展主流，如图 6-2 所示。电子显示仪表板具有易于辨认、精确度高、可靠性好及显示模式的自由化等特点。

6.2.1　传统仪表的结构特征分析

目前国产汽车仍广泛使用模拟电路电子组合式仪表，常用的仪表有电流表(电压表)、

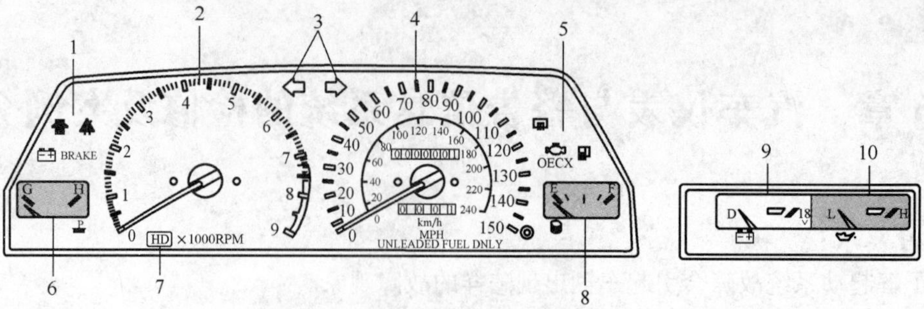

图 6-1　传统仪表板

1—警告灯和指示灯　2—转速表　3—转向信号指示灯　4—车速里程表
5—警告灯和指示灯　6—冷却液温度表　7—远光指示　8—燃油表　9—电压表　10—机油压力表

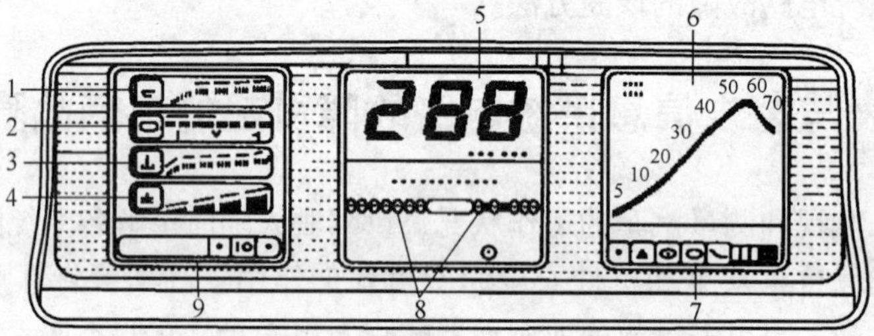

图 6-2　电子显示仪表板

1—机油压力表　2—电压表　3—冷却液温度表　4—燃油表
5、7—车速表　6—转速表　8—里程表　9—警告灯

机油压力表、冷却液温度表、燃油表、车速表里程表和发动机转速表等。

1. 电流表

电流表的作用不仅能够指示充电系统的充、放电状态，而且还能指示充、放电电流的大小，当蓄电池向用电设备放电时，其指针指向“－”值，当发电机向蓄电池充电时，其指针指向“＋”值。所以电流表适用于负载电流相对较小、仪表盘安装空间相对较大的载货汽车选用。目前许多汽车选用充电指示灯显示充电系统的充、放电状态，但不能指示充、放电电流的大小。所以充电指示灯只适合于整车负载电流相对较大、仪表盘安装空间相对较小的轿车装用。

国产汽车采用的电流表有电磁式和动磁式两种类型。

（1）电磁式电流表

1）基本结构。电磁式电流表的基本结构及工作原理如图 6-3 所示。黄铜片用螺栓固定在绝缘板上，这两个螺栓是电流表的“＋”、“－”接线柱，在负极搭铁汽车上，电流表的“－”极接电源的“＋”极，电流表的“＋”极接发电机的“＋”极。在黄铜片的中间夹着一条条形永久磁铁，在永久磁铁内侧的转轴上装有 I 形软磁转子，指针安装在软磁转子中间，并随着软磁转子一起转动。

2）工作原理。当无电流通过黄铜片时，软磁转子被永久磁铁磁化，由于磁场方向相反，所以相互吸引，使电流表的指针停留在“0”刻度位置不动；当蓄电池放电时，电流通过黄铜片产生磁场，其磁场方向可用右手螺旋法则判断，与永久磁铁的磁场方向垂直，这样产生一个逆时针偏转的合成磁场，在合成磁场的作用下，使软磁转子带动指针逆时针旋转，使得电流表示值为“－”，电流越大，黄铜片产生的磁场强度越大，也就是指针逆时针偏转角度越大；当发电机发电并向蓄电池充电时，黄铜片产生的磁场与永久磁铁产生的磁场形成顺时针偏转的合成磁场，使软磁转子带动指针顺时针旋转，电流表显示“＋”值。

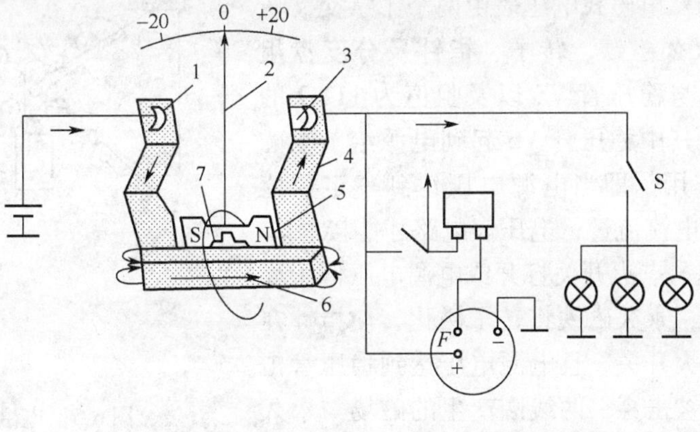

图 6-3　电磁式电流表的结构及工作原理图

1—“－”接线柱　2—指针　3—“＋”接线柱

4—黄铜扳条　5—软磁转子　6—条形磁铁　7—转轴

（2）动磁式电流表

1）基本结构。动磁式电流表具有结构简单的特点，因此目前汽车普遍采用，其结构如图 6-4 所示。黄铜导电板固定在绝缘的塑料底板上，导电板两端为电流表的“＋”、“－”接线柱，其连接方式与电磁式电流表相同。在导电板的中间夹有磁轭，并在导电板上固定有一个针轴，永磁转子和指针套装在针轴上。因为指针可随永磁转子一同转动，故称为动磁式电流表。

2）工作原理。动磁式电流表的工作原理与电磁式电流表基本相同。当黄铜导电板无电流流过时，永磁转子产生的磁场使磁轭磁化，产生方向相反的磁场，相互吸引，使指针保持在电流表的“0”刻度位置。当蓄电池放电时，电流通过导电板，导电板周围产生磁场，电流与永磁磁铁产生的合成磁场就会使套装在导电板上的指针发生逆时针方向偏转，指示充电系统处于放电状态，放电电流越大，指针偏转的角度越大，指示的放电电流值也就越大。当交流发电机的充电电流流过导电板时，合成磁场将使指针发生顺时针方向偏转，指示充电系统处于充电状态，充电电流越大，指针偏转的角度越大，指示的充电电流值也就越大。

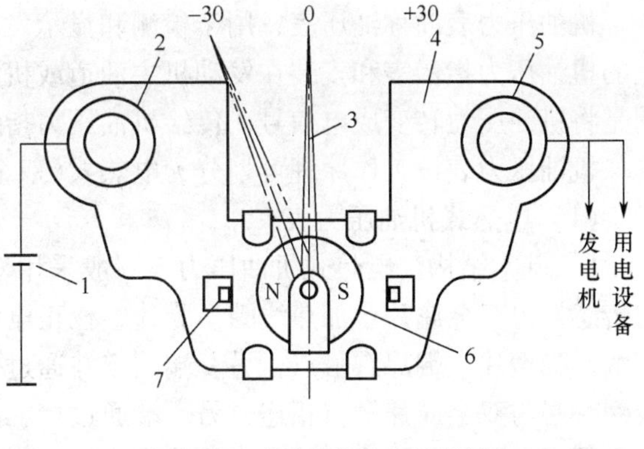

图 6-4　动磁式电流表结构图

1—蓄电池　2—“－”接线柱　3—指针　4—黄铜导电板

5—“＋”接线柱　6—永磁转子　7—磁轭

2. 电压表

由于电压表不仅能监控发电机和调节器的工作状况，同时还能指示蓄电池的技术状况，比电流表和充电指示灯更为直观与实用，故近年来有些车辆开始装用电压表。目前车辆一般采用电磁式电压表，其结构如图 6-5 所示。

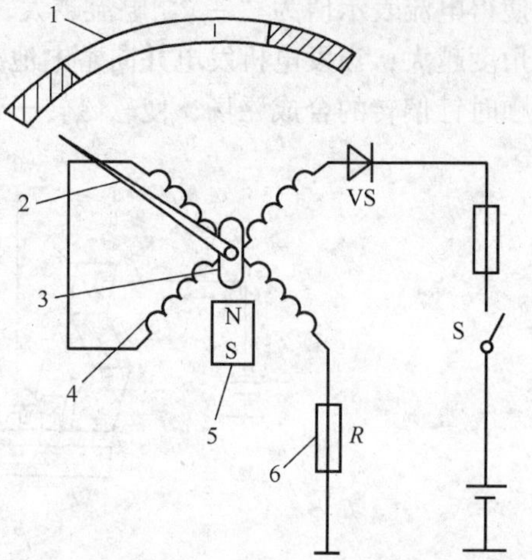

图 6-5　电磁式电压表

1—分度盘　2—指针　3—转子　4—电磁线圈　5—永久磁铁　6—附加电阻

（1）基本结构　电磁式电压表由两个十字交叉布置的电磁线圈、永久磁铁、转子、指针及分度盘组成。两个电磁线圈与稳压管 VS 以及阻值为 112Ω 的附加电阻 R 串联。其中稳压管 VS 起到电源给予电磁线圈稳定电压的作用，即当电源电压达到一定数值时，电磁线圈才有电流流过，电压表电路才能接通。

（2）工作原理　点火开关打开或电源电压低于稳压管的稳定电压时，永久磁铁将转子磁化，使指针在初始位置。接通点火开关，且电源电压达到稳压管击穿电压后，稳压管被击穿，两线圈产生的磁场与永久磁铁产生的磁场相互作用，产生合成磁场，使转子带动指针偏转，显示电压值。若电源电压越高，通过线圈中的电流越大，其合成磁场越强，指针偏转的角度就越大，指示电压值越高。

（3）电压表对电源系统工况的检查　接通点火开关，电压表立即显示蓄电池的端电压。12V 的电气系统电压显示一般为 12. 5 ~ 12. 6V，在起动的瞬间，电压显示有所降低，一般为 9 ~ 10V。若起动时电压表显示值过低，说明蓄电池亏电或有故障。在发电机正常工作下，电压表应显示为 13. 5 ~ 14. 5V 的规定范围内。若起动后，电压表显示值无变化，说明发电机没有发电；若显示值超出规定范围，说明调节器调整不当或损坏。

3. 机油压力表

机油压力表简称油压表，用于检测和显示发动机机油压力的大小，主要由安装在仪表盘上的机油压力指示表和安装在发动机主油道或机油泵上的传感器两部分组成。其传感器的作用是将机油压力转变成电信号，传给机油压力指示表，以数字的形式显示出来。

机油压力表按工作原理可划分为电热式(双金属片式)和电磁式两种。

（1）电热式机油压力表

1）基本结构。电热式机油压力表一般采用双金属片式，其结构如图 6-6 所示。机油压力传感器由双金属片、加热线圈、膜片、校正电阻和导电弹簧片等组成。膜片与弓形弹簧片接触，弹簧片一端焊有触点，另一端固定并通过壳体搭铁。双金属片上绕有加热线圈，加热线圈一端与双金属片触点相连，另一端通过接触片、传感器接线柱与油压指示表的接线柱相连。校正电阻与加热线圈并联，起分流作用。通过改变校正电阻的阻值，即可调整流过加热线圈电流的大小。在油压指示表内也设有双金属片和加热线圈，加热线圈同样绕在双金属片上，双金属片一端固定在调整齿扇上，另一端与指针相连。

2）工作原理。当电源开关接通时，电流由蓄电池正极→电源开关→机油压指示表接线柱→机油压力指示表双金属片的电热线圈→机油压指示表接线柱→传感器接线柱→接触片→分两路(→一路流入传感器双金属片的电热线圈;另一路流入校正电阻→双金属片）→双金属片的触点→弹簧片→搭铁→蓄电池负极构成回路。由于电流流过机油压力指示表和传感器双金属片上的加热线圈，使双金属片受热变形。

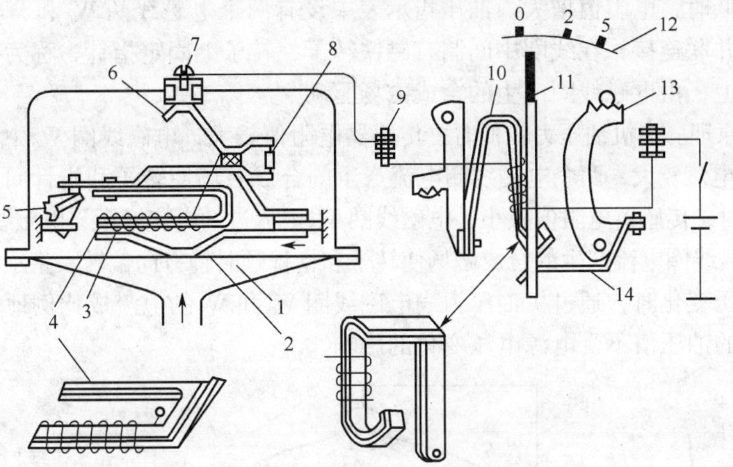

图 6-6　电热式机油压力油压表结构图

1—油腔　2—膜片　3、14—弹簧片　4—双金属片
5—调节齿轮　6—接触片　7—接线柱　8—电阻
9—接线柱　10—双金属　11—指针　12—刻度盘　13—调节齿扇

当机油压力较低时，膜片几乎无变形，作用在触点上的压力很小。这时当电流流过双金属片加热线圈时，温度略有上升时，双金属片受热弯曲，使触点分开切断电路，一段时间后，双金属片冷却伸直，触点重又闭合，电路又被接通。由于传感器触点压力很小，必须经较长的时间后触点才能闭合，因此触点闭合时间短，而打开时间长，其闭合频率如图 6-7a 所示，导致通过指示表电热线圈的平均电流值小，使指示表双金属片因温度较低而弯曲变形小，指针偏转角度很小，即指示出较低的油压。

当机油压力升高时，膜片向上弯曲的变形增大，加在触点上的压力增大，双金属片需要在较高温度下，即电热线圈通过较大电流、较长时间后，才能弯曲到使触点分开，而触点分开后稍加冷却很快就会闭合。因此触点打开时间短，而闭合时间长，其闭合频率如图 6-7b 所示，通过指示表电热线圈的平均电流值大，指针偏转角度增大，指示出较高的油压值。

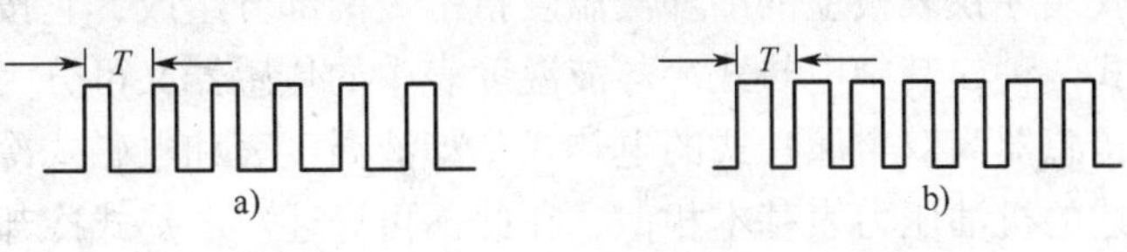

图 6-7　电热式机油压力传感器加热线圈电流的波形图

为使机油压力的指示值不受外界温度的影响，双金属片制成“∩”形，在绕有加热线圈的一边称为工作臂，另一边称为补偿臂。当外界温度变化时，工作臂产生的附加变形被补偿臂的相应变形所补偿，使指示表的数值不变。在安装油压传感器时，必须使传感器壳体上的箭头朝上，不应偏出 ±30°位置，这样可保证工作臂位于补偿臂之上，当工作臂产生的热气上升时，不致影响补偿臂，造成读数误差。

（2）电磁式机油压力表

1）基本结构。电磁式机油压力表基本结构如图 6-8 所示。可变电阻式机油压力传感器是利用油压的大小来推动滑片从而改变可变电阻的阻值。当机油压力升高时，电阻值减小；

当机油压力降低时，电阻值增大。油压指示表中设有两个电磁线圈 W_1 和 W_2，电磁线圈 W_1 与传感器电阻并联连接，在线圈中间制有磁铁转子，转子上固定指针，称为指针转子，指针转子套装在轴上，由电磁线圈产生的合成磁场驱动。

2）工作原理。当机油压力较低时，传感器电阻值较大，电磁线圈 W_2 中流过的电流相对较小，W_1 中的电流较大，两个电磁线圈电流产生的合成磁场使转子和指针向逆时针转动。当机油压力升高时，传感器电阻值减小，电磁线圈 W_2 上流过的电流增大，电磁线圈 W_1 中的电流相对减小，电磁线圈电流产生的合成磁场使转子和指针顺时针方向偏转，指示油压升高。

当电源电压变化时，通过机油压力表电磁线圈 W_1 和 W_2 的电流成比例地增大或减小，油压指示表指示的油压值不受电源电压变化的影响。

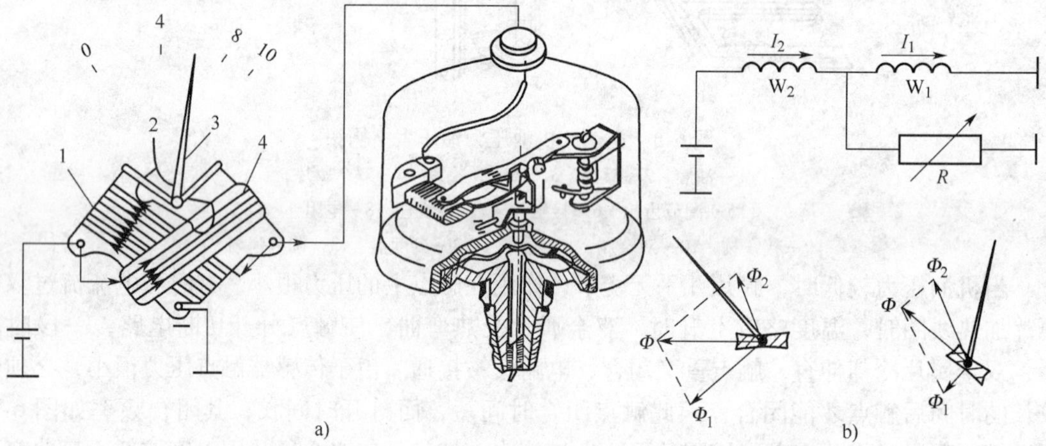

图 6-8　电磁式机油压力表结构图

a）电磁式机油压力指示表与可变电阻式机油压力传感器　b）电磁式机油压力表的等效电路

1—电磁线圈 W_1　2—磁铁转子　3—指针　4—电磁线圈 W_2

4. 冷却液温度表

冷却液温度表用来显示和检测发动机水套中冷却液的工作温度，由装在气缸盖水套中的热敏电阻传感器和安装在仪表板上的冷却液温度指示表两部分组成，它按工作原理的不同可分为电热式和电磁式两种，其中电热式冷却液温度表中的传感器又可分为双金属片式和热敏电阻式两种，对于传感器为双金属片式的电热式冷却液温度表和电磁式冷却液温度表，其结构和工作原理与前述的机油压力表基本相似，在此不再详述。电热式冷却液温度表的基本结构如图 6-9 所示。

（1）基本结构　热敏电阻式传感器的主要元件是负温度系数的热敏电阻（由镍、钴、锰和铜烧结而成），具有温度升高，电阻值减小的特性。热敏电阻利用冷却液温度的变化来改变其电阻值的变化，从而控制电路中电流的大小，使冷却液温度指示表指针指出相应的温度。

由于电源电压变化会影响仪表数值的准确性，因此在这种电路中配装有电源稳压器。当稳压器触点闭合时，能够保证输出电压 U_m 与输入电压 U 相等，即相当于电源电压，此时，加热线圈通电使双金属片因受热而变形，使触点断开。触点断开后，加热线圈断电，一段时间后双金属片因逐渐冷却复原，于是触点重新闭合。如此反复，使稳压器输出一脉冲电压，其电压波形如图 6-10 所示。当电源电压增加时，加热线圈的电流增大，触点闭合时间短，断开时间长；反之，当电源电压降低时，加热线圈的电流减小，触点闭合时间长，断开时间短，使输出电压

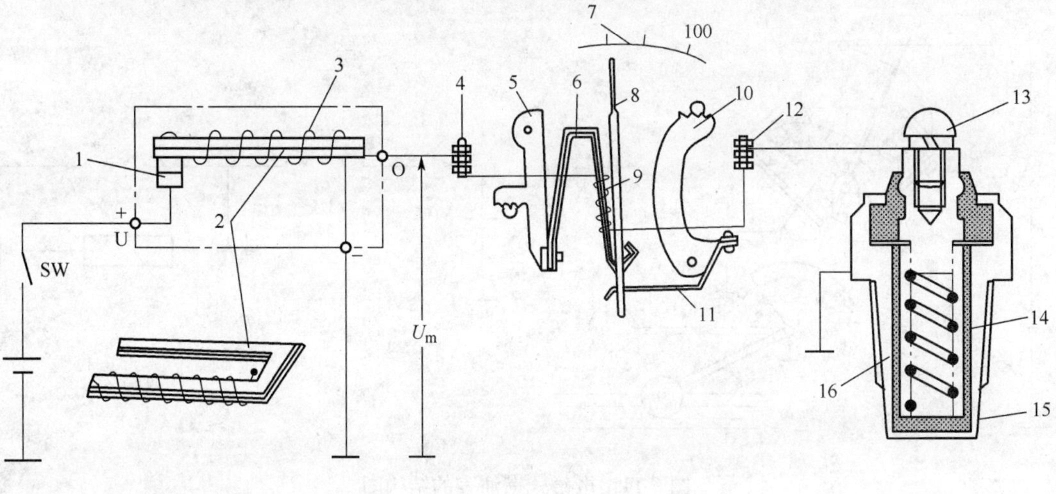

图6-9　电热式冷却液温度表结构原理图

1—触点　2、6—双金属片　3、9—加热线圈　4、12、13—接线端子　5、10—调整齿扇
7—刻度盘　8—指针　11—弹簧片　14—弹簧　15—热敏电阻　16—金属壳体

的平均值(一般为8.64V±0.15V)保持稳定。

（2）工作原理　当点火开关置于ON档时，其冷却液温度表的工作电路为：蓄电池正极→点火开关→电源稳压器→温度指示表双金属片的加热线圈→温度指示表接线柱→传感器接线柱→热敏电阻→传感器外壳→搭铁→蓄电池负极。

当发动机冷却液温度较低时，使传感器的热敏电阻阻值大，流过加热线圈的电流平均值较小，温度指示表的双金属片弯曲变形小，指针指示低温；反之，当冷却液温度升高时，热敏电阻阻值变小，流过加热线圈的电流平均值变大，温度表的双金属片弯曲变形大，指针指示高温。

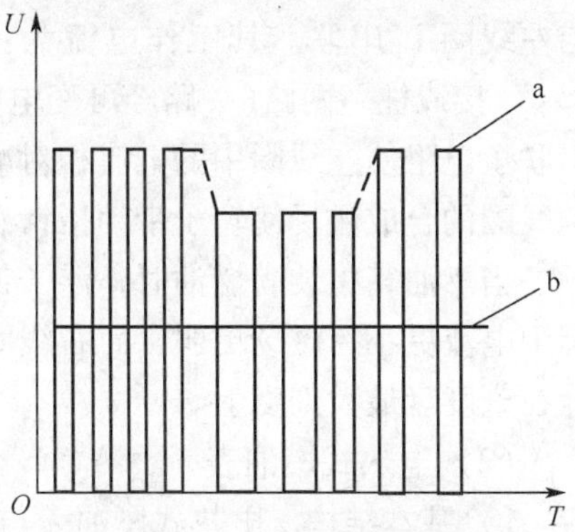

图6-10　电源稳压器的电压波形图
a—输入电压 U　b—输出电压 U_m

5. 燃油表

燃油表用来显示和检测燃油箱内燃油的存储量，由安装在燃油箱内的燃油量传感器和安装在仪表板上的燃油指示表两部分组成，其按工作原理的不同可分为电热式(双金属片式)和电磁式两种。

（1）电磁式燃油表

1）基本结构。燃油表结构如图6-11所示。燃油指示表部分由两个绕在铁心上的线圈、转子、指针和分流电阻等组成，其结构分布与电磁式机油压力表基本相同。燃油传感器由可变电阻、滑片和浮子组成。

2）工作原理。当燃油箱无燃油时，浮子下沉，将可变电阻上的滑片移至最右端，可变电阻短路，其工作电路为：蓄电池正极→点火开关→“+”接线柱→左线圈→“-”接线柱→浮子滑片→滑杆→搭铁→蓄电池负极。左线圈 L_1 产生的磁场使转子带动指针左偏，使指针在“0”刻度上。

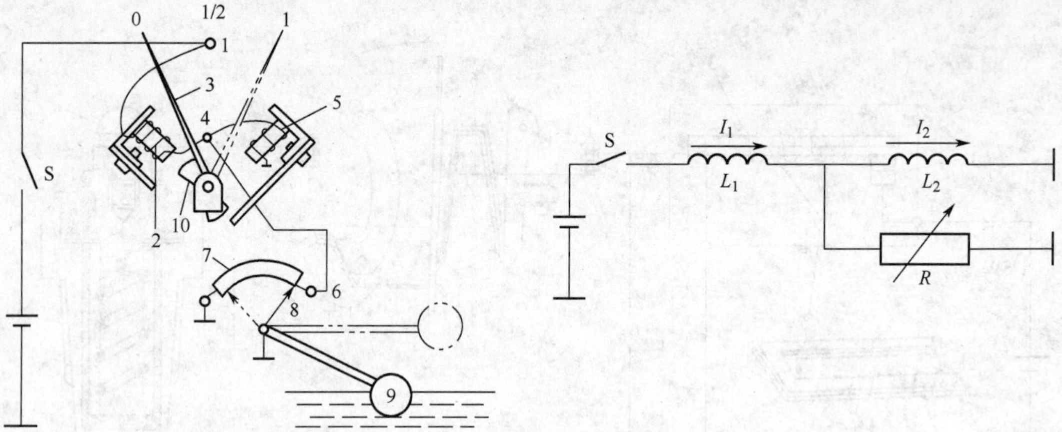

图 6-11　电磁式燃油表的结构图

1—“+”接线柱　2、5—电磁线圈　3—指针　4—“-”接线柱　6—传感器接线柱　7—可变电阻　8—滑片　9—浮子　10—转子

当燃油量增加时，浮子上升，可变电阻阻值变大，此时这部分电阻又与线圈 L_2 并联，与左线圈 L_1 串联。其工作电流为：蓄电池正极→点火开关→“+”接线柱→左线圈→“-”接线柱→两路(一路经可变电阻,另一路经右线圈)→搭铁→蓄电池负极。左线圈由于串联了电阻使左线圈中的电流相对减小，磁场减弱，而右线圈中电流相对增大，磁场加强，两线圈的合成磁场使转子带动指针右旋转，指示出燃油箱中的燃油量。

当燃油箱中装满燃油时，浮子带动滑片移到电阻的最左端，电阻达到最大值。此时左线圈中电流更小，磁场更弱，而右线圈中电流增大，磁场更强，转子便带着指针向右移，使指针在刻度盘最大刻度上。

(2) 电热式燃油表

1）基本结构。电热式燃油表与机油压力表相似，也是利用双金属元件随温度变化发生变形，从而带动指针摆动一定角度以显示燃油量值，其结构如图 6-12 所示。流经电热丝电流的大小受到燃油量传感器可变电阻的控制，燃油量传感器是利用浮子的位置来控制一个可变电阻器，其结构如图 6-13 所示。

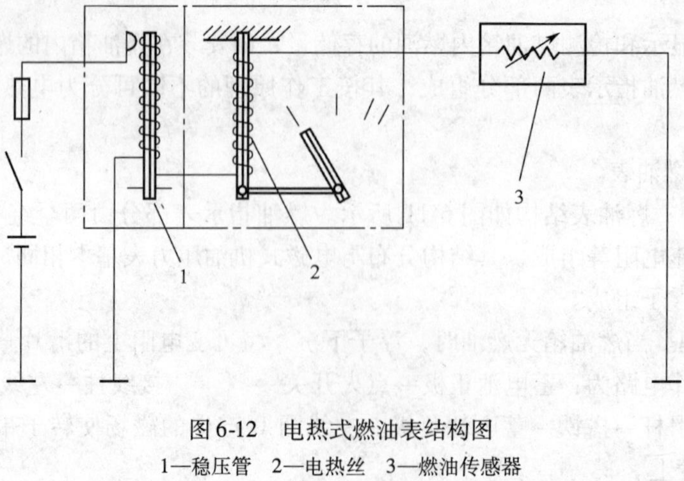

图 6-12　电热式燃油表结构图

1—稳压管　2—电热丝　3—燃油传感器

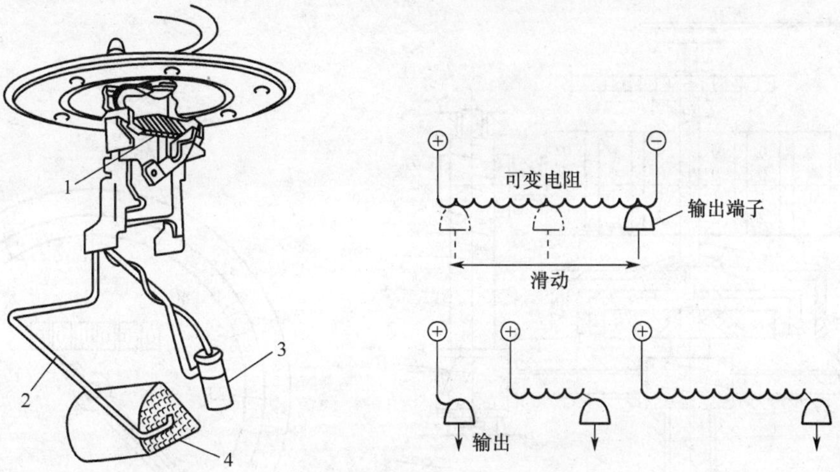

图6-13　燃油表传感器结构图

1—可变电阻器　2—浮子臂　3—热敏电阻(用于警告灯)　4—浮子

2）工作原理。当浮子位置高时，可变电阻值小，电流大，指针指向刻度值较大的一侧；当浮子位置低时，可变电阻值大，电流小，指针指向刻度值较小的一侧。由于电源电压的波动将会引起电路中电流的变化，从而造成仪表的指示误差。为了避免这种误差，燃油表内装置了稳压器，用以保持仪表工作电压的恒定，其稳压器的工作原理与冷却液温度表稳压器工作原理相似。

6. 车速里程表

车速里程表是用来指示车辆行驶的速度和累计行驶的里程数，主要由车速表和里程表两部分组成，其按工作原理的不同可分为磁感应式和电子式两种。

（1）磁感应式车速里程表

1）车速里程表基本结构。磁感应式车速里程表的结构如图6-14所示，主要由永久磁铁、感应罩、磁屏(铁护罩)、游丝、指针与刻度盘、计数轮、蜗轮蜗杆和主动轴等组成。主动轴由变速器(或分动器)内的蜗杆由钢软轴驱动。

2）车速表的工作原理。当车辆停止不动时，在盘形弹簧的作用下，车速表指针位于“0”刻度上。当车辆行驶时，主动轴带动永久磁铁旋转，在铝罩上形成磁涡流，该涡流产生一个磁场，与旋转的永久磁铁磁场相互作用产生转矩，为克服盘形弹簧的弹力，铝罩朝永久磁铁转动方向转过一定角度，使盘形弹簧的弹力与转矩力相平衡，指针便在刻度盘上指示出相应的车速值。车速越高，永久磁铁旋转越快，铝罩上的磁涡流越强，形成的转矩越大，指针转过的角度就越大，即数值越大。

3）里程表的工作原理。里程表经蜗轮蜗杆机构减速后用数字轮显示。当车辆行驶时，软轴带动主动轴转动，并经三对蜗轮蜗杆减速后驱动里程表右边第一数字轮(第一数字轮所刻数字为1km或1/10km)转动，并逐级向左传到其余的数字轮，累计出行驶里程(最大显示里程为999999km或99999.9km)。

（2）电子式车速里程表　与磁感应式车速里程表相比电子式车速里程表具有精度高、指示平稳和寿命长等优点，利用传感器在变速器上获取车速信号通过导线输出，克服了磁感应式车速里程表用钢软轴传输转矩带来的磨损的缺点，因此，目前汽车特别是小轿车普遍采

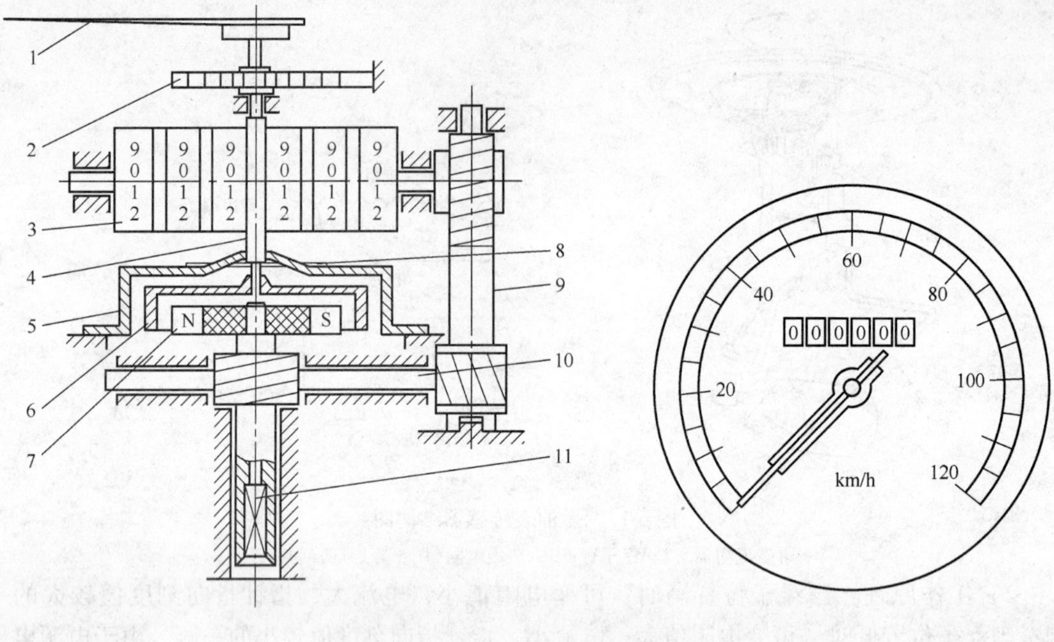

图 6-14　磁感应式车速里程表结构图

1—指针　2—盘形弹簧　3—计数轮　4—针轴　5—磁屏（铁护罩）　6—铝罩（感应罩）　7—永久磁铁　8—卡簧　9—竖直蜗轮轴　10—水平蜗轮轴　11—主动轴

用。电子式车速里程表的结构如图 6-15 所示，主要由车速传感器、电子电路、车速表和里程表四部分组成。

车速传感器主要有光电式、磁感应式、磁性电阻式和霍尔式等，一般采用磁感应式（舌簧开关式）传感器，其结构如图 6-16 所示，由一个舌簧开关和一个具有 4 对磁极的转子组成，转子每转一周，舌簧开关中的触点闭合 8 次，产生 8 个脉冲信号，此脉冲信号频率与汽车行驶速度成正比。汽车每行驶 1km，车速传感器将输出 4127 个脉冲信号。

电子电路的作用是将车速传感器输入电信号通过整形、触发，输出一个与车速成正比的

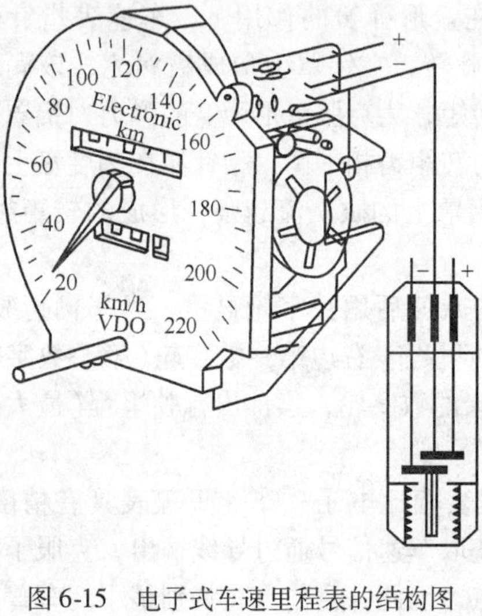

图 6-15　电子式车速里程表的结构图

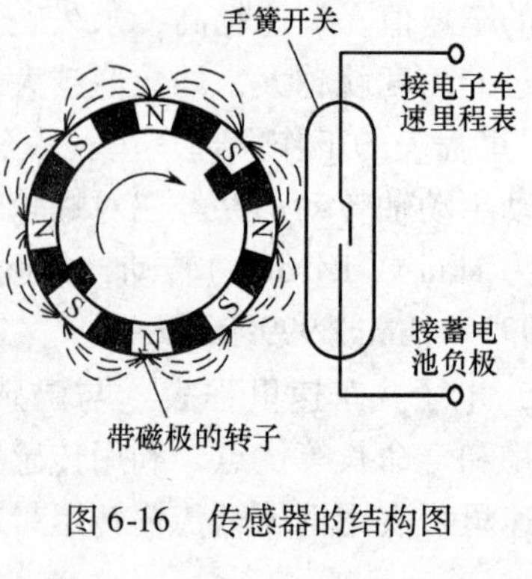

图 6-16　传感器的结构图

电流信号。其电子电路如图 6-17 所示。可调节电阻 R_1 的阻值使车速表指示值更为精确，初始工作电流由电阻 R_2 调节，电阻 R_3 和电容 C_3 起到给电源滤波的作用。

车速表实际上是一个电磁式电流表，当车辆以不同车速行驶时，从电子电路接线端子 14 输入与车速成正比的电流信号便驱动车速表指针偏转，从而指示相应的车速。在车速表刻度盘上标有红色标记的区域(50～130km/h)，表示该区域属于经济车速区。

里程表由一个步进电动机及六位数字的十进位齿轮计数器组成，其结构如图 6-18 所示。步进电动机是一个利用电磁铁将脉冲信号转换为线位移或角位移的微型电动机。车速传感器输出的频率信号经过 64 分频后，再经功率放大器将电信号放大到具有足够的功率以驱动步进电动机，带动六位数字的十进位齿轮计数器工作，从而记录累计车辆行驶里程。

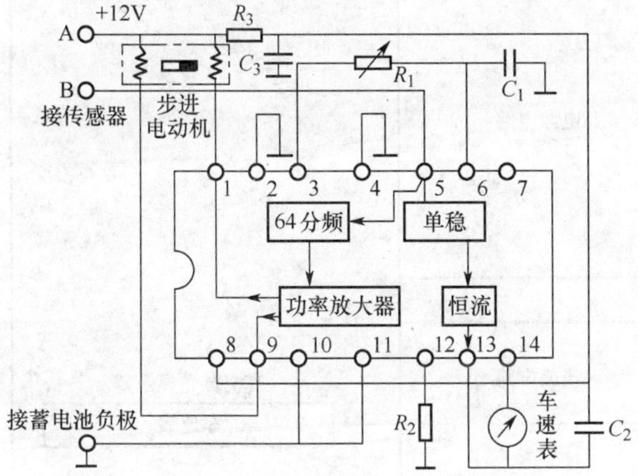

图 6-17　电子电路图

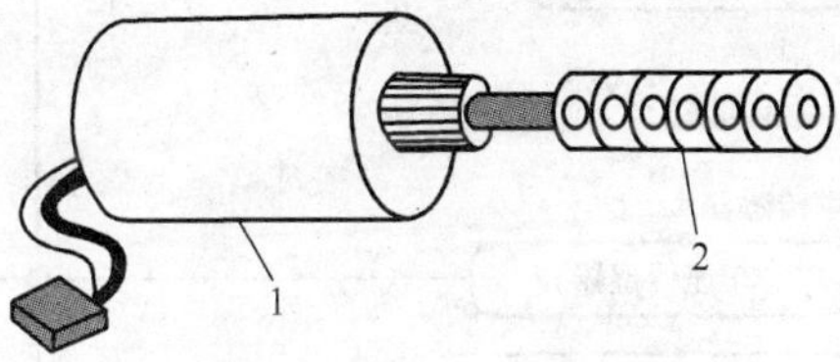

图 6-18　里程表结构图

1—步进电动机　2—十进制齿轮计数器

7. 发动机转速表

发动机转速表是用于检查调整和监视发动机的工作状况，使驾驶人能够更好的掌握换档的时机。发动机转速表可分为机械式和电子式两种，由于电子式转速表具有结构简单、指示平稳及安装方便等特点，所以目前汽车广泛采用。

(1) 基本结构　常用的电子式转速表的结构如图 6-19 所示，主要由信号源、电子电路和指示表三部分组成。电子电路中稳压管 VD_2 具有稳定电容 C 充电电压，提高转速表测量精度的作用；转速信号取自于点火系统初级电路的脉冲信号。VD_3 防止 VT 集电极出现瞬间高电压被击穿，起到保护的作用。

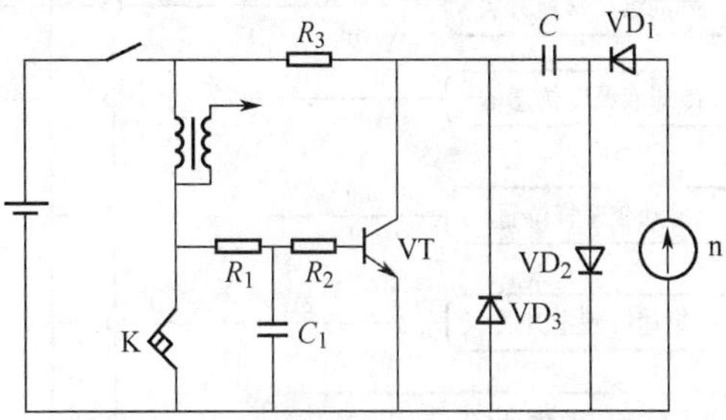

图 6-19　电子式转速表工作电路图

(2) 工作原理　当断电器触点 K 闭合时，晶体管 VT 的基极搭铁，无偏压，处于截止状态，电容器 C 充电。工作电路为：电源正极→R_3→电容器 C→VD_2→搭铁→电源负极。

当触点 K 断开时，晶体管 VT 的基极电位接近电源电压，VT 由截止转为导通，此时电容器 C 放电，其工作电路为：电容器 C→VT→转速表 n→二极管 VD_1→电容器 C 构成放电回路，驱动转速表转动。触点重复开闭，电容 C 不断进行充放电，使转速表 n 显示通过电流的平均值。断电器触点的开闭频率与发动机的转速成正比，通过转速表 n 的放电电流平均值也与发动机的转速成正比。

6. 2. 2 数字仪表的结构特征分析

数字式仪表又称为电子式汽车仪表，主要由采集信息的传感器、分析处理信息的电子电路及显示器组成，如图 6-20 所示。其各显示器采用的主要器件包括荧光屏、液晶显示屏、

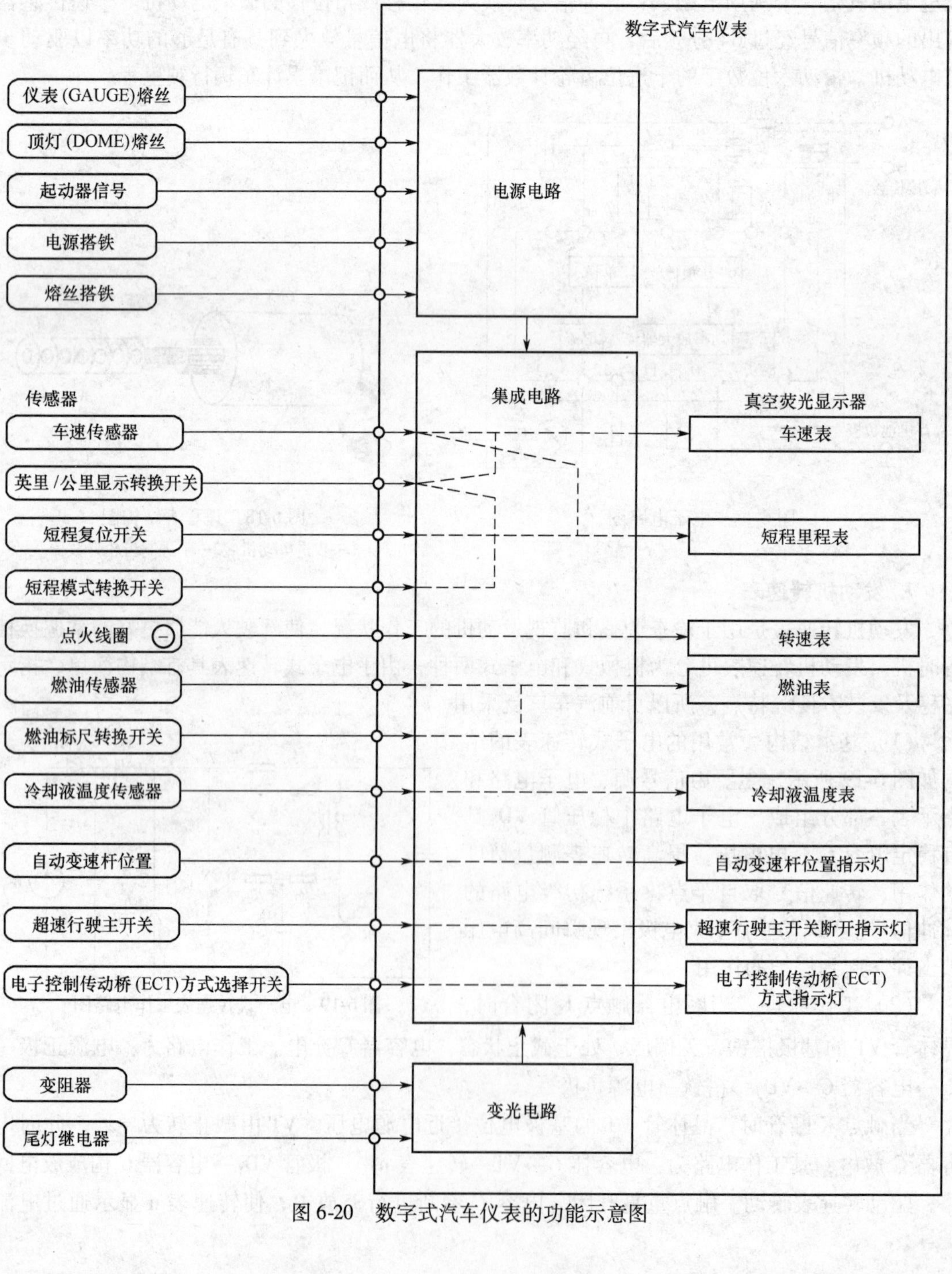

图 6-20 数字式汽车仪表的功能示意图

数码管及发光二极管等。数字式仪表与常规机电模拟式仪表相比，不同之处为：数字式仪表是通过仪表中的微电脑和各种集成电路处理传感器的信号，以数字的形式在显示器上显示出来。数字式仪表具有以下几个优点：

1）数字式仪表能提供大量复杂的信息。

2）可满足小型化、轻量化。

3）显示的工况值精确度高、可靠性高。

4）能一表多用，使仪表盘得到简化。

5）显示图形造型的自由度高。

1. 车速表

车速表工作原理如图 6-21 所示，车速传感器将脉冲信号输入给电脑，电脑在预定的时间内通过集成运算，并控制真空荧光示器发光来显示电脑输出的车速。车速传感器为光电式车速传感器，如图 6-22 所示，车速传感器由开槽转轮和光电耦合器组成，开槽转轮由车速里程表钢软轴驱动，在转轮上开有 20 个转槽，转槽被放在发光二极管 VD 和光敏晶体管 VT_1 之间，组成光电耦合器(图 6-23)。通过光敏晶体管 VT_1 感光导通的原理，来实现信号转换的，即当光线穿过转槽照到光敏晶体管时，光敏晶体管 VT_1 导通，使晶体管 VT_2 导通，电流从端子 C_1 经发光二极管流至端子 C_3，此时端子 C_2 低电位；当光线被转轮遮住时，光敏晶体管 VT_1 截止，使晶体管 VT_2 截止，端子 C_2 电位高。汽车行驶时，转轮转动不断的拦截发光二极管 VD 发出的光束，使光敏晶体管 VT_1 时通时断，将转轮转动信号转变成电压脉冲信号通过端子 C_2 传输给电脑，使电脑运算出车速。

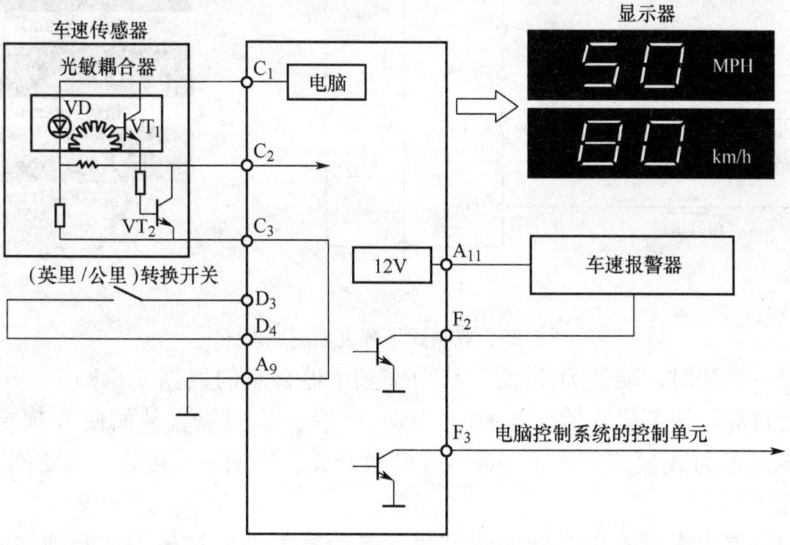

图 6-21　车速表工作原理图

有些车辆在短程控制开关上装有 mile/km 显示转换开关，如图 6-24 所示，按下该开关，可以在转速表上交替显示 mile/h 和 km/h，供驾驶人选择，在有些车辆上还装有车速报警器，当车速达到或超过某一预定值时(如 125km/h)，控制报警器将发出音响。此外，速度信号还可供给其他系统电脑(如 ABS 系统、CCS 系统等)使用。

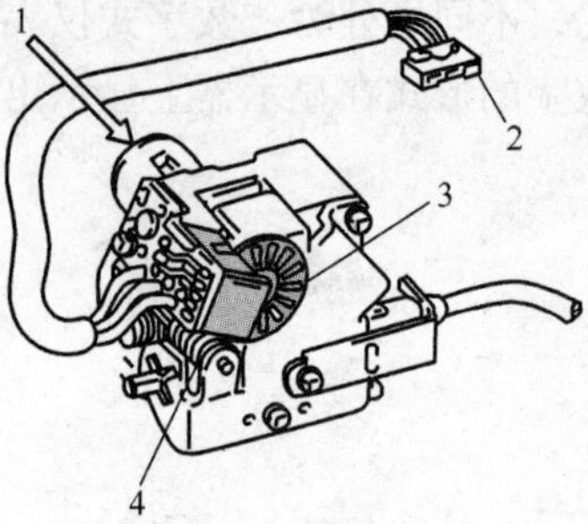

图 6-22　车速传感器

1—车速表钢软轴　2—电脑接线柱

3—开槽转轮　4—光电耦合器

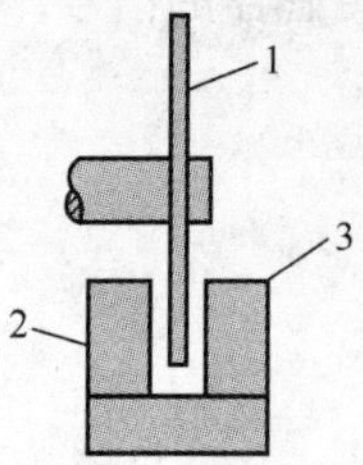

图 6-23　光电耦合器

1—开槽转轮

2—发光二极管

3—光敏电阻

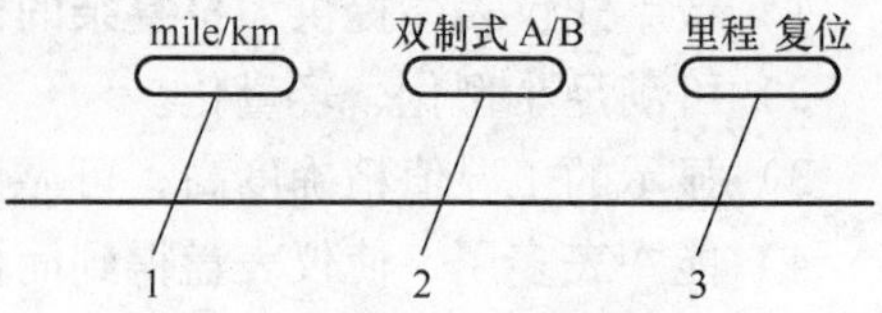

图 6-24　短程控制开关

1—mile/km 显示转换开关

2—模式转换开关　3—复位开关

2. 双制式短程里程表

双制式里程表可根据驾驶人的意愿去累计行驶里程，并用米制或英制显示出数字，如图 6-25 所示，车辆行驶的距离由微电脑根据车速传感器发出的信号计算得出。

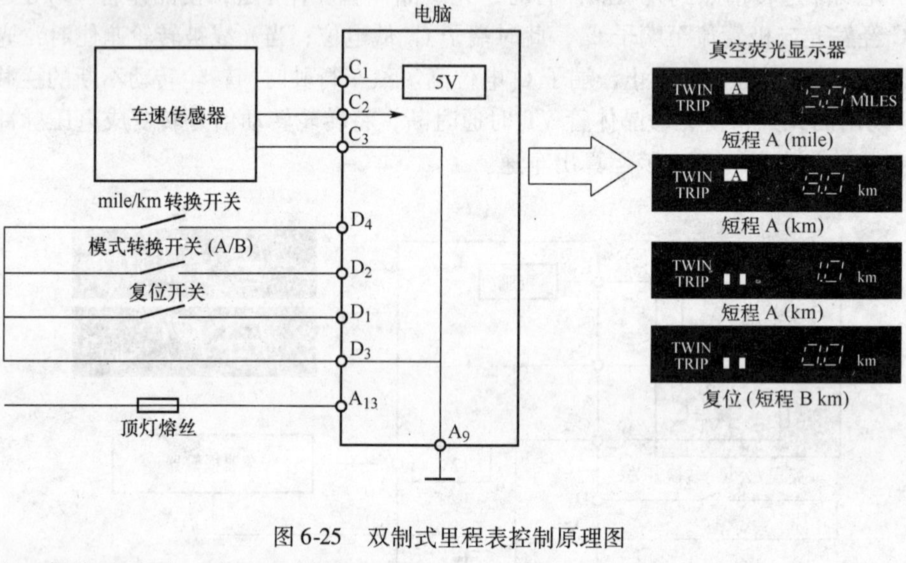

图 6-25　双制式里程表控制原理图

当按下复位开关时，端子 D_1 搭铁，从而使显示器显示的数据复位归零，短程里程表重新对行程进行计算。按下模式转换开关(A/B)，使端子 D_2 搭铁，从而使 A 模式转换为 B 模式或将 B 模式转换为 A 模式。按下 mile/km 转换开关，数据显示可在二者之间变换。

3. 转速表

微电脑根据点火线圈输出的脉冲信号数量来计算发动机转速，其原理如图 6-26 所示，然后通过控制真空荧光显示器发光，将发动机的转速以条形图形式显示出来。

真空荧光显示器与电脑内部亮度调节器电路相连，这样可对显示器的数字板片分配不同的亮度，显示发动机当前转速的初始数字板片 N 得到最高亮度，其他板片亮度逐渐降低。

4. 冷却液温度表

冷却液温度表的工作原理如图 6-27 所示。当发动机冷却液的温度发生变化时，温度传感器(热敏电阻)的电阻随之变化，使端子 A_6 的电压发生变化，电脑检测到该电压后，便将

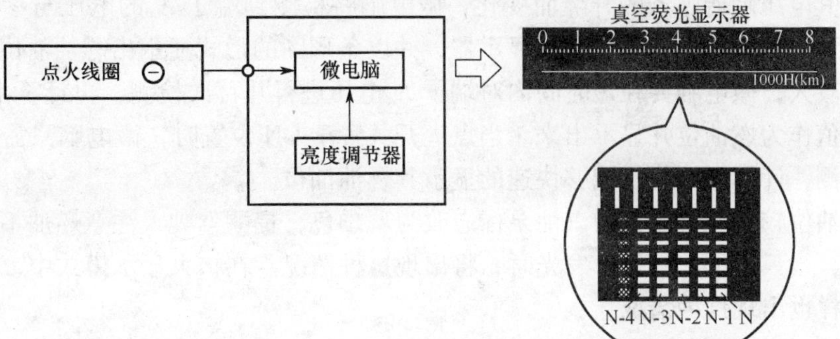

图 6-26　转速表工作原理图

N—100%亮度　N—1:75%亮度　N—2:50%亮度　N—3:37.5%亮度　N—4:25%亮度

其电压与参考电压相比较，将比较的结果接到真空荧光显示器上，以条形图方式显示出来。

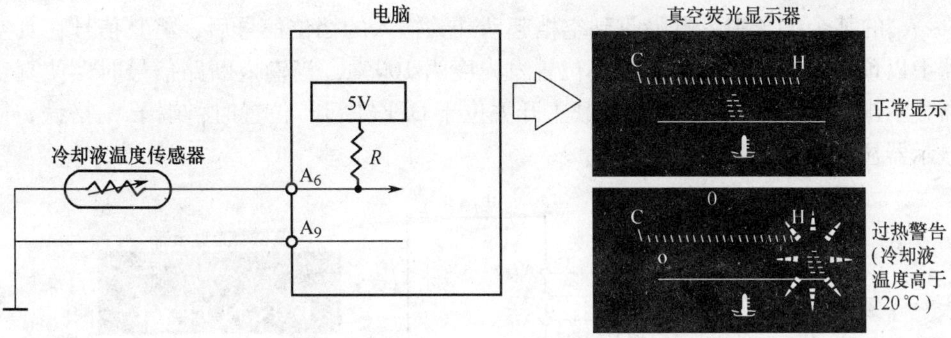

图 6-27　冷却液温度传感器工作原理图

真空荧光显示器采用 10 块板片组成一个条形图(每两行真空荧光显示器组成 1 块板片)来显示冷却液温度，当第 10 块板片闪烁时，则表明温度达到最高，发动机过热。

5. 燃油表

燃油表工作原理如图 6-28 所示，通过 A_{10} 端子给燃油传感器施加 5V 的电压，端子 A_4 与

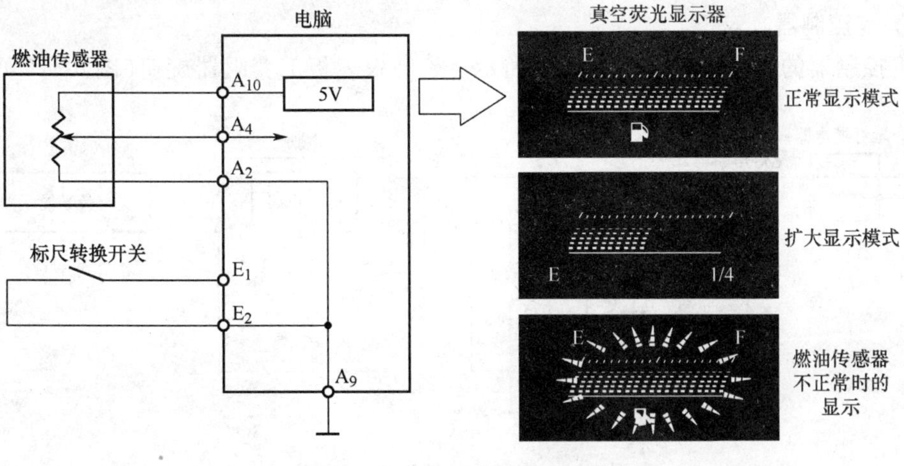

图 6-28　燃油表的工作原理图

浮子相连，其电压随着浮子的升降而变化，微电脑将检测到端子 A_4 的电压与参考电压相比较，然后将比较的结果输入真空荧光显示器，并以条形图的形式显示出燃油油位。由于燃油油位波动性较大，微电脑要在短时间内对端子 A_4 电压进行几百次检测，再计算出其平均值，然后将平均值作为燃油位并显示出来。当点火开关置于 ON 位置时，微电脑只需对端子电压进行几次检测，计算平均值，能够快速的显示其燃油油位。

当燃油油位较低时，蓝色的汽油泵标志改为琥珀色，提醒驾驶人注意燃油不足。在正常显示模式中，当只剩下 1 号板片发光时，将出现这种情况。在扩大显示模式中，第 6 块板片熄灭时，同样也出现这种情况。

若端子 A_4 与燃油传感器之间或端子 A_2 与燃油传感器之间出现断路时，燃油传感器无信号输出，使燃油表不能正常工作，此时将点火开关置于 ON 位置，10 块板片全部闪烁，闪烁 2min 后，燃油表出现空白显示(油位警告灯发光)。

6. 自动变速器指示灯

自动变速器工作原理如图 6-29 所示，当点火开关置于 ON 位置时，将 12V 的电压输入到 A_{14} ~ A_{19} 的某个端子中，电脑收到空档起动开关输入的档位信号后，将其信号在真空荧光显示器上以预定的形式显示出来，其位置发光度为 100%，当输入断路信号时，使真空荧光显示器显示出 PWR 字样；当超速行驶主开关位于 OFF(断开)位置时，端子 A_3 搭铁，使真空荧光显示器显示出“OD/OFF”字样。

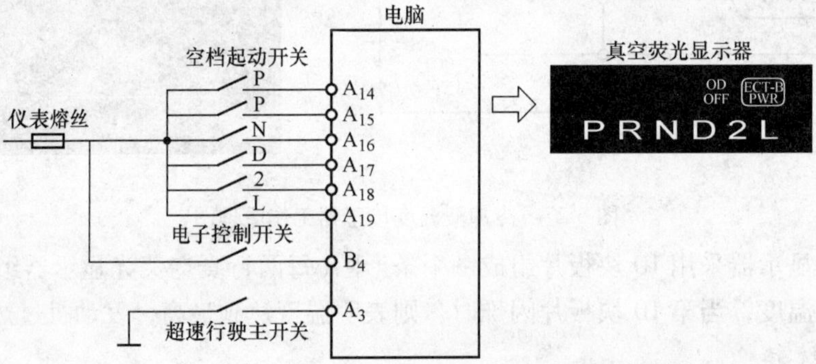

图 6-29　自动变速器指示灯工作原理图

7. 亮度控制器

亮度控制器的工作电原理如图 6-30 所示。旋转仪表板上变阻器旋钮(图 6-31)可通过可

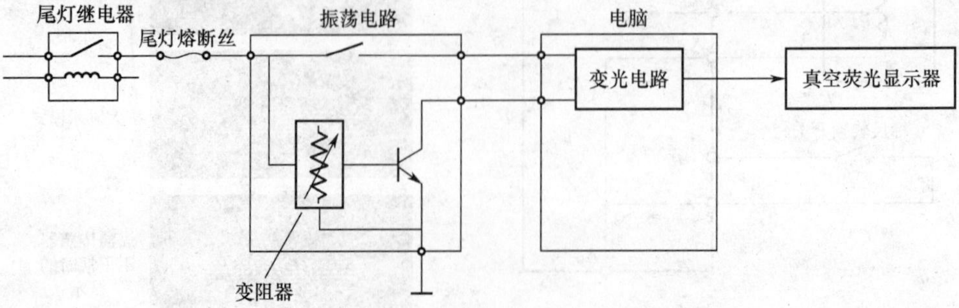

图 6-30　亮度控制器的工作原理图

变电阻器改变晶体管输出的占空比，并将这一信号通过端子 A_7 输入电脑的变光电路，电脑根据通断的占空比，便可控制车速表、短程里程表、转速表、燃油表、冷却液温度表及档位指示灯的真空荧光显示器亮度。当顺时针旋转旋钮时，灯光变亮；反之，灯光变暗。

变阻器有两种类型，一种形式是在尾灯断开之后，仍可改变显示器亮度；另一种形式是只有在尾灯接通后才能改变显示器亮度。

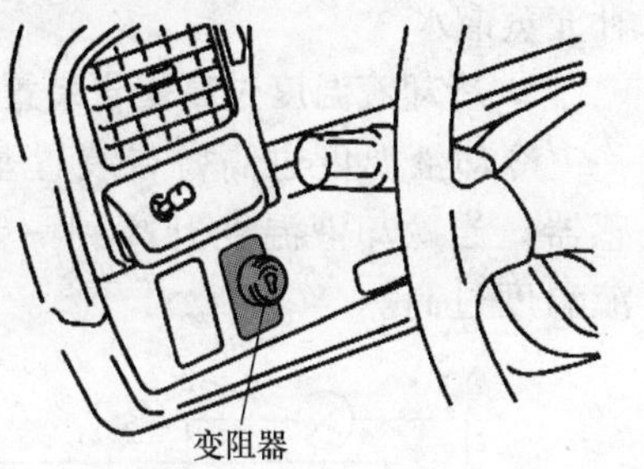

图 6-31　变阻器旋钮

6.2.3　汽车警告信息系统的结构特征分析

为了保证行车安全和提高车辆的运行可靠性，在汽车上安装了许多警告装置。警告装置根据作用对象的不同可分为车内警告装置（主要是对驾驶人）和车外警告装置（主要是对行人与车辆）两类。

车内警告装置一般由传感器和警告灯组成。当被监测的部件或系统工作异常时，警告灯电路自动接通而发亮警告，提醒驾驶人采取相应措施。如机油压力警告装置、蓄电池液面过低警告装置、冷却液温度过高警告装置、燃油油量过少警告装置、空气滤清器堵塞警告装置和制动系统警告装置等。

车外警告装置有紧急闪光警告灯与警告喇叭、转向蜂鸣器、倒车蜂鸣器和语音倒车警告器等，上一章已有介绍，在此不再阐述。

1. 机油压力警告装置

机油压力警告装置的传感器有膜片式和弹簧管式两种，目前汽车上采用的是弹簧管式机油压力警告装置，其结构如图 6-32 所示。传感器安装在发动机润滑系主油道上，在传感器内部设有管形弹簧，管形弹簧一端与螺纹接头相连与主油道相通，另一端连接动触点，其静触点与接线端子连接。当发动机工作时，若主油道润滑油压力（一般为50～90kPa）较低时，管形弹簧基本无形变，触点闭合，接通警告灯电路，警告灯发亮提醒驾驶人；若油压较高时，管形弹簧发生变形，使触点分开，断开电路，指示润滑系统工作正常。

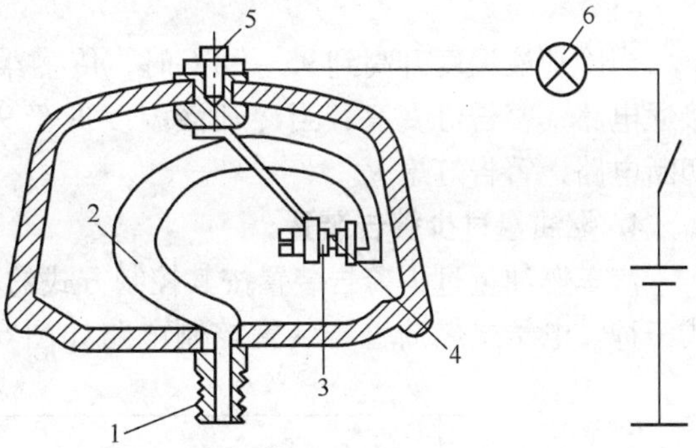

图 6-32　弹簧管式油压警告装置结构图
1—螺纹接头　2—管形弹簧　3—静触点
4—动触点　5—接线柱　6—警告灯

2. 蓄电池液面过低警告装置

畜电池液面过低警告装置基本结构如图 6-33 所示，由铅棒和加液塞构成的传感器、VT_1、VT_2 构成的放大器以及发光二极管构成的警告灯等组成。传感器安装在蓄电池单格内（正极侧第三格）。当电解液液面高度正常（一般为 10～15 mm）时，铅棒与电解液化学反应后，产生约为 +8V 的电动势使 VT_1 导通，VT_2 因无正偏电压而截止，使警告灯中无电流通过，灯泡不亮表示正常；当电解液液面低于 10mm 时，铅棒无法与电解液接触，电动势为零，故 VT_1 截止，VT_2 得到正偏电压而导通，警告灯中有电流通过，警告灯点亮提醒驾驶人补充蒸馏水。

3. 冷却液温度过高警告装置

冷却液温度过高警告装置基本结构如图 6-34 所示，其传感器为双金属片式温度传感器。当冷却液温度升高到一定值时，警告灯发出红色的警告信息，提醒驾驶人冷却液温度过高。

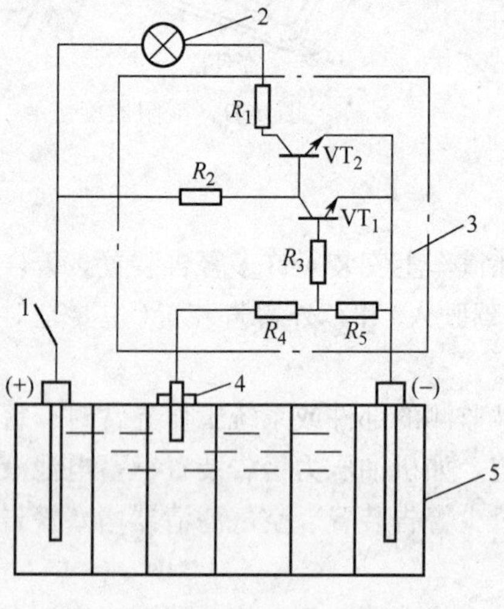

图 6-33　蓄电池液面过低警告装置

1—点火开关　2—警告灯　3—放大电路

4—传感器　5—蓄电池

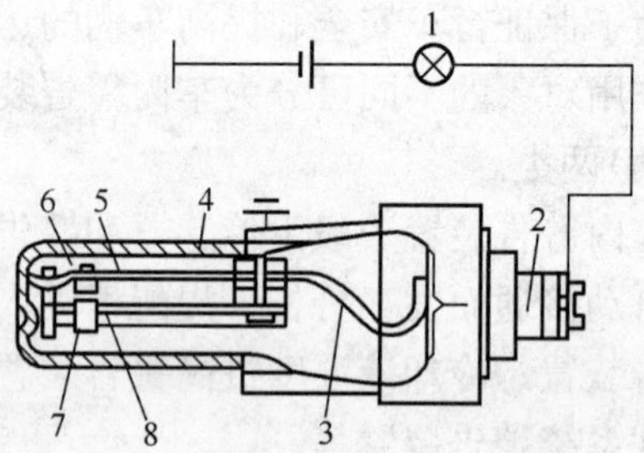

图 6-34　冷却液温度警告装置结构图

1—警告灯　2—接线柱　3—导电片

4—壳体　5—双金属片　6—触点

7—调整螺钉　8—支架

当冷却液温度升高到 95～98℃时，传感器内部双金属片受热产生变形，使两触点闭合，接通电路，警告灯变亮；当冷却液温度低于 95～98℃时，双金属片变形减少，触点分开，切断电路，警告灯熄灭。

4. 燃油量过少警告装置

汽车燃油量过少警告装置按其控制方式的不同可分为热敏电阻式、可控硅控制式和电子式三种。电子式燃油警告装置控制电路如图 6-35 所示，晶体管 VT_1、VT_2 组成施密特触发

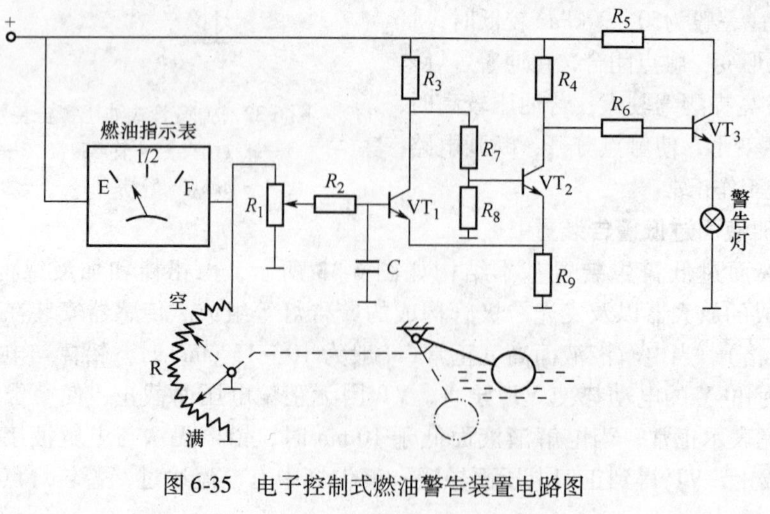

图 6-35　电子控制式燃油警告装置电路图

器，R_1为可变电阻，滑片与浮子相连，利用燃油的升高和降低来改变传感器滑线电阻的大小，从而改变可变电阻 R_1的电压，得知可变电阻 R_1上的电压与燃油箱内的燃油油面高度成正比。其燃油警告装置的基本工作原理如下：

1）当燃油箱燃油上升时浮子上浮，带动滑片向下滑动使滑线电阻串入指示表电路的阻值变大，电阻 R_1上的电压不断升高，当升高到一定值时，晶体管 VT_1的基极有正偏电压而导通，VT_1集电极电位降低使晶体管 VT_2截止，VT_2截止时将 VT_3基极电流切断，因此 VT_3截止，警告灯无电流流过而熄灭。

2）当燃油箱燃油液面降低时，浮子下沉并带动滑片向上滑动，滑线电阻串入指示表电路的阻值减小，电阻 R_1上的电压降低。当燃油箱内的燃油液面降低到规定警告油面高度时，晶体管 VT_1因基极电位降低而截止，晶体管 VT_2、VT_3导通，警告灯电路接通而发亮，指示燃油油面过低，提醒驾驶人及时补充燃油。

5. 空气滤清器堵塞警告装置

空气滤清器堵塞警告装置基本结构如图 6-36 所示，该警告装置由滤芯、负压开关传感器和警告指示灯组成。负压开关传感器结构如图 6-37 所示，当负压传感器上、下气室中的气压不相等时，产生的压力差使膜片移动，与膜片相连的磁铁也随之移动，在磁铁的作用下，使舌簧开关吸合或断开使电路接通或切断。

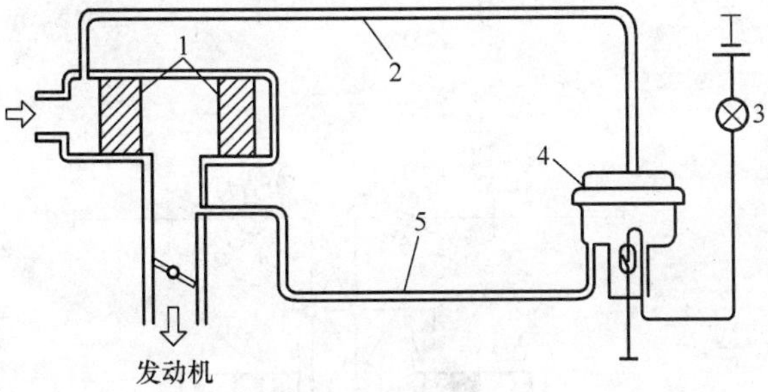

图 6-36　空气滤清器堵塞警告装置结构图

1—滤芯　2—A 管　3—警告灯　4—负压开关传感器　5—B 管

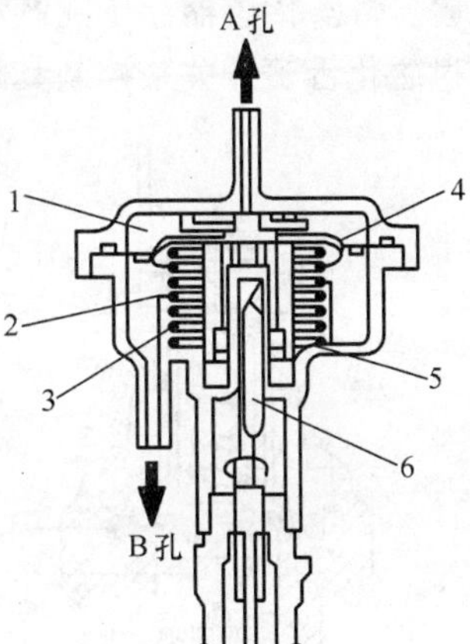

图 6-37　负压开关传感器

1—上气室　2—下气室　3—弹簧
4—膜片　5—磁铁　6—舌簧开关

当滤芯未发生堵塞时，传感器上、下气室间压差小，膜片及磁铁的移动量小，舌簧开关处于断开状态；当滤芯发生堵塞时，传感器上、下气室间压差增大，膜片及磁铁的移动量增大，磁铁使舌簧开关磁化而闭合，接通警告灯电路，使其发光警告。

6. 制动系统警告装置

汽车制动系统警告装置包括驻车制动警告装置、制动系低气压警告装置、制动液液面过低警告装置和制动信号灯电路断路警告装置等。

（1）驻车制动警告装置　驻车制动警告装置结构如图 6-38 所示，在驻车制动器处于制动状态时警告灯自动发亮，以提醒驾驶人在起步前应先松开驻车制动器。

当起动发动机时，若驻车制动器处于制动状态，则驻车制动开关处于接通状态，制动警告灯电路接通而发亮，提醒驾驶人在挂档起步之前，松开驻车制动器；当松开驻车制动器后，驻车制动开关断开，警告灯电路被切断而熄灭。

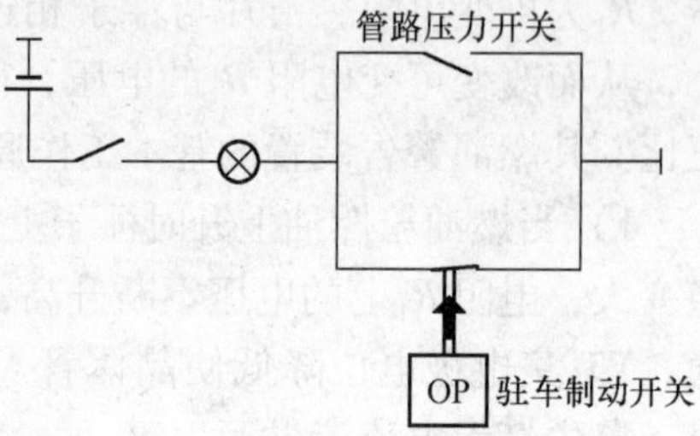

图 6-38　驻车制动警告装置结构图

（2）制动系低气压警告装置　在采用气压制动的汽车上，一旦制动气压低于最小允许值时，制动效果变差而危及安全。为避免此现象的出现，在汽车上装备有制动系统低气压警告装置，它由安装在制动系统储气筒或制动阀压缩空气输入管道中的传感器和装在仪表板上的警告灯组成。当气压过低时警告灯将发出红色的警告信号，以引起驾驶人注意。低气压警告传感器的基本结构如图 6-39 所示。

当接通电源后，制动系统气压下降到 340 ~ 370kPa 时，由于作用在膜片上的压力减小，在复位弹簧的作用下触点闭合，电路接通，警告灯亮；当气压升高至 400kPa 以上时，由于膜片所受压力增大，压缩复位弹簧使触点打开，电路被断开，警告灯熄灭。

（3）制动液液面过低警告装置　制动液面过低警告装置的结构如图 6-40 所示，其传感器安装在制动液储液罐内。传感器壳体上设有两个接线柱，其中一个连接 12 V 电源，另一个连接警告灯。传感器浮子随制动液液面的改变而上下浮动，浮子上固装有永久磁铁。永久磁铁通过磁化舌簧开关来控制其断开与闭合。

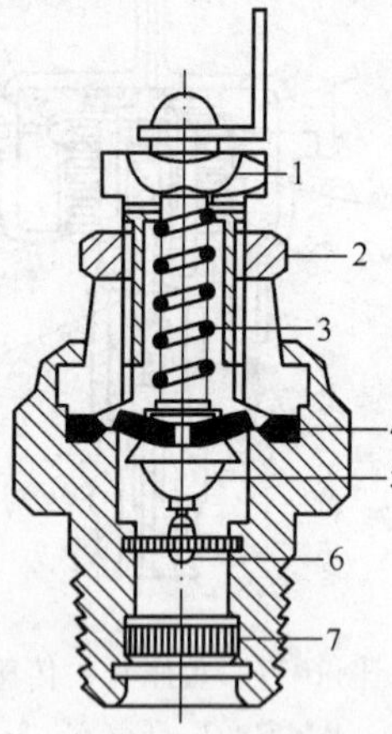

图 6-39　低气压警告传感器

1—调整螺钉　2—锁紧螺母　3—复位弹簧　4—膜片　5—动触点　6—静触点　7—滤清器

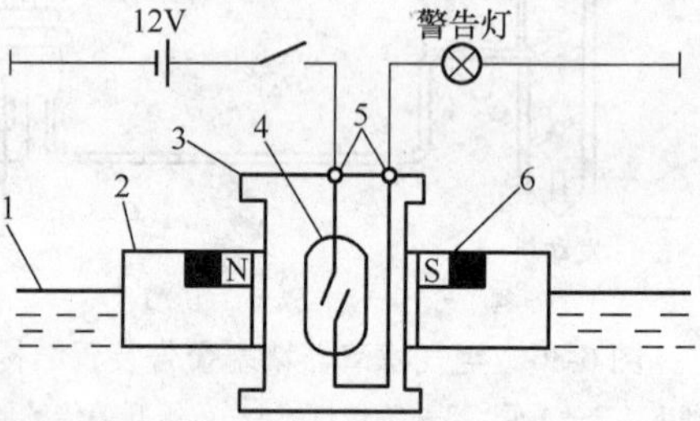

图 6-40　制动液面过低警告装置结构图

1—液面　2—浮子　3—外壳　4—舌簧开关　5—接线柱　6—永久磁铁

在点火开关闭合，当浮子随制动液液面下降到规定值时，舌簧开关触点被永久磁铁的磁场磁化而闭合，电路接通警告灯发亮，以提醒驾驶人应及时补充制动液。

当制动液上升时，浮子带动永久磁铁随制动液液面升高而上浮，随着永久磁铁对舌簧开关触点的作用力减弱，舌簧开关触点在自身弹力的作用下断开，警告灯电路被切断，警告灯熄灭，表示制动液液位正常。

（4）制动信号灯电路断路警告装置　制动信号灯电路断路警告装置电路如图 6-41 所

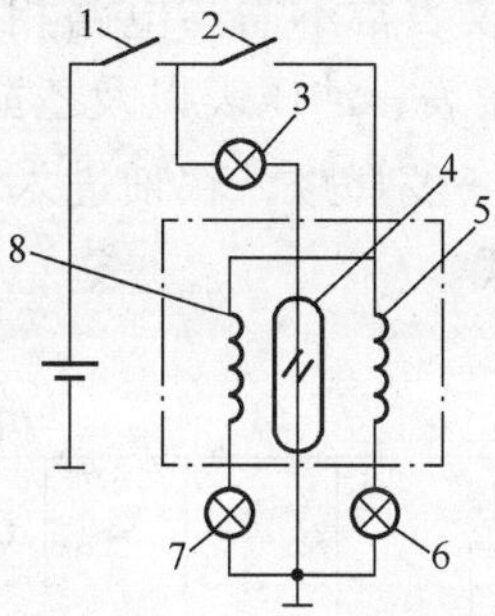

图6-41　制动信号灯电路断路警告装置电路图

1—点火开关　2—制动开关　3—警告灯　4—舌簧开关

5、8—电磁线圈　6、7—制动信号灯

示，在制动信号灯电路中接有两个电磁线圈，舌形开关置于两电磁线圈之间，警告灯与舌形开关串联连接。正常情况下踩下制动踏板，制动开关闭合，电流分别流经两个电磁线圈，左、右制动灯点亮。

若有一个制动灯出现故障(线路断路)，则两个电磁线圈中只有一个线圈有电流通过，此线圈产生的电磁吸力使舌形开关闭合，警告灯电路接通而点亮，提醒驾驶人应检修制动信号灯电路；若两信号灯都亮，此时两电磁线圈产生的电磁吸力方向相反而相互抵消，舌形开关在自身弹力作用下触点断开，警告灯电路被断开而熄灭。

6.3　汽车仪表与警告信息系统的电路分析

仪表与警告系统用于运行时重要部位的技术状态参数或极限值，例如发动机冷却液温度、燃油箱存油量、汽车行驶速度及里程、发动机转速、机油压力、充电电流和电系电压等。

仪表与警告系统的一般电路如图6-42所示，仪表与警告系统电路的分析归纳如下：

1）所有的电气仪表都受点火开关控制，在点火开关的工作(ON)档与起动(ST)档与电源接通，在附件专用(ACC)档与电源断开。

2）汽车电气仪表通常采用双金属片电热丝式结构，表头一般只有两根线。有的也采用双线圈十字交叉，中间有一个磁性指针的结构，大多由三条等线引出，其中一条接点火开关15号线(IG线)，另一条线搭铁，还有一条线接传感器。

3）各电气仪表的表头与其传感器串联，燃油表、冷却液温度表通常还串有电源稳压器。

4）指示灯、警告灯通常与仪表装配在一个总成内或在附近布置，它们与仪表一起同受点火开关控制。在工作(ON)档，能检验大多数仪表、指示灯和警告灯是否良好。

5）指示灯与警告灯根据电路接法可分为两种：一种是灯泡由点火开关的15号线或IG线供电，外接传感器开关。开关接通则搭铁构成通路，灯亮，例如充电指示灯、手制动指示灯、制动液面警告灯、门未关警告灯、机油压力警告灯和冷却液液面过低警告灯等；另一种是指示灯接地，控制信号来自控制开关的正极，例如远光指示灯、转向指示灯(左、右)，座椅安全带指示灯、防抱死制动指示灯和巡航控制指示灯等。

在这里需要说明的是，机械式仪表常不需与电路相接，例如，钢软轴传动的车速里程表、直接作用的弯管弹簧式制动气压表、油压表以及乙醚膨胀式冷却液温度表和油温表等。这些仪表读数精度较高，但要引入许多管路，软轴进入仪表盘，拆装麻烦，甚至易导致泄漏，正在逐步被电子控制仪表所替代。

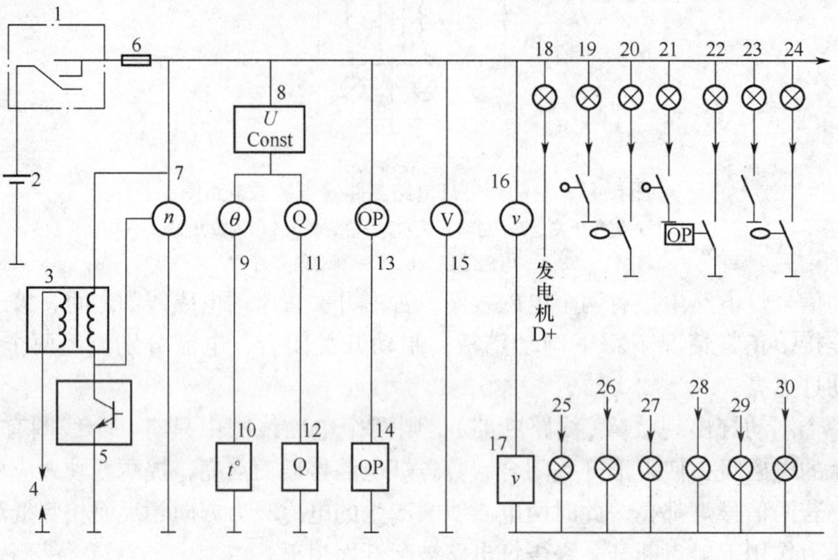

图6-42　仪表与指示灯、警告灯电路

1—点火开关　2—蓄电池　3—点火线圈　4—火花塞　5—点火模块　6—熔断器　7—发动机转速表　8—仪表稳压器　9—发动机冷却液温度表　10—冷却液温度表传感器　11—燃油表　12—燃油表传感器　13—机油压力表　14—机油压力表传感器　15—电压表　16—车速表　17—车速表传感器　18—充电指示灯　19—停车制动指示灯　20—制动液面警告灯　21—门未关警告灯　22—机油压力警告灯　23—备用警告灯　24—冷却液液面过低警告灯　25—远光指示灯　26、27—左右转向指示灯　28—座椅安全带未系警告灯　29—防抱死制动指示灯(ABS)　30—巡航控制指示灯

6.4　汽车仪表与警告信息系统的常见电路故障诊断

6.4.1　汽车仪表的常见电路故障诊断

1. 冷却液温度表指针不动故障

(1) 故障原因

1) 稳压器工作不正常。

2) 冷却液温度表自身故障(例如双金属片加热线圈断路或脱落)。

3) 冷却液温度表传感器故障(例如热敏电阻失效)。

4) 线路有断路。

(2) 故障诊断　拔下冷却液温度表传感器的接线插头，使该导线直接搭铁，打开点火开关，观察冷却液温度表的指针情况。若指针开始移动，则说明故障在传感器；若表针仍无指示，则说明故障在仪表自身、稳压器或线路有断路；如果冷却液温度表与燃油表同时出现故障，稳压器或线路出现故障的可能性较大，应先检查稳压器工作是否正常。在排除稳压器和线路故障之后即可断定故障发生在仪表自身。

2. 燃油表指针总指向无油位置故障

（1）故障原因

1）燃油表自身故障。

2）稳压器工作不正常。

3）线路有断路处。

4）燃油表传感器故障或浮子机构被卡住。

（2）故障诊断　首先将燃油表传感器接线插头拔下，使该导线直接搭铁，打开点火开关，观察燃油表指示情况。若指针开始向满油刻度移动，说明故障在燃油表传感器；若仍没有反应，则说明故障在仪表自身，稳压器或线路有断路。需进一步采用排除法进行诊断。

3. 冷却液温度警告灯常亮故障

（1）故障原因

1）冷却液温度警告开关故障。

2）线路有搭铁处。

3）储液罐中冷却液液面过低（带冷却液液位监测）。

4）冷却液液位开关故障。

（2）故障诊断　首先检查发动机冷却液温度是否真的过高，储液罐液面是否过低。若这些都正常但警告灯仍然亮，可拔下储液罐液位开关插头，如果警告灯熄灭，则说明故障在液位开关；如果警告灯仍然亮起，应接好液位开关插头。拔下冷却液温度警告开关插头，如果警告灯熄灭，说明故障在冷却液温度警告开关；如果仍然亮起，则说明线路有搭铁处。

6.4.2　汽车警告信息系统的常见电路故障诊断

所有的警告灯同时失效是有可能的。如果所有的警告灯工作都不正常，则应检查熔丝，进一步检查最末的公共结点处的电压。若在公共结点处没有电压，则可沿该电路向蓄电池方向查找；若有电压，则按照上述同样的方法对各个灯的分支电路进行检查。

1. 一个警告灯失效

故障诊断：在检测一个失效的警告灯时，把点火开关转拨至“RUN”档，自检电路应点亮警告灯。如果在自检期间警告灯不亮，则应拆开传感器（开关）引线，如图 6-43 所示，用跨接线把传感器警告开关引线搭铁，警告灯应随着点火开关转到“RUN”档而点亮。若警告灯点亮，则更换传感器警告开关；如果警告灯不亮起，则可能是灯泡烧坏或导线损坏。这时可用试灯验证传感器的插接器引线端是否有电压，如果有电压，则为警告灯泡损坏。

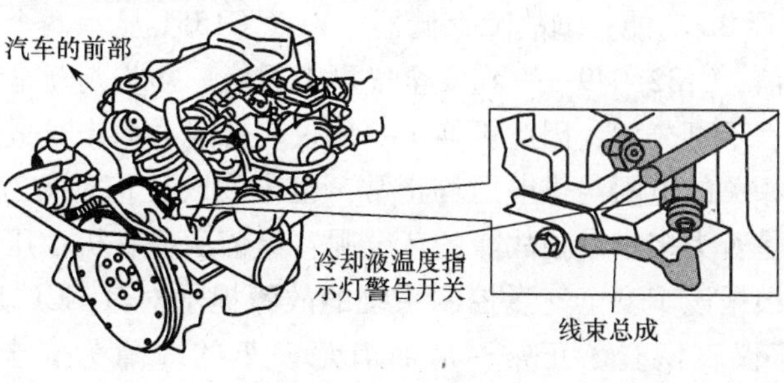

图 6-43　冷却液温度传感器开关及引线示意图

2. 警告灯始终点亮

故障诊断：如果警告灯始终点亮，则断开到传感器警告开关的引线，当点火开关在“RUN”档时警告灯应熄灭。如果警告灯仍然点亮，则说明传感器警告开关到灯泡之间的导线有搭铁之处；若警告灯可熄灭，则可能是传感器警告开关损坏，应重新更换新件。

3. 油压低警告灯始终不熄灭

故障诊断：如果发动机起动后油压低警告灯始终不熄灭，可先用维修用的标准油压表检测发动机油压是否过低，如正常，再检查警告灯是否有故障。

4. 充电指示灯异常

故障诊断：充电系统指示灯的工作原理是当充电指示灯两端有电位差时，充电指示灯亮；当相同的电压加到充电指示灯的两端时，因为没有电位差，充电指示灯不亮。

检查充电指示灯电路之前，应先检查交流发电机传动带状态是否良好，张紧度是否适当，然后检查蓄电池、交流发电机以及电压调节器的状态是否良好。若检查均无异常，则故障出在充电指示灯电路。

6.5 汽车仪表与警告信息系统的电路故障案例分析

案例一：车速里程表不工作。

故障现象：一辆上海大众汽车公司 2001 年生产的帕萨特 1.8T 手动变速器轿车，已行驶里程约 87000km，在行车过程中，车速里程表不工作。

故障排除：车速里程表不工作，可能的原因有组合仪表故障、车速里程表传感器损坏及相关线路故障。首先用 V. A. G1552 执行 17-03 功能，能够完成里程表的全屏显示，由此可以排除是仪表本身出故障的可能性。然后再对车速里程表传感器进行检测。拔下该传感器插头，通过频繁对地短路来模拟转速信号，发现里程表信号有显示，判断为车速里程表传感器损坏。更换新件，故障即排除。

案例二：转速表不工作。

故障现象：一辆上海大众汽车公司 2002 生产的帕萨特 1.8T 轿车，累计行驶约 75000km，在使用过程中，机油压力警告灯与安全气囊故障警告灯报警，同时发动机转速表不工作。

故障排除：先连接故障诊断仪 V. A. G1551 进入发动机电控系统查询故障存储器，发现了两个偶发性故障码：18044 P1635 035——安全气囊控制单元无信号输出；18048 P1650 035——仪表数据输出错误。清除上述两个故障码后退出发动机电控系统单元，输入地址码 17 进入仪表系统，选择 02 功能查询故障存储器，V. A. G1551 显示两个故障码：01314049—发动机控制单元未通信；01321049——到安全气囊未通信。初步判断是仪表系统故障，由于上海大众汽车系列仪表不可分解，因此更换了一块仪表总成，但未见成效。接下来根据电路图进行线路检查，但相关的电阻与供电压均正常，也未发现任何地方存在线路磨损的情况。这时考虑该车的故障是否为多个单独故障的巧合呢？但依次检查机油压力开关、发动机转速表均未发现问题。在根据该车安全气囊控制系统的故障提示对其 ECU 进行换件并重新试车(替换试验)后，该车仪表恢复了正常，从而清楚该车的故障为安全气囊控制系统 ECU 损坏。

案例三：燃油表总显示油箱是空的。

故障现象：一辆皮卡送进维修店，车主反映不论燃油箱内有多少燃油，燃油表却总显示油箱是空的。

故障排除：维修人员证实了问题，并确认燃油箱内有油。然后检查了燃油表所在电路的熔丝，发现所有的熔丝都完好。查阅维修手册，确认仪表电路是否有仪表调压器，确认这辆汽车没有仪表调压器。于是维修人员拆开了与燃油箱发送装置相连的导线，并检查是否有电压，在点火开关闭合时存在蓄电池电压，因此，可断定电路电源正常。接着，维修人员将一个 10Ω 电阻与导线相连，并将电路搭铁，按照维修手册介绍燃油表应指示油箱充满燃油，但燃油表仍显示是空的。将导线重新与发送装置连接，然后用一根跨接线将发送装置搭铁端与已知良好的搭铁连接，现在，燃油表能够准确指示燃油量。随后，维修人员清理并修好了燃油表的搭铁电路。通过加注汽油并观察燃油表的反应，确认故障已排除。

思考与练习

1. 汽车常用仪表有哪些？
2. 电子仪表的常见显示器件有哪些类型？显示方式有哪些？
3. 简述机油压力表及传感器的工作原理。
4. 简述数字仪表与传统仪表的区别。
5. 汽车常用报警装置有哪些？各有何作用？

第 7 章　汽车辅助电器的检修及案例分析

学习要求：

- 了解汽车照明与信号系统故障会引起车辆出现怎样的现象。
- 知道汽车照明与信号系统电器设备是由哪些部分组成。
- 知道前照灯、信号灯及电喇叭的基本结构及工作原理。
- 理解起动机的工作特性。
- 掌握闪光器的基本结构及工作原理
- 掌握前照灯、信号灯及电喇叭的常见电路故障诊断方法。

7.1　汽车辅助电器电路故障引起的车辆故障现象

随着汽车技术的发展，辅助电器系统将日益增多，主要是向舒适、娱乐和安全保障方面发展。现在汽车辅助电器系统主要包括风窗刮水、清洗和除霜装置、电动座椅、电动车窗、电动天窗、电动后视镜、中央集控门锁、起动预热装置、汽车安全气囊和汽车防盗系统等。若出现如下故障现象，则说明汽车辅助电器出现了故障。

1）风窗刮水、清洗和除霜装置不工作或不能正常工作。

2）电动座椅不工作，在调节之后依然失效；电动座椅不能向前后移动；电动座椅不能垂直升降等。

3）电动车窗不工作；电动车窗有异响；电动车窗卡滞。

4）电动后视镜不工作或部分功能不正常。

5）门锁控制系统没有动作功能；用门锁控制开关盒钥匙操纵开关不能控制所有车门，部分车门锁住或打开；不执行钥匙禁闭预防功能等。

6）防盗系统不能设定。

7）点火开关置于 ACC 或 ON 位置过 6s 后，汽车安全气囊系统警告灯有时点亮或即使在点火开关置于 LOGK 位置之后汽车安全气囊系统警告灯仍然亮着；在将点火开关置于 ACC 或 ON 位置的情况下，汽车安全气囊系统警告灯不亮等。

7.2　汽车辅助电器设备的组成与特征分析

随着科技的发展，现代汽车上的辅助电器设备越来越多，功能也越来越完善，不仅大大减轻了驾驶人的工作强度，而且也增加了驾驶车辆的舒适性和安全性。汽车辅助电器设备包括电动刮水系统、风窗玻璃洗涤系统、低温起动预热系统、玻璃升降系统、中央集控门锁、电动座椅和电动后视镜等。

7.2.1　风窗刮水器、清洗和除霜装置的结构特征分析

1. 风窗刮水器

为保证汽车在雨天、雪天、雾天或沙尘天气时驾驶人具有良好的视线，确保其行驶安全，在汽车的前风窗玻璃上装有刮水器，部分汽车在后风窗玻璃上也装有刮水器。汽车上使用的刮水器根据其动力的不同可分为真空式、气动式和电动式三种。由于电动风窗刮水器具有动力大、工作可靠、容易控制、不受发动机工况影响等优点，因此，在现代汽车上得到广泛使用。

（1）电动风窗刮水器的基本结构　电动风窗刮水器的基本结构如图 7-1 所示，它主要由永磁式直流电动机、蜗轮、连杆、支架、摆杆及刮水架等组成。蜗轮与电动机通过蜗杆合装在一起，并固定在底板上，蜗轮的旋转运动通过曲柄、连杆、摆杆等转变成为刮片架的左右往复摆动，然后带动刮水片运动除去风窗玻璃上的雨水、积雪或灰尘。

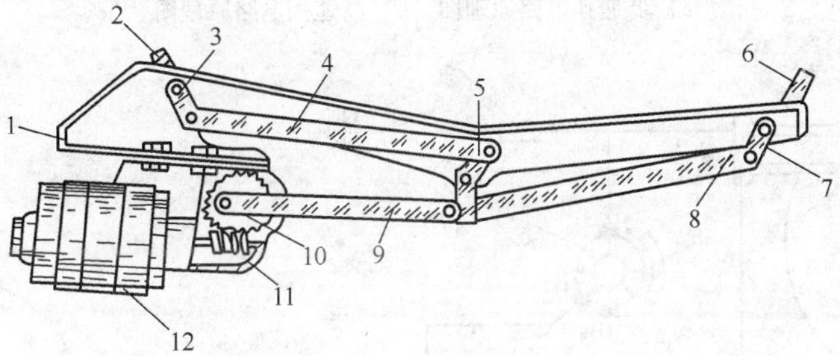

图 7-1　电动风窗刮水器结构原理图

1—支架　2、6—刮片架　3、5、7—摆杆　4、8、9—连杆　10—蜗轮　11—蜗杆　12—永磁式直流电动机

（2）刮水电动机的变速原理　刮水片的摆动速度取决于直流电动机的转速，若电动机转速越快其摆动的速度就越快，而永磁式直流电动机的转速是通过 3 个电刷来改变正、负电刷之间串联线圈的个数来实现的，如图 7-2 所示。在直流电动机工作时，在电枢内同时产生反电动势，其方向与电枢电流的方向相反。当电枢转速逐渐上升时，反电动势也相应上升，只有当外加电压等于反电势时(忽略电枢电压降)，电枢的转速才能稳定。其变速原理如下：

当开关拨至低速档时，如图 7-2a 所示，电源电压 U 加在 B_1 和 B_3 电刷之间，B_1、B_3 相隔 180°，串联电路①、⑥、⑤与串联电路②、③、④组成两条并联电路，电流流经两条并联电路组成回路。两线圈(导体)产生的反电动势与电源电压平衡，使电动机稳定在某一较低转速运转。

当开关拨至高速档时，如图 7-2b 所示，电源电压 U 加在 B_2 和 B_3 电刷之间，B_2、B_3 相隔 60°，串联电路②、①、⑥、⑤与串联电路③、④组成两条并联电路，由于线圈②和线圈①、⑥、⑤的绕线方向相反，线圈②产生的电动势与线圈①反电动势互相抵消，只有两个线圈的反电动势与电源电压平衡，故反电动势较小，电动机产生较高的转速。由上可知，并联回路中串联线圈(导体)数目减少，能使电动机转速升高。

（3）电动式风窗刮水器的自动复位装置　永磁式刮水器的自动复位装置如图 7-3 所示。刮水器开关主要控制刮水器的刮水速度和复位。刮水器开关具有三个档位：0、Ⅰ和Ⅱ。4 个接线柱：①接线柱接复位装置；②接线柱接电动机的低速电刷；③接线柱搭铁；④接线柱接电动机高速电刷。0 档为复位档，I 档为低速档，Ⅱ档为高速档。复位装置安装在减速蜗

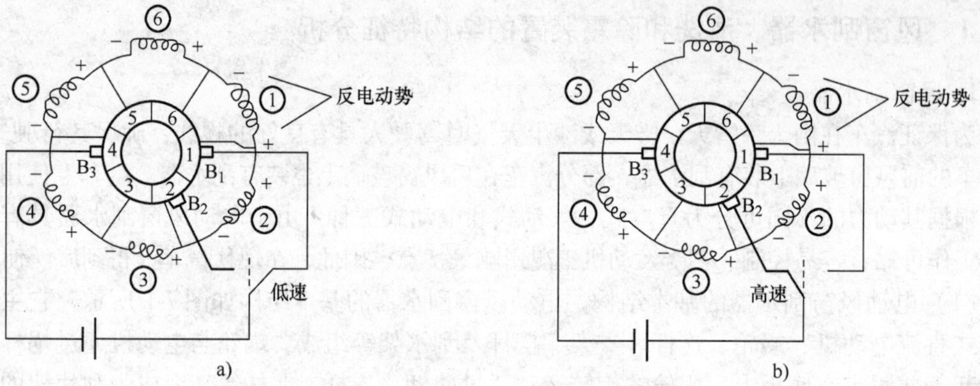

图 7-2 永磁式刮水电动机的调速原理

a）低速档电路原理图 b）高速档电路原理图

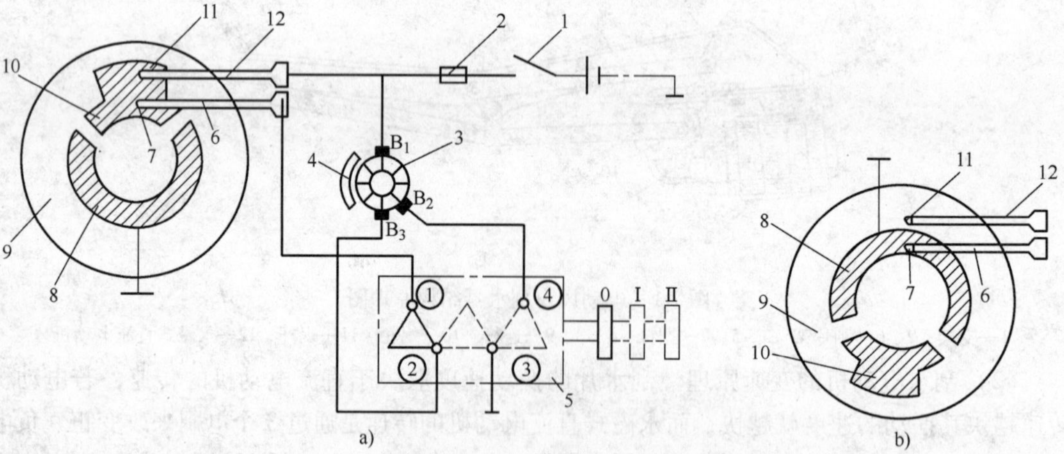

图 7-3 永磁式刮水器的自动复位装置原理图

a）复位电路 b）复位原理

1—电源总开关 2—熔丝 3—电枢 4—永久磁铁 5—刮水器开关 6、12—触点臂 7、11—触点 8、10—集电环 9—蜗轮

轮上，嵌有集电环，分为两部分，其中集电环 8 与电动机外壳相连(为搭铁)。触点臂用磷铜片或其他弹性材料制成，在触点臂一端分别铆有触点。利用触点臂的弹性，蜗轮转动时，触点与蜗轮的端面和集电环保持接触。永磁式刮水器的自动复位原理如下：

当刮水器开关置于 0 档时，如果刮水片没有停在规定的位置，由于触点 7 与集电环 8 接触，则电流继续流入电枢，其工作电路为：蓄电池正极→电源总开关→熔丝→电动机电刷 B_1→电枢绕组→电刷 B_3→刮水器开关接线柱②→刮水器开关接线柱①→触点臂 6→触点 7→集电环 8→蓄电池负极构成回路，电动机以低速运转，如图 7-3b 所示，直至蜗轮转到图 7-3a 所示的位置时，触点 7 通过集电环 10 与触点 11 连通，将电动机电枢绕组短路。同时，电动机因惯性不能立即停转，以发电机方式运行，产生很大的反电动势，产生制动力矩，使电动机迅速停止，将刮水片停在指定的位置。

（4）电动式风窗刮水器的间歇控制 汽车遇到毛毛细雨或雾天天气条件时，如果刮水器还按照原来那样的速度进行工作，风窗玻璃上的微量水分和灰尘就会形成发黏的表面，这不仅不能将风窗玻璃刮拭干净，而且还会留下污迹或斑点使玻璃模糊不清，使驾驶人的视线更加模糊，同时还会引起刮水片的颤动而损害玻璃。因此大多数汽车都装备有间歇刮水电子控制器，即在遇到上述天气时，接通间歇刮水开关，使刮水器刮片摆动1~2次之后，按一定周期停止(2~12s)后再摆动，使驾驶人能获得更好的视线。

电动式风窗刮水器的间歇控制按间歇时间是否可调节分为可调节型和不可调节型，下面以集成间歇控制电路为例介绍其工作原理。

集成间歇振荡电路原理如图7-4所示，将刮水开关置于0档时，集成电路将输出高电位，使继电器电磁线圈通电，在电磁吸力的作用下，常闭触点打开，常开触点(虚线)闭合，刮水电动机运转，其工作电路为：蓄电池正极→电源开关→熔丝→B_3→B_1→刮水开关→继电器常开触点→搭铁→蓄电池负极。同时自动复位开关e的常闭触点打开，常开触点(虚线)闭合。一定时间后，电路开始输出低电位，使继电器电磁线圈断电，继电器复位，常开触点打开，常闭触点闭合。此时由于自动复位开关的常开触点处于闭合状态，电动机仍将继续转动，其工作电路为：蓄电池正极→电源开关→熔丝→B_3→B_1→刮水开关→继电器常闭触点→复位开关的常开触点→搭铁→蓄电池负极。只有当刮水片回到起始位置时，自动复位开关的常开触点刀打开，常闭触点刀闭合，电动机才能停止转动。

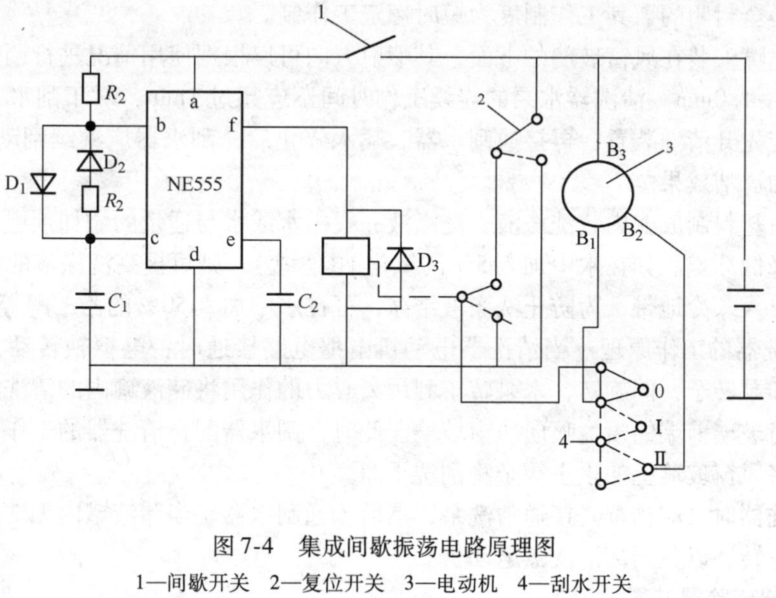

图7-4 集成间歇振荡电路原理图

1—间歇开关 2—复位开关 3—电动机 4—刮水开关

2. 清洗装置

风窗刮水器只适用于雨水天气，当车辆处于干燥，风窗玻璃出现泥土和尘埃时，若使用刮水器进行干刮，这不仅很难刮净杂物，而且还会划伤玻璃。因此，目前的轿车以及部分载货汽车上都安装有风窗玻璃清洗装置，该装置同刮水器配合使用，使汽车风窗刮水器系统更加完善，驾驶人的视线更加清晰。

(1) 清洗器的基本结构 风窗玻璃清洗器的结构如图7-5所示，主要由储液罐、清洗器电动机、清洗器水泵、水管和喷嘴等组成。

清洗器水泵由微型永磁式高速电动机和离心叶片水泵组成，其叶片转子固定在水泵轴上，水泵轴用联轴器与清洗器电动机轴连接。出水软管用胶管分别与发动机盖上的4个喷嘴

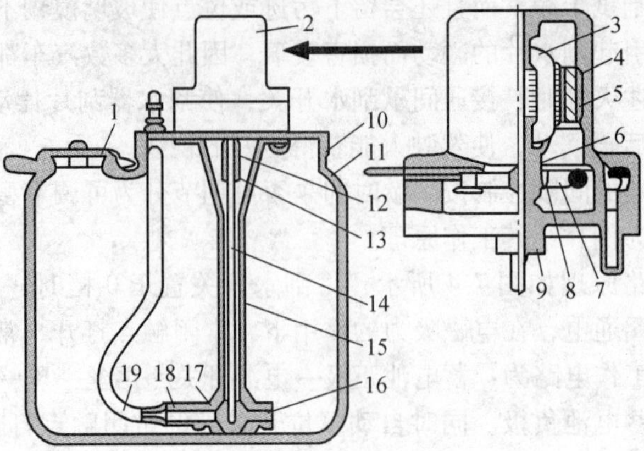

图 7-5　清洗器的基本结构图

1—储液罐盖　2—清洗器电动机　3—电枢　4—永久磁铁　5—电动机壳体　6—集电环　7—电刷架　8—电刷　9—法兰盘　10—水泵固定盘　11—储液罐　12—电动机轴　13—联轴器　14—水泵轴　15—水泵壳　16—水泵转子　17—滤清器　18—接头　19—出水软管

连接。当电动机空载转动时，其转速可达 20000r/min，喷射压力高达 70 ~ 80kPa。在清洗器中，电动机是全封闭的，其工作制度为短时额定工作制。

清洗泵喷嘴安装在风窗玻璃的下面，其喷射方向可以根据使用情况进行调整，喷水直径一般为 Φ0.8 ~ 1.0mm。清洗器水泵的连续工作时间不应超过 1min，对于刮水和洗涤配合使用的汽车，应先开清洗装置，再接通刮水器。喷水停止后，刮水器应继续刮动 3 ~ 5 次，以便达到更好的清洁效果。

储液罐由塑料制成，内装洗涤液。洗涤液一般由水或水与适量的添加剂组成，添加剂有助于清洁或降低冰点。如在水中加入 5% 的氯化钠(食盐)，则可提高洗涤液的清洁能力，有些车辆经常出入寒冷地带，为防止洗涤液结冰，可在水中加入 50% 的乙二醇等。

（2）清洗器的工作原理　当清洗器电动机电枢电路接通时，电枢轴转动，通过联轴器带动水泵轴和泵转子一同旋转，水泵转子利用离心力的作用将储液罐内的清洗液泵入出水软管，并经风窗玻璃前端的喷嘴喷向风窗玻璃。此时，刮水器配合清洗器的工作，刮水片同时摆动，从而将风窗玻璃上的尘土等杂物刮洗干净。

使用清洗器时，应当首先接通清洗泵，然后接通刮水器。当储液罐内无洗涤液时，不要接通清洗泵空转，以免损坏清洗器电动机。

3. 风窗玻璃除霜装置

在温度较低的环境下，车辆风窗玻璃容易结霜，再加上车室内的水蒸气也易凝结于风窗玻璃上，霜层会严重影响驾驶人的视线，所以应及时的对其进行清除。对于前、侧风窗玻璃上的霜层通常是在汽车空调系统的风道中加设除霜器风门，利用空调系统中产生的暖气达到清除结霜的目的。同时，由于在汽车行驶中，前、侧风窗玻璃上的风速较大，也可以达到除霜的效果。

在有空调及暖风装置的汽车上，前面及侧面的风窗玻璃可以用暖风加热除霜，后风窗玻璃一般采用电热丝加热除霜，如图 7-6 所示。在后风窗玻璃内表面均匀地镀有很多很窄的导电膜，形成电热丝。在玻璃两侧有汇流条，各焊有一个接线柱，其中一接线柱用来供电，另一接线柱搭铁。需要时接通电路，即可对后风窗玻璃进行加热，功率一般为 50 ~ 100W。除霜器的电阻一般具有正温度系数特性，温度低时阻值减小，电流增大；温度高时阻值增大，电流减小。因此除霜器自身具有一定的自动调节功能。

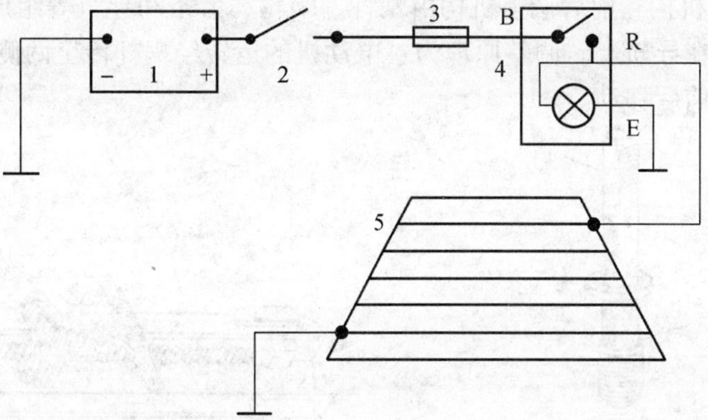

图 7-6　后风窗玻璃的除霜装置

1—蓄电池　2—点火开关　3—熔丝　4—除霜器开关及指示灯　5—除霜器(电热丝)

7.2.2　电动座椅的结构特征分析

汽车座椅的主要功能是为驾驶人提供便于操作、舒适而又安全的驾驶位置。座椅调节的目的是为驾驶人和乘客提供一个可以改变坐姿并且可以减少乘客长时间乘车的疲劳。座椅调节的种类很多，如座椅的前后调节、上下调节、座位前部的上下调节、靠背的倾斜调节、侧背支撑调节、腰椎支撑调节以及靠枕上下、前后调节等。电动座椅的前后方向调节量一般为 100 ~ 160mm，上下方向的调节量一般为 30 ~ 50mm，全程调节需 8 ~ 10s。

电动座椅的基本结构如图 7-7 所示，由控制器(ECU)、双向电动机、传动装置和座椅调节开关等组成。

1. 双向电动机

电动座椅类型不同其电动机的数量就不同，一般为两向移动座椅的装有 2 个电动机，四向移动座椅的装有 4 个电动机，最多可达 6 个电动机。大多数电动座椅都采用永磁式电动机，通过开关操纵，使电动机按不同方向旋转。为防止电动机过载，大多数永磁式电动机内装有断路器。

2. 传动机构

传动机构利用电动机的旋转运动，来改变座椅的空间位置，主要由变速器(蜗轮蜗杆)、联轴装置和电磁阀等组成。

(1) 上下调整机构　上下调整机构由蜗杆轴、蜗轮和心轴等组成，其结构如图 7-8

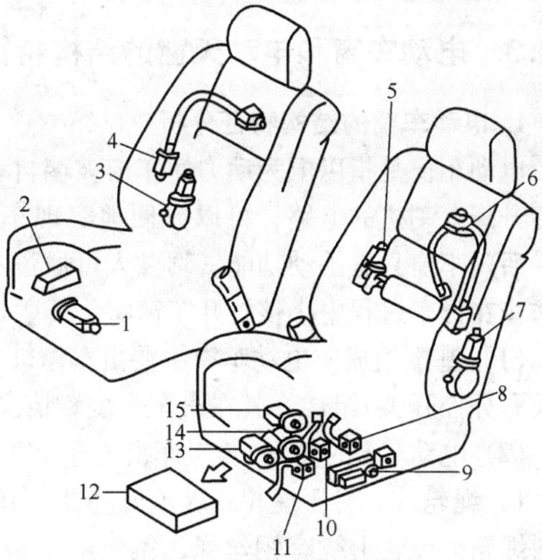

图 7-7　电动座椅的基本结构

1、13—滑动电动机　2—电动座椅开关　3—倾斜电动机　4—枕头电动机　5—腰垫电动机　6—枕头位置传感器　7—倾斜电动机和位置传感器　8—后垂直位置传感器　9—调整开关　10—前垂直位置传感器　11—滑动位置传感器　12—控制器(ECU)　14—前垂直电动机　15—后垂直电动机

所示。调整原理为：由电动机驱动蜗杆轴旋转，然后蜗杆轴再带动蜗轮转动，从而保证心轴旋进或旋出，实现座椅的上升与下降。

（2）前后调整机构　前后调整机构由蜗杆、蜗轮、齿条和导轨等组成，其结构如图 7-9 所示，其中齿条装在导轨上。调整原理为：电动机的运转经蜗杆传至两侧的蜗轮上，经导轨上的齿条带动座椅前后移动。

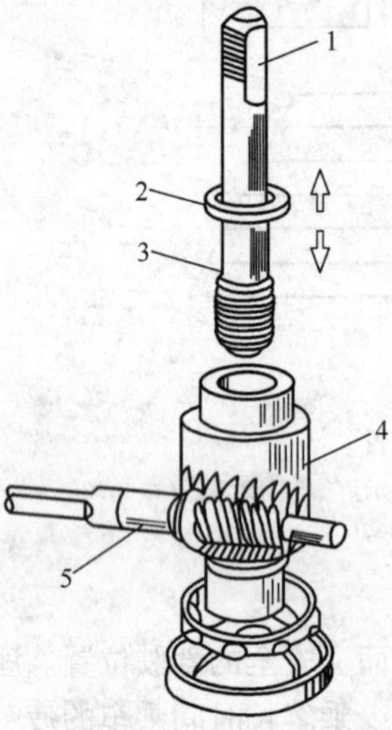

图 7-8　电动座椅传动结构的上下调整机构

1—铣平面　2—垫圈　3—心轴　4—蜗轮　5—蜗杆轴

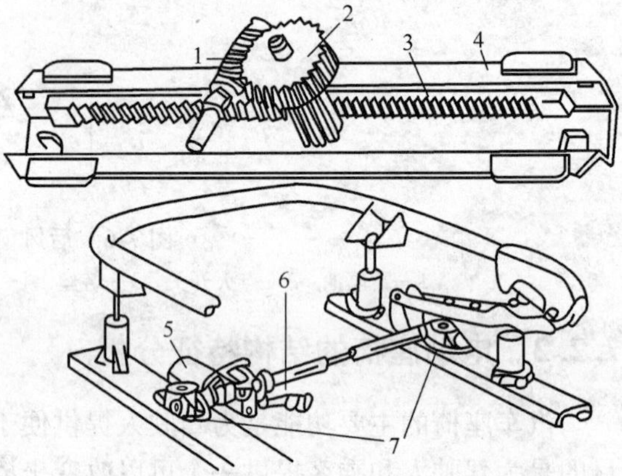

图 7-9　电动座椅传动结构的前后调整机构

1—蜗杆　2—蜗轮　3—齿条　4—导轨　5—调整电动机　6—位置传感器　7—支承导向器

7.2.3　电动车窗和电动天窗的结构特征分析

1. 电动车窗的结构特征分析

电动车窗是指以电为动力使车窗玻璃自动升降的车窗，驾驶人或乘客通过操纵开关接通车窗升降电动机的电路，可以方便地实现车窗玻璃的升降，前门车窗有手动和自动两种功能，后门车窗只有手动功能。驾驶人可通过左前门扶手上的窗锁开关锁住两个后门的车窗，以防止在行车过程中小孩打开车窗将头或手伸出窗外而发生事故。

（1）基本组成　电动车窗主要由车窗玻璃、车窗玻璃升降机、电动机及操纵开关（主控开关和分控开关）组成，其在汽车上位置情况如图 7-10 所示。

（2）电动车窗的种类　电动车窗按升降机构的不同可分为：绳轮式、交臂式和软轴式三种。

1）绳轮式。对于绳轮式玻璃升降器，其结构如图 7-11 所示，电动机的输出部分是一个塑料绳轮，绳轮上绕有钢丝绳，钢丝绳上装有滑块。电动机通过驱动绳轮，带动钢丝绳卷绕，使钢丝绳上的滑块带动玻璃沿导轨上下运动。

2）交臂式。对于交臂式玻璃升降器，其结构如图 7-12 所示，利用小齿轮作为电动机的输出部分，经啮合的扇形齿轮片后，通过交臂式升降机构，带动玻璃沿导轨作上下运动。

3）软轴式。对于软轴式玻璃升降器，其结构如图 7-13 所示，也是利用一个小齿轮作为电动机的输出部分，通过与软轴上的齿（近似于齿条）相啮合，驱动软轴卷绕，带动玻璃沿导轨作上下运动。

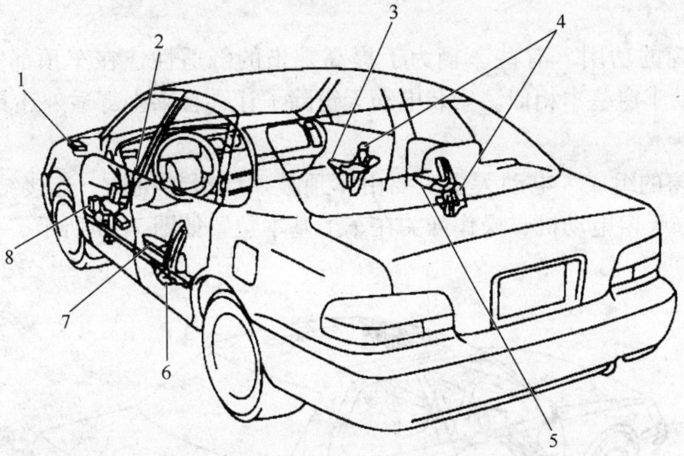

图 7-10　电动车窗各部件的基本位置

1—发动机室接线盒（DOME 熔丝）　2—电动车窗总控开关　3、5、8—电动车窗分控开关　4、6、7—电动车窗电动机

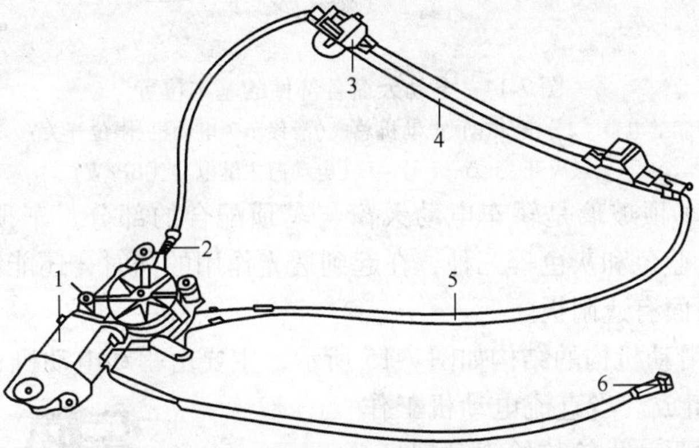

图 7-11　绳轮式电动车窗升降机

1—直流电动机　2—减振器　3—夹持器　4—玻璃升降导轨　5—绳索　6—电源插头

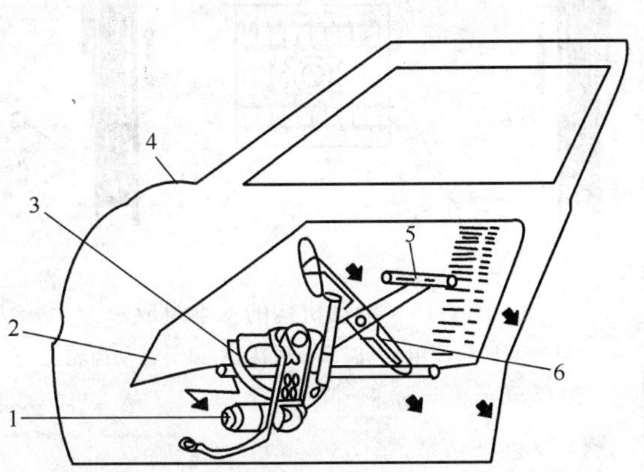

图 7-12　交臂式电动车窗升降机

1—电动机　2—车窗玻璃　3—驱动齿扇　4—车门　5—支架和导轨　6—调整杆

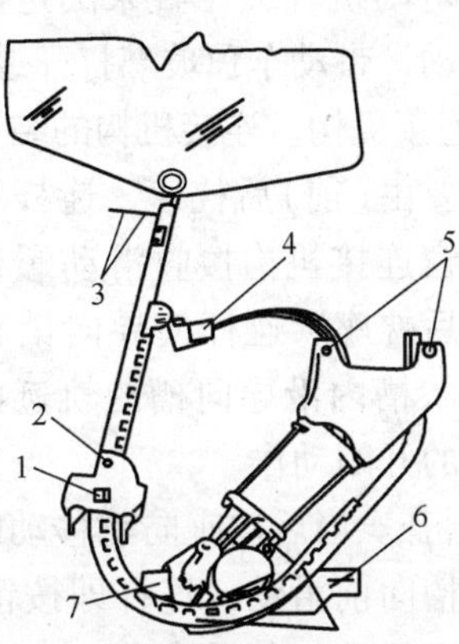

图 7-13　软轴式电动车窗升降机

1—齿条　2、3、5、7—铆接处　4—插头　6—螺钉

2. 电动天窗

（1）电动天窗的功用　有些车辆为了提高乘坐的舒适性，在车顶部安装了电动天窗，其工作原理与电动车窗基本相似。安装电动天窗除了让乘客乘坐舒适外还具有通风换气、节能及除雾等功用。

（2）电动天窗的组成　电动天窗主要由车顶玻璃、滑动机构、连接结构、限位开关与车顶开关等组成。天窗电动机、操作开关在车上基本位置如图 7-14 所示。

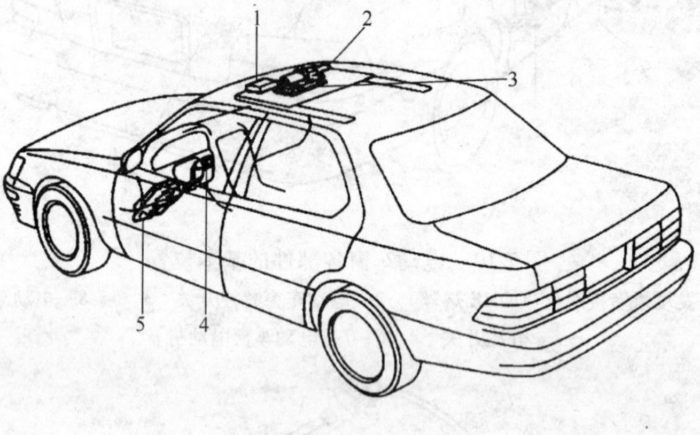

图 7-14　电动天窗各部件的基本位置

1—滑移式车顶控制继电器　2—滑移车顶电动机总成(滑移车顶电动机、限位开关)　3—滑移车顶开关　4—点火开关　5—1 号接线(电动窗主继电器、CBP/W)

1）车顶玻璃。车顶玻璃是轿车电动天窗与车顶配合的部分。车顶玻璃是一种染色玻璃，主要有青铜色、蓝色和灰色等三种，在起到透光作用的同时，还能够过滤掉紫外线等有害的部分，在玻璃下面有遮阳板。

2）滑动机构。滑动机构的结构如图 7-15 所示，主要由驱动电动机、驱动齿轮、滑动螺杆和(前)后枕座等组成。当直流电动机工作时，产生的转矩通过驱动齿轮传给滑动螺杆，直至后枕座。根据电动机为双向直流电动机，通过改变电动机开关位置来决定向前滑动还是向后滑动，带动车顶玻璃打开或关闭。

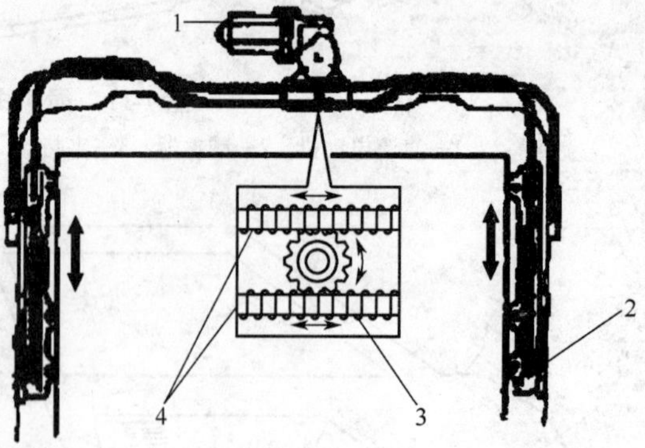

图 7-15　滑动机构的基本组成

1—双向直流电动机　2—后枕座　3—驱动齿轮　4—滑动螺杆

3）连接机构。连接机构的结构如图 7-16 所示，主要由(前)后枕座、连杆和导向块等组成。天窗连接机构接收滑动螺杆传来的动力，通过后枕座、连杆使导向销在托架固定的几何形状槽内沿导向槽的轨迹滑动，实现天窗理想的开闭动作。

① 斜升。当后枕座向前移动时，导向销也沿导向槽向前滑动，连杆即按箭头 A 方向移动，从而斜升起车顶玻璃。

② 斜降。当车顶玻璃斜降开始时，后枕座按箭头 B 的方向收回合拢，于是车顶玻璃便斜降下来。此工作完成之后，车顶玻璃才可按常规进行滑动打开。

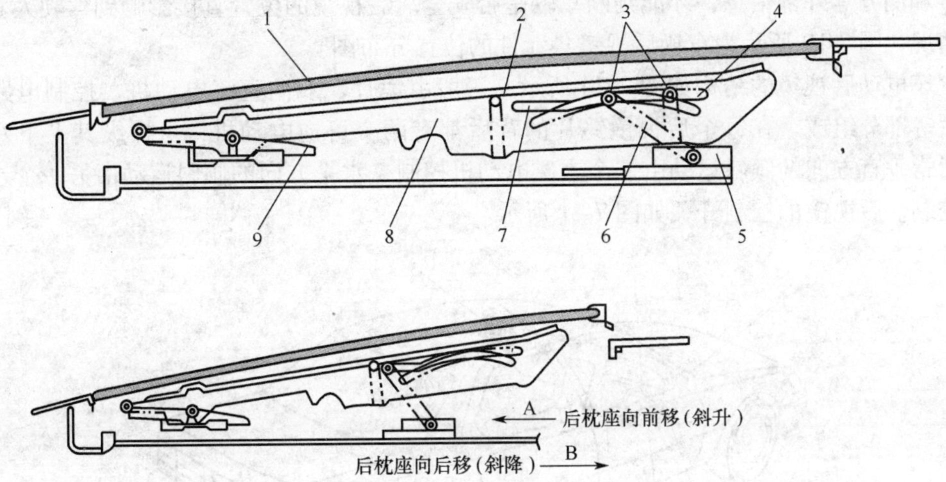

图7-16　连接机构基本组成

1—天窗玻璃　2—导向块　3—导向销　4、7—导向槽　5—后枕座　6—连杆　8—托架　9—前枕座

4）限位开关。限位开关的结构如图7-17所示，有限位开关1和限位开关2两个开关，它们的闭合与断开靠凸轮来检测车顶玻璃所处的位置，然后将此检测信号送给电子控制单元ECU。限位开关1检测车顶玻璃停止的位置，即在全关闭位置前约200mm处和在斜降过程中的全关闭位置；限位开关2检测车顶玻璃在滑动过程中的全关闭位置。

5）车顶开关。车顶开关包括滑动开关和倾斜开关，如图7-18所示。工作中车顶开关将开关信号送至电子控制单元ECU。将滑动开关推向打开一侧时，车顶玻璃就滑动打开；推向关闭一侧时车顶玻璃就滑动关闭。在玻璃滑动关闭过程中，一旦运行至全关闭位置前约200mm处，即使滑动开关处于关闭一侧，车顶玻璃的滑动也会立即停止，即限位开关1作用。若放松或再次推动滑动开关时，车顶玻璃便会完全关闭。将倾斜开关推向斜升（UP）一侧时，车顶玻璃便会斜升；推向斜降（DOWN）一侧时，车顶玻璃就会斜降。车顶玻璃是不会同时既作倾斜又作滑动运动的。

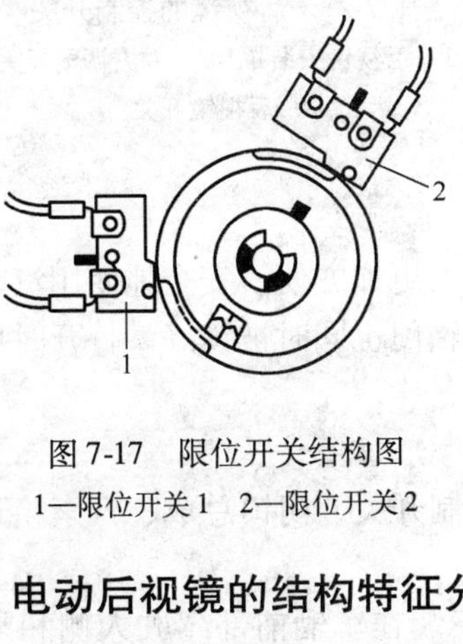

图7-17　限位开关结构图

1—限位开关1　2—限位开关2

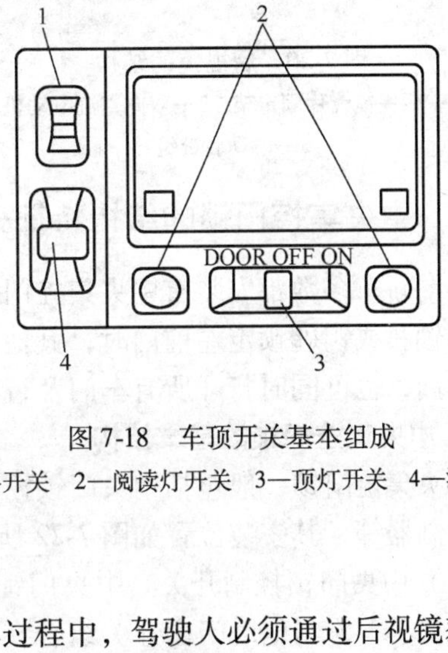

图7-18　车顶开关基本组成

1—倾斜开关　2—阅读灯开关　3—顶灯开关　4—滑动开关

7.2.4　电动后视镜的结构特征分析

后视镜是汽车必须装备的安全装置之一，在行车过程中，驾驶人必须通过后视镜获取车

辆后方和侧方等外部信息，才能判断车辆是否安全。后视镜的位置直接影响到驾驶人获取信息的情况，图 7-19 所示为车辆后视镜各元件的位置分布图。

汽车电动后视镜的结构如图 7-20 所示，一般由镜片、双向直流电动机、控制电路及操纵开关等部分组成。在每个后视镜镜片的背后都有两个可逆电动机，可操纵其上下左右运动。通常垂直方向的倾斜运动由一个永磁电动机控制，水平方向的倾斜运动由另一个永磁电动机控制。后视镜的控制开关如图 7-21 所示。

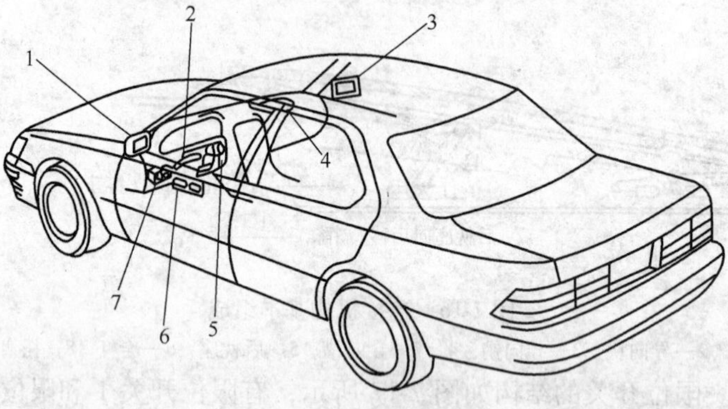

图 7-19　后视镜各元件的位置分布

1—EH 后视镜(后视镜电动机)　2—倾斜和伸缩 ECU　3—RH 后视镜(后视镜电动机)　4—车外后视镜 ECU　5—点火开关　6—传动位置记忆和返回开关　7—后视镜开关

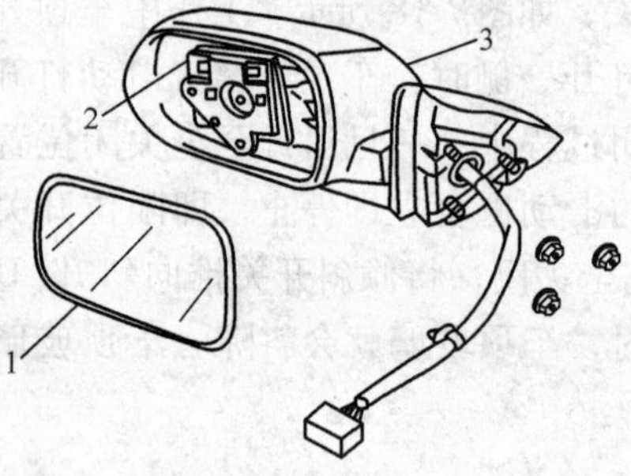

图 7-20　后视镜的结构

1—后视镜镜片固定架　2—双向直流电动机　3—电动后视镜

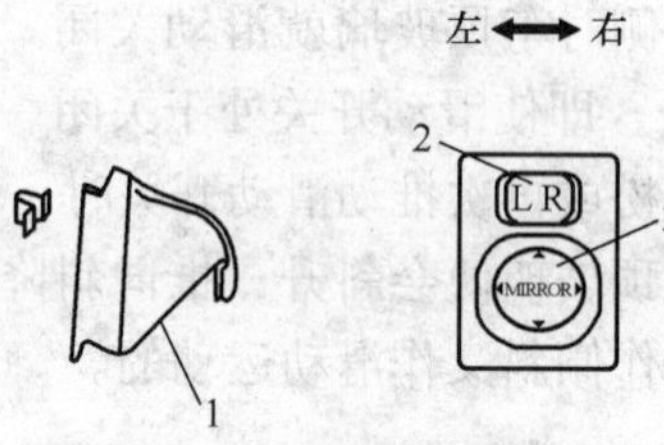

图 7-21　后视镜的控制开关

1—后视镜安装罩　2—左右调整开关　3—后视镜开关

7.2.5　中央集控门锁的结构特征分析

目前轿车多数都安装有中央集控门锁，它可使驾驶人更加方便、安全地使用汽车。当驾驶人用锁扣或钥匙锁定左前门时，其他三个车门及行李箱门也同时被锁好，打开时可单独开左前车门，也可同时打开所有车门及行李箱门。

1. 中央集控门锁的基本结构

中央集控门锁一般包括中央门锁控制开关、钥匙控制开关、门锁总成、行李箱开启器及门锁控制器等，其安装位置如图 7-22 所示。

(1) 中央门锁控制开关　中央门锁控制开关一般安装在车辆前部驾驶人侧和乘客侧车门内的扶手上，与电动门窗开关组合在一起，如图 7-23 所示，利用中央门锁控制开关可以

同时锁上和打开所有车门，

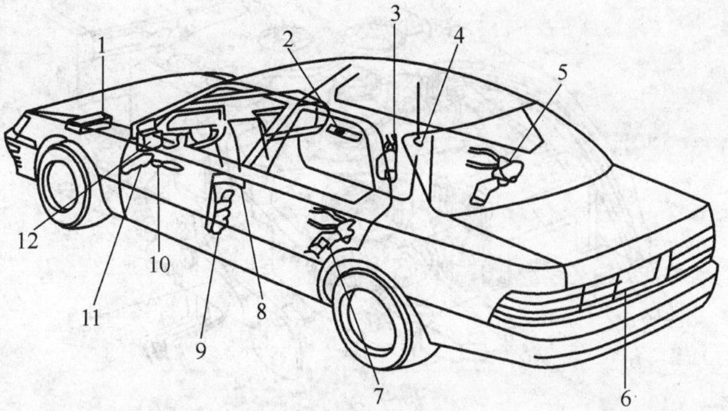

图 7-22　中央集控门锁各部件的安装位置

1—2 号接线盒　2—右前门锁控制开关　3—右前门锁电动机及位置开关　4—右前门锁钥匙开关　5—右后门锁电动机及位置开关　6—行李箱门锁　7—左后门锁电动机及位置开关　8—左前门钥匙开关　9—左前门锁电动机及位置开关　10—左前门锁控制开关　11—1 号接线盒　12—门锁 ECU 及门锁继电器

（2）钥匙控制开关　钥匙控制开关装在左前门和右前门的外侧门锁上，如图 7-24 所示。当从车外面用车门钥匙开车门或锁车门时，钥匙控制开关便发出开车门或锁止车门信号给门锁控制单元 ECU 或门锁继电器，然后 ECU 控制全车车门同时锁止或打开，车门钥匙的功能是实现在车门外面锁车或打开车门锁，同时车门钥匙也是点火开关、燃料箱和行李箱等全车设置锁的地方的共用钥匙，其结构如图 7-25 所示。

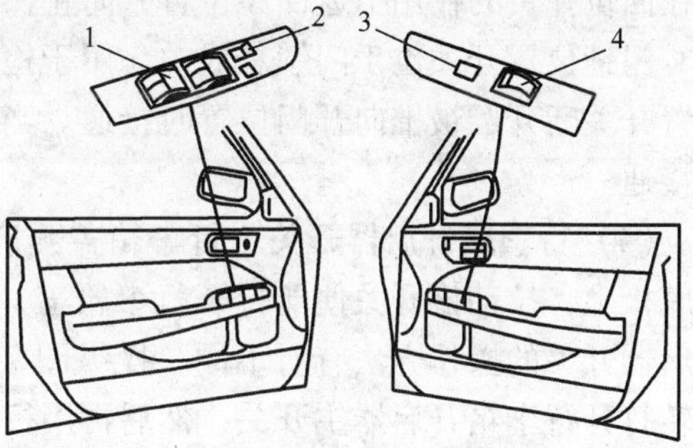

图 7-23　中央门锁控制开关与电动门窗开关位置

1、4—电动门窗开关　2—驾驶人侧门锁控制开关　3—乘客侧门锁控制开关

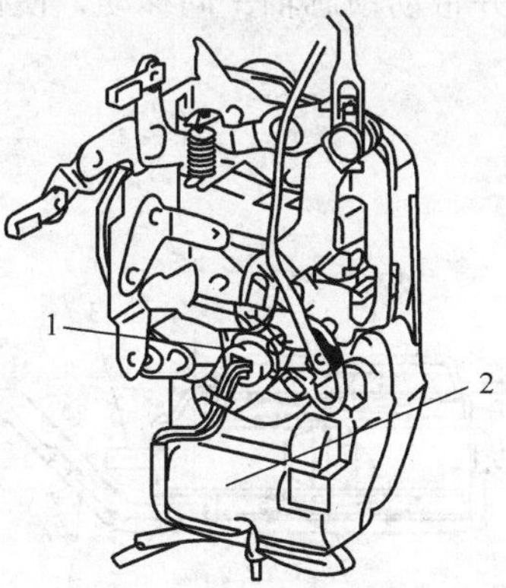

图 7-24　钥匙开关位置

1—钥匙操纵开关　2—门锁电动机

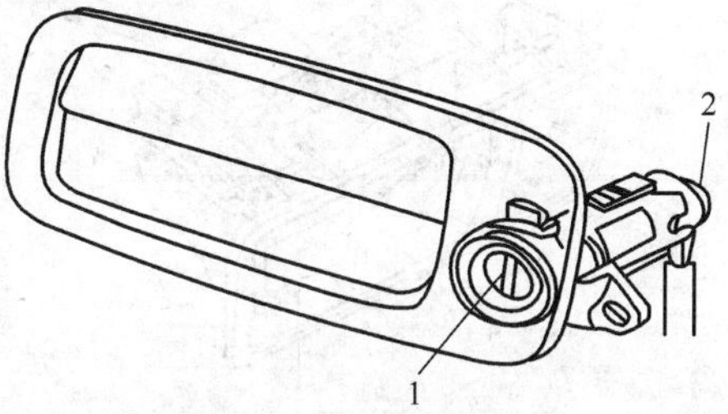

图 7-25　钥匙开关结构图

1—钥匙开关插孔　2—钥匙控制开关

（3）门锁总成　中央集控门锁采用的门锁总成都是电动门锁，主要由门锁传动机构、门锁位置开关及外壳等组成，如图 7-26 所示。

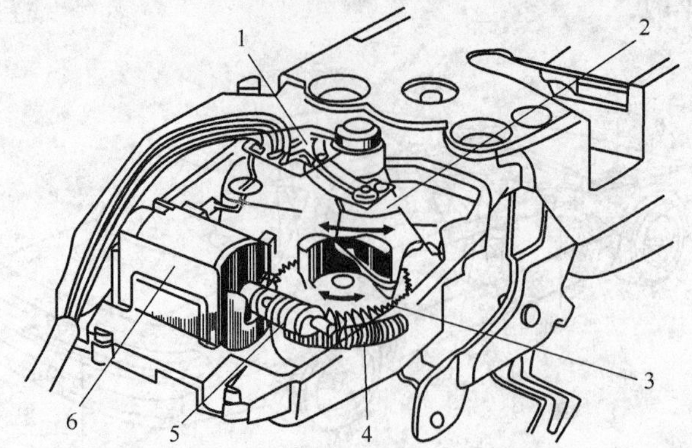

图 7-26　门锁总成

1—门锁位置开关　2—锁杆　3—蜗轮　4—回位弹簧　5—蜗杆　6—门锁电动机

门锁传动机构主要由门锁电动机和蜗轮齿轮组等组成。门锁电动机是门锁的执行机构，当门锁电动机转动时，蜗杆驱动蜗轮转动，蜗轮再推动锁杆，使车门被锁上或打开，然后蜗轮在回位弹簧的作用下返回原位置，防止操纵门锁时电动机空转。

门锁位置开关位于门锁总成内，用于检测车门的锁紧状态。当锁杆被推向锁门位置时，位置开关断开，被推向开门位置时接通。当车门关闭时，此开关断开；当车门打开时，此开关接通。

（4）行李箱开启器开关　行李箱盖开启器开关安装在仪表盘下面或驾驶人座椅左侧车厢底板上，拉动该开关便能打开行李箱盖，如图 7-27 所示。不同型号的汽车，其行李箱盖开启器开关的操作方法有所不同。操纵图 7-27 中行李箱盖开启器开关时，先用钥匙顺时针旋转打开行李箱开启器主开关，然后再用行李箱开启器开关打开行李箱。

（5）行李箱开启器　行李箱开启器安装在行李箱门上，由支架、固定铁心、活动铁心、电磁线圈和锁芯轴组成，如图 7-28 所示。锁芯轴一端固定在活动铁心上，另一端与行李箱门锁连接。当电磁线圈通电时，电磁吸力吸引活动铁心并带动锁芯轴一同移动，使行李箱门打开。断路器用来防止电磁线圈电流过大而过热烧坏。

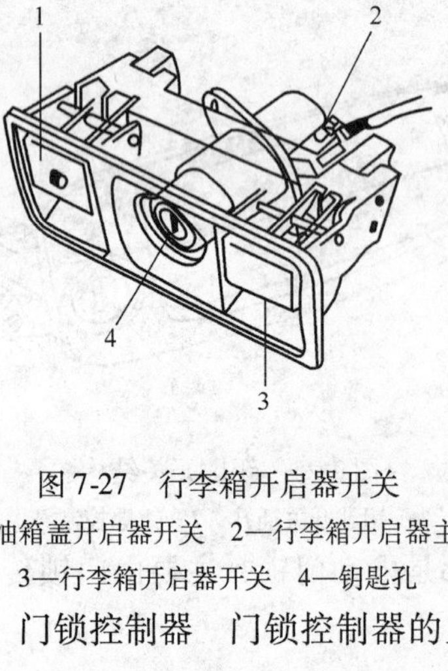

图 7-27　行李箱开启器开关

1—燃油箱盖开启器开关　2—行李箱开启器主开关　3—行李箱开启器开关　4—钥匙孔

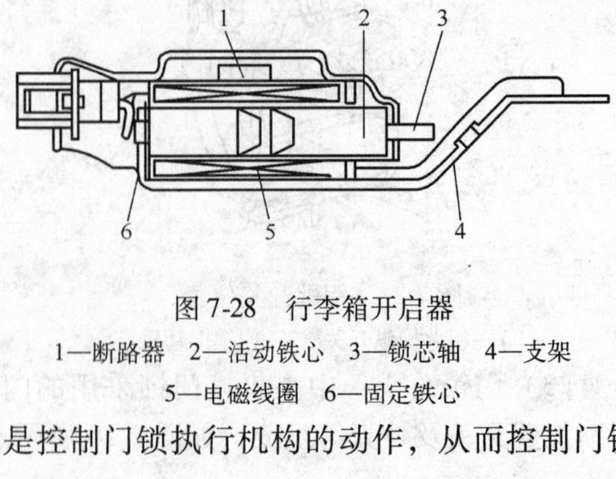

图 7-28　行李箱开启器

1—断路器　2—活动铁心　3—锁芯轴　4—支架　5—电磁线圈　6—固定铁心

（6）门锁控制器　门锁控制器的主要功用是控制门锁执行机构的动作，从而控制门锁打开或锁止。常用门锁控制器有电子式、车速感应式和车身电控单元控制式三种。采用车身电控单元控制的中央门锁控制系统电路如图 7-29 所示。车身电控单元 ECU 利用电动门锁开关信号控制门锁继电器动作，继电器再控制电动机电流来实现车门自动锁止和打开。

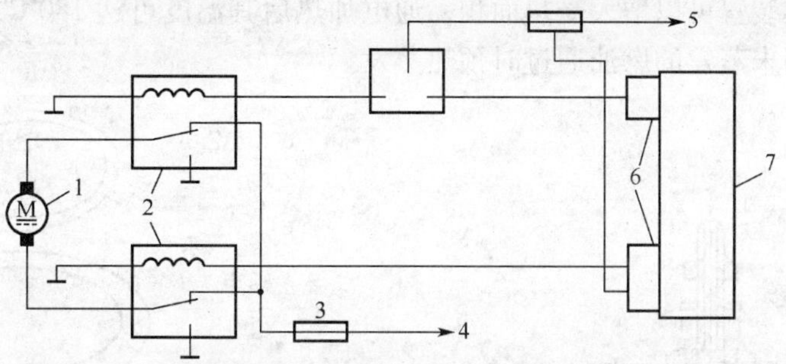

图 7-29　车身电控单元控制的中央门锁控制系统电路图

1—门锁电动机　2—电动门锁解锁继电器　3—熔丝　4、5—至蓄电池　6—连接器　7—电控单元 ECU

2. 中央集控门锁的功能

(1) 手动锁定和解锁功能　当门锁控制开关被置于锁定或解锁档时，所有的车门均被锁定或解锁。

(2) 车门钥匙锁定/开锁功能　当钥匙插入到车门锁孔中顺时针或逆时针转动时，所有的车门均被锁定或解锁。

(3) 两步开锁功能　在钥匙联动开锁功能中，一级开锁操作只能以机械方式打开当前车门，两级开锁操作则同时打开其他车门。一般来说，所有车门均可以通过驾驶侧或乘客前左侧门上的钥匙来同时关闭和打开。

(4) 防止钥匙遗忘功能　驾驶人侧的车门打开，当钥匙被遗忘在点火开关锁孔中时，如操作门锁控制开关锁门，由于钥匙遗忘安全电路的存在，所有的车门先锁定，然后马上开启。

(5) 安全功能　为了防止有人用棒或类似物从车门玻璃和车窗框之间的空隙拨动门锁控制开关来开启车门，可用车钥匙或发射机(无线门锁遥控器)设置门锁安全功能并且使门锁控制开关的开锁操作无效。

(6) 无钥匙电动车窗的功能　在某些门锁控制系统中，如果车主下车锁车门时有车窗没有关闭，集成继电器中的无钥匙继电器就将控制电动车窗系统的电源，使电动车窗自动关闭。

7.2.6　起动预热装置的结构特征分析

为了使车辆能在低温下可靠地起动，大多数汽车上设有低温起动预热装置，其作用是用来加热进入气缸的空气(或燃油混合气)。

起动预热装置又称进气预热装置，进气预热的类型分为分缸预热与集中预热两种。柴油机一般采用分缸预热，安装在各气缸内或进气歧管上。汽油机一般采用集中预热，安装在发动机的进气管下方。

1. 电热塞

电热塞安装在柴油机的预热室内或进气口处，通电 10~15s，电热丝温度将到达 800℃

以上，最高可达 1100℃，其结构如图 7-30 所示。

2. 进气加热器

集中预热一般采用进气加热器，常见的有 PTC 电热式（图 7-31）和电热丝网式（图 7-32）两种。这两种预热装置可以增大受热面积，通电加热后其温度可达 180℃左右，当混合气经过时即被预热，当未蒸发的燃油通过时预热蒸发。

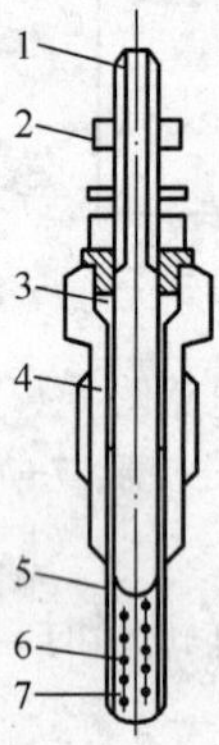

图 7-30　电热塞的基本结构

1—接线柱　2—螺母　3—密封材料　4—外壳　5—护套　6—电热丝　7—填充物

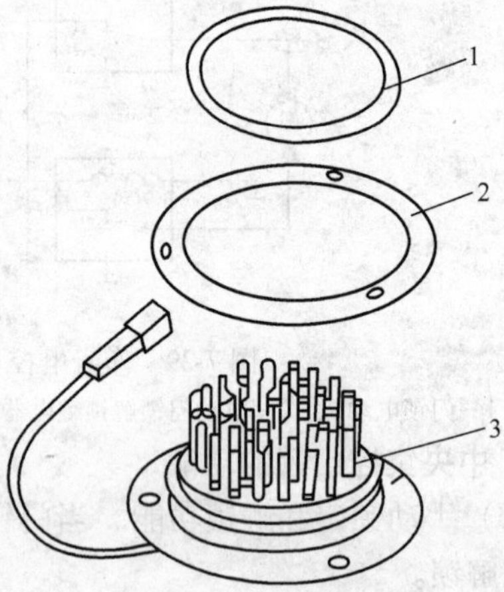

图 7-31　PTC 电热式进气加热器结构图

1—密封圈　2—隔热垫　3—加热器

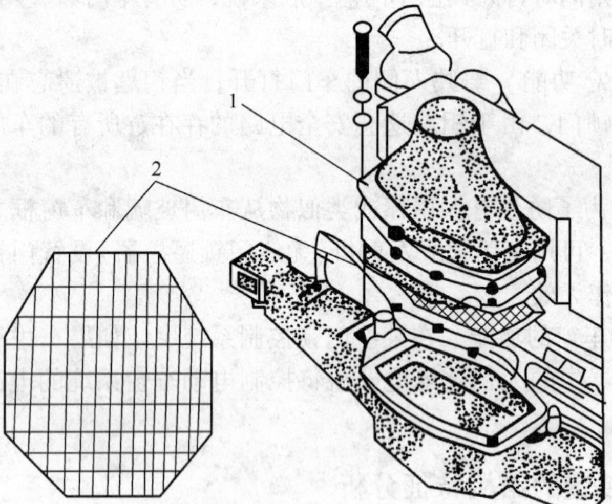

图 7-32　电热丝网式进气加热器结构图

1—进气歧管　2—电热丝网

7.2.7　汽车防盗系统的结构特征分析

1. 防盗系统的种类

汽车防盗系统的作用是当偷盗者偷盗车辆时发出警告信号以防止车辆被盗，其警告装置一般以灯光闪烁与发声警告器并用的一种形式，当有人企图不用钥匙强行进入汽车或打开发动机罩、行李箱门时，防盗系统的各种传感器便能检测到这种信息，电控单元将立即启动防盗警告系统，一方面发出警告，此警告将持续约为 1min；另一方面阻止车辆运行，使发动机起动电路、点火电路及供油电路都处于断开状态，此状态直到车主用车钥匙打开汽车门锁。

常见的汽车防盗系统有三类：机械式、电子式和网络式。

（1）机械式防盗系统　机械式防盗系统是比较常见且又很原始的一种防盗方式，就是在开车所必须用到的机件上加锁，其结构、工作原理也比较简单，只是将转向盘、加速踏板、钢圈或变速杆锁住，由于其价格相对便宜，所以在一定时期被广泛应用。随着汽车技术的不断发展，对性能要求不断的提高，由于此系统的安全性也较差，并且使用很不方便，所以趋于淘汰。

（2）电子式防盗系统　随着电子软件和遥感技术的开发，汽车防盗系统日趋严密和完善，不断推出新的产品。电子式防盗系统具有很强的安全性能，根据其功能、使用情况、破除难易程度有如下三种。

1）电子式防盗锁。"电子防盗"就是给车门锁加上电子识别系统，开锁配钥匙需要输入十几位密码的防盗方式。按类别来分，可分为插片式、按键式和遥控式三种电子防盗方式。

电子防盗具有用密码解锁和警告功能两大优点，其中密码解锁根据密码发射方式的不同又可分为定码式和跳码式两种。定码式防盗器的特点是密码量少，其工作原理是通过利用密码扫描器或解码器接收到的空间无线电信号截取主机密码，从而解除防盗系统。跳码式防盗器的工作原理是在防盗工作过程中，不断变化的大量密码使得主机能够确认由车主发出的信号来工作。它的优点是密码量多，不容易出现重复，密码频率不易被外人截取，所以跳码式防盗器已基本取代了定码式防盗器，被广泛使用。

2）机电结合式电子防盗系统由无线遥控电动执行机构控制机械锁的动作，利用机械锁自身坚固性能的优点，使机械与电子编程技术相结合，达到了机电的统一。此类产品功能包括：

① 服务功能，如遥控开关车门、遥控起动、寻车、吓阻和停车自动开锁等。

② 警惕提示功能，即防盗系统本身对在防盗警戒状态时触动警戒区域的部位自动记录，并在必要时以灯光或语音等形式发出提示，以提高警惕并检查车辆。

③ 防盗功能，即当防盗系统处于警戒状态时，切断汽车上的起动点火电路或供油管路等，一旦强行打开车门也无法开走汽车。

④ 防盗系统的自我保护功能，即当车处于防盗警戒状态时，出现误操作后再次自动进入防盗警戒状态。此类防盗系统安装隐蔽、功能齐全、无线遥控、操作简便。

（3）网络式防盗系统　网络式防盗系统大多采用卫星定位跟踪系统（GPS）。这种防盗系统的技术含量很高，但必须在没有盲区的网络支持下才能工作，如果政府配合公安部门设立监控中心，使车辆有个定位检测中心，车辆将会得到更好的保护。该类系统在发达国家已开始试用，我国已有部分车辆使用。随着智能交通（IT）和通信技术的发展、成熟，该技术必将广泛应用在汽车领域。

2. 汽车防盗系统的组成及工作原理

汽车电子防盗系统主要由开关、传感器、防盗 ECU 和执行机构四部分组成，如图 7-33 所示。

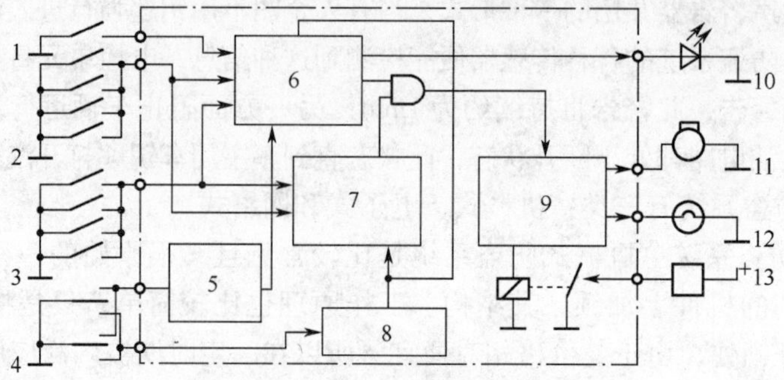

图 7-33　汽车电子防盗系统的基本组成

1—钥匙存在开关　2—开门开关　3—锁门开关　4—钥匙操作开关　5—30s 定时器　6—警告状态设置　7—是否盗贼检测　8—解除警告状态　9—警告控制　10—LED 指示灯　11—警告器　12—警告灯　13—起动继电器

其基本工作原理如下：

1）当用钥匙锁好所有车门时，该系统处于 30s 检测时间警告状态。之后，系统中的指示器(一般为发光二极管)开始断续闪光，表明系统处于警告状态。

2）当第三方试图解除门锁或打开车门时(当所有输入开关均设定为关闭状态时)，系统则发出警告。

3）当车主用钥匙开启门锁时，这种警告状态或警告运转将被解除。

7.2.8　汽车安全气囊系统的结构特征分析

安全气囊(Supplemental Restraint System)是一种辅助安全系统，与座椅安全带配合使用，简称 SRS。安全气囊属于被动安全保护装置，当汽车正面碰撞或侧前方碰撞时，其保护作用十分明显，特别是对驾驶人的头部和颈部的保护。根据安全统计结果表明，对于发生正面碰撞的车辆，由于巨大的惯性力对驾驶人所造成的伤害中，胸部以上受伤的概率达 75% 以上。所以，安全气囊在设计时，主要是针对驾驶人或前侧乘客的头部和颈部而设计的。近几年来，随着汽车技术的发展与升华，人们对汽车安全性能要求越来越高，现代汽车大部分都安装有安全气囊系统。而且在一些国家中已经在交通法规中明确规定轿车必须配置安全气囊装置。随着世界汽车市场的激烈竞争，安全气囊系统将成为一项衡量汽车性能优劣的标准之一。

1. 安全气囊的分类

(1) 按照碰撞类型分类　安全气囊根据碰撞类型的不同可分为：正面防护安全气囊、侧面防护安全气囊和顶部碰撞防护安全气囊三种。正面碰撞安全气囊系统是目前使用最广泛的一种，而侧面碰撞安全气囊和顶部碰撞安全气囊现已逐渐普及。

(2) 按照安全气囊数目分类　安全气囊按照安装的数目可分为：单气囊系统(只安装在驾驶侧)和双气囊系统(驾驶侧和副驾驶侧各有一个安全气囊)两种。

(3) 按照安全气囊控制类型分类　安全气囊按照控制类型可分为：机械式和电子控制式两种安全气囊，目前汽车大部分采用了电子控制式安全气囊。

2. 汽车对安全气囊的要求

安全气囊是在汽车发生碰撞时才进行工作的装置，所以它的可靠性表现尤为重要。也就是说，车辆在发生碰撞时，根据不同的车速，要确定安全气囊能可靠地进行工作。但是，当车辆在紧急制动或高低不平的路面上行驶时，车辆也会产生较大的减速度和激烈的振动，这时却要保证安全气囊不进行工作。此外，由于汽车安装的安全气囊大多是电子控制式的，这样要求安全气囊系统在车辆发生碰撞、电源出现故障的短时间(20s)内，应能够正常工作，因此，在安全气囊系统中装有双电源，若在主电源断电的情况下，安全气囊控制系统电路中的备用电源可引爆安全气囊。在技术上，对安全气囊的要求主要有以下几个方面：

(1) 可靠性高　在车辆未发生碰撞事故的情况下，安全气囊都有自己的使用寿命(一般为 7 ~ 15 年)。若在碰撞事故中，安全气囊开启后，安全气囊系统要全套更换。

(2) 安全稳定　安全气囊系统要能正确区分出制动减速度和碰撞减速度。

(3) 灵敏度高　当车辆发生碰撞时，安全气囊系统要在二次碰撞(指驾驶人或乘客与转向盘、仪表板或风窗玻璃碰撞)前能正确快速的打开气囊，起到缓冲的作用。

(4) 有防误引爆功能　安全气囊系统一般采用二级门限控制，减速度的控制门限要合理，避免误引爆。误引爆主要包括两种情况：一种是轻微碰撞引爆安全气囊；另一种是当车辆发生碰撞时，安全气囊打不开，或者打开过晚。

(5) 有自诊断功能　安全气囊系统能及时发现故障，并以警告灯的形式提示驾驶人。

3. 安全气囊的基本结构

安全气囊系统主要由传感器、气囊组件及安全气囊 ECU 等组成。图 7-34 所示为各组件的基本位置。当车辆发生碰撞时，传感器将电信号传送给安全气囊 ECU，安全气囊 ECU 对信号进行运算，当确定需要打开安全气囊时，安全气囊 ECU 立即发出打开信号，气体发生器在 30ms 内将大量气体充满气囊，从而实现对驾驶人和乘客的安全保护。

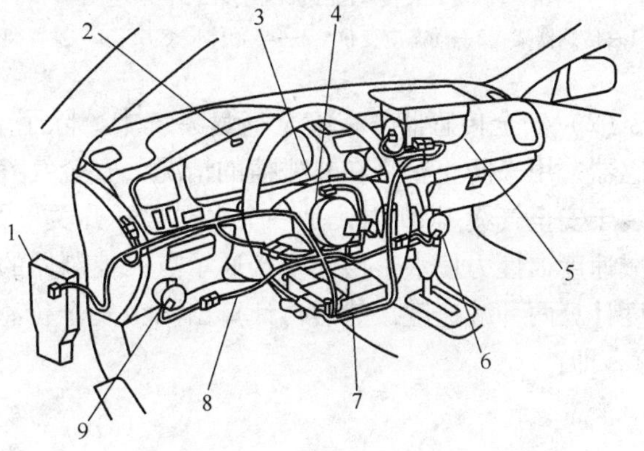

图 7-34　安全气囊各组件的位置情况

1—熔断器盒　2—警告灯　3—驾驶侧安全气囊　4—螺旋电缆　5—安全气囊　6—右前安全气囊传感器　7—安全传感器、中央传感器和 ECU　8—安全气囊主电缆　9—左前安全气囊传感器

在汽车安全气囊系统中，传感器可分为两种：碰撞传感器和安全传感器。碰撞传感器是安全气囊系统中信号输入装置，其作用是在汽车发生碰撞时，检测汽车碰撞强度的信号，并将信号输入给安全气囊 ECU，安全气囊 ECU 根据碰撞传感器传送的信号进行运算判断是否引爆气体发生器使气囊充气。碰撞传感器的安装位置通常有两种：安装于汽车前部(前保险杠后及前叶子板下)的碰撞传感器叫前碰撞传感器；安装在安全气囊 ECU 内部的碰撞传感器叫中央传感器。对于前碰撞传感器的安装位置也有不同的，如奥迪 A6 车型的碰撞传感器安装在正副驾驶座椅下面。

安全传感器的作用是用来防止安全气囊系统在非碰撞的情况下发生误引爆。安全传感器安装在安全气囊 ECU 内部，一般有两个安全传感器。

(1) 碰撞传感器　碰撞传感器相当于控制开关，其工作状态取决于车辆碰撞时减速度的大小。碰撞传感器按结构可分为机械式和电子式两种，目前汽车普遍采用电子式。位于安全气囊 ECU 内的中央传感器为电子式传感器，中央传感器的结构原理如图 7-35 所示。中央传感器是一个半导体压力传感器，半导体应变片两端被悬臂架压住，当车辆发生碰撞时，半导体应变片在悬臂架惯性力作用下发生弯曲变形，受压后的半导体应变片的电阻阻值发生变化，电阻的变化引起动态应变仪输出电压 U_S 发生变化。若车辆的速度越大，碰撞后产生的减速度就越大，传感器输出的电压也就越大。由于半导体压力传感器输出受温度影响，因此常采用晶体管的基极与发射极间的电压变化来对温度进行修正。

电子式传感器对汽车正向加速度进行连续测量，并将测量结果输送给安全气囊 ECU，安全气囊 ECU 根据碰撞信号的分析处理，若需要引爆安全气囊，安全气囊 ECU 便会接通点火电路，如此时前方碰撞传感器的触点同时也闭合，则气体发生器的电路接通，安全气囊引爆。

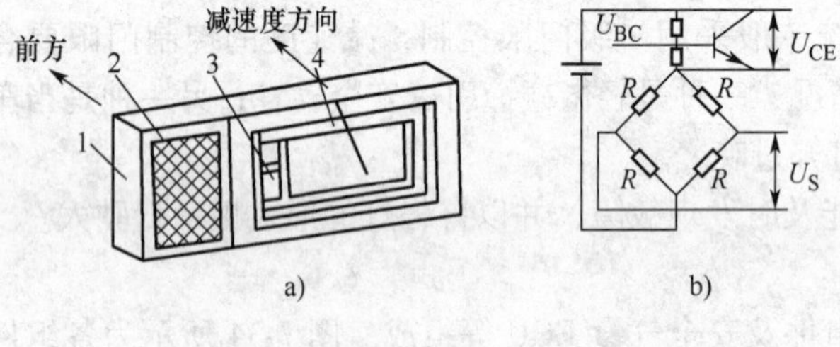

图 7-35　中央传感器的结构及工作原理图

1—传感器架　2—动态应变仪　3—半导体应变片　4—悬臂架

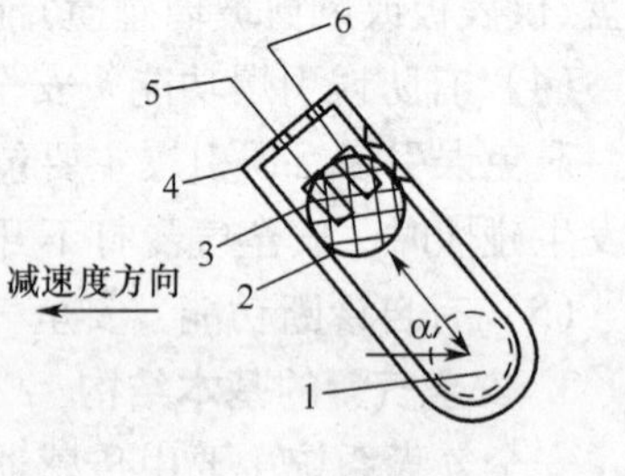

图 7-36　安全传感器的结构

1—水银（正常位置）　2—水银（碰撞位置）　3—触点　4—外壳　5—接电源　6—接点火器

（2）安全传感器　在安全气囊系统中，除了装有碰撞传感器之外，还安装了两个安全传感器，用来防止车辆在非碰撞的情况下安全气囊被误引爆等误动作的发生。安全传感器同样装于安全气囊 ECU 内，是一个水银常开开关，如图 7-36 所示。当车辆发生碰撞时，产生的减速度惯性力使水银抛起，接通了点火控制器的电路。设计时根据低速和高速碰撞的临界速度计算两种减速度，然后再计算出两个安全传感器的安装角 α（水银运动方向与水平线夹角），即：

$$\mathrm{COS}\alpha = \frac{g}{a},$$

式中　a——为碰撞减速度。

　　　g——为重力加速度。

气囊组件主要由气体发生器、点火器、气囊、饰盖和底板等组成。驾驶侧气囊组件位于转向盘中心处，副驾驶侧气囊组件位于仪表板右侧杂物箱上方。

（3）气体发生器　气体发生器又称充气泵或充气器，其作用是在有效的时间内产生气体，使气囊张开。气体发生器由上盖、下盖、充气剂（叠氮化钠固体药片）和金属滤网组成。

气体发生器壳体由上盖和下盖两部分组成。上盖上制有若干个长方形或圆形充气孔。下盖上制有安装孔，以便用专用螺栓和专用螺母固定在气囊支架上，装配时只能用专用工具进行装配。上盖与下盖压成一体，壳体内装有充气剂、滤网和点火器。金属滤网安装在气体发生器的内表面，用以过滤充气剂和点火剂燃烧产生的渣粒。

气体发生器是利用热效反应产生氮气而充入气囊。在点火器引爆点火剂瞬间，点火剂会产生大量热量，叠氮化钠药片受热立即分解，产生氮气并从充气孔充入气囊。虽然氮气是无毒气体，但是叠化氮钠的副产品有少量的氢氧化钠和碳酸氢钠(白色粉末)，这些物质是有害的。因此，在清洁膨胀后的气囊时，应保持良好的通风并采取防护措施。

7.3　汽车辅助电器的电路分析

7.3.1　风窗刮水器、清洗和除霜装置的电路分析

1. 风窗刮水、清洗装置的电路分析

以上海桑塔纳为例，其风窗刮水、清洗装置的电路如图 7-37 所示。该装置由刮水电动机 V、洗涤泵 V_5、刮水器开关 E_{22}、间歇刮水继电器 J_{31},、熔丝 S_{11} 以及刮水器机械传动装置等组成。刮水器组合开关 E_{22} 是三掷五位开关，当刮水器和洗涤器不使用时，E_{22} 处在第四位(空档)。其第一位是高速工作档，第二位是低速工作档，第三位是点动工作档，第五位是间歇工作档。刮水电动机 V 为双速永磁直流电动机，在空载高速时刮水器曲柄转速为62 ~82r/min，在空载低速时为42 ~52r/min。电路与 X 线连接，当点火开关处于 2 档(点火)时，中间继电器 J_{59} 的线圈有电流通过，J_{59} 触点闭合，此时 V 才可投入工作。

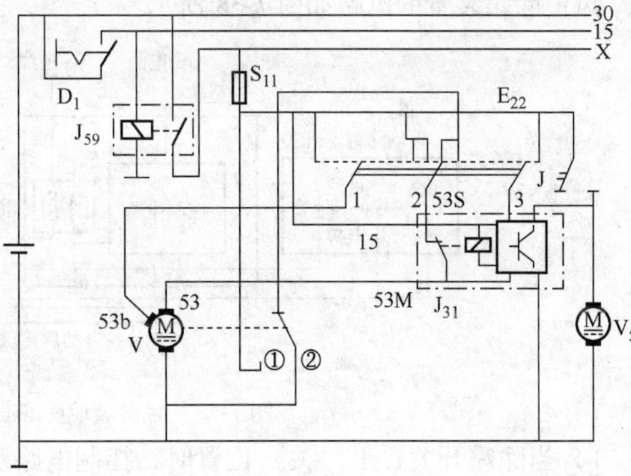

图 7-37　桑塔纳风窗刮水、清洗装置的电路

(1) 快速刮水　当刮水器开关 E_{22} 处在第一位(开关手柄推至最前端)时，刮水电动机的电路被接通，这时由于电动机合成磁场较弱，因此电动机转速较高。

(2) 低速刮水　当刮水器开关 E_{22} 处在第二位时，电流由 E_{22} 的第二掷的 2 位经间歇继电器 J_{31} 的常闭触点进入低速电刷 53，电动机转速较低。

(3) 点动刮水　驾驶人按下开关手柄，E_{22} 处在第三位时，电动机工作状态与第二位相同，但当驾驶人松开手柄时，在开关弹簧的作用下，E_{22} 会自动回到第四位(空档)上。

(4) 停机复位　刮水电动机总成内附设单掷二位自动开关，只有当刮水片处于风窗玻璃的右下端时，该开关才处在第二位，其他情况均处在第一位。当刮水开关 E_{22} 处在空档第四位而刮水片不在右下端位置时，则刮水电动机总成内部开关处在第一位，刮水电动机电路仍接通，刮水电动机低速运转。而当刮水片运动至右下端时，自动复位开关刚好处在第二位，通过 E_{22} 的第二掷、间歇继电器 J_{31} 的常闭触点将电动机短接制动，电动机立即停止转动，刮水片停在右下端，以保证刮水片不阻挡驾驶人视线。

(5) 间歇刮水　E_{22} 处在第五位，E_{22} 的第二掷和第三掷均与电源接通，第二掷的第五位与第四位相同，第三掷接通间歇刮水继电器 J_{31} 控制电路，J_{31} 中的继电器线圈 L 上有电流，使得常闭触点打开，常开触头闭合，电源通过 15 号线和 53M 接线柱、53 与电动机相接通，相当于低速刮水。随着间歇继电器工作，J_{31} 中的继电器线圈 L 断电，常闭触头闭合，而常开触头打开，待刮水片停在风窗玻璃右下端位置时，电动机停止工作，相当于停机复位。随

着间歇继电器的工作，J_{31}中的继电器线圈 L 上又有电流通过，则电动机又低速运转……。以上过程不断重复，刮水片每隔 5 ~6s 往返一次。

（6）喷水洗涤　向上拨动组合开关手柄（组合开关处于第四位），控制洗涤泵的点动触点闭合，将洗涤泵 V_5与电源接通，洗涤泵工作，位于发动机罩上的四个喷头同时向风窗玻璃喷射洗涤液。与此同时，点动触点也将间歇继电器 J_{31}接通，刮水电动机低速运转。当点动触点断开时，洗涤泵停止工作，喷水即停止。这样，在喷水同时，刮水电动机低速运转，刮水器低速刮水，停喷后，刮水片能自动刮水 2 ~3 次。E_{22}开关在任意位置时，点动触点都能独立工作，相互不干扰。

2. 风窗除霜装置的电路分析

风窗除霜装置的电路如图 7-38 所示。

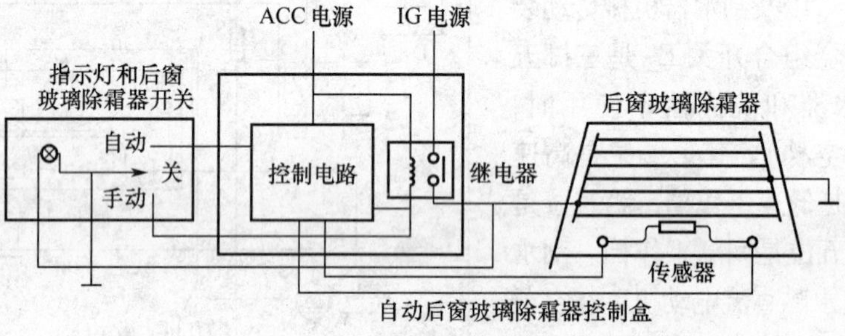

图 7-38　后窗玻璃除霜器结构原理图

1）当除霜开关置于“关”位置时，控制电路及指示灯电路被断开，除霜装置及指示灯均不工作。

2）当除霜开关拨至“自动”位置时，装在后窗玻璃下缘的传感器检测到冰霜达到一定厚度，传感器电阻值急剧减小，当减少到某一设定值时，控制器将控制继电器电路接通，继电器触点闭合，使电流从点火开关 IG 接线柱向电阻丝供电，同时仪表板上的指示灯（设在除霜开关旁边）点亮，指示除霜装置正在工作。随着玻璃上冰霜不断减少，当减少到某一程度后，其传感器的电阻值增大，控制器将继电器电路切断，触点断开，指示灯熄灭，除霜装置停止工作。

3）当除霜开关拨至“手动”位置时，继电器电磁线圈可经“手动”开关直接搭铁、使除霜电路接通。

7.3.2　电动座椅的电路分析

电动座椅控制电路是通过调整开关控制双向直流电动机的电流方向，图 7-39 所示为别克轿车驾驶人座椅控制电路，它有六种可调方式，座椅前部上、下调节，后部上、下调节，座椅前、后调节。以电动座椅前、后调节为例，对电动座椅控制电路进行分析。

（1）向前调节　将电动座椅开关调至“前进”位置时，电路中的电流为：蓄电池正极→熔丝（发动机盖下熔断器/继电器盒）→电动座椅开关端子 F→前后调节开关“前进位”→电动座椅开关端子 E→前进/后退电动机→电动座椅开关端子 D→电动座椅开关端子 C→搭铁→蓄电池负极。前进/后退电动机工作，座椅向前移动。

（2）向后调节　将电动座椅开关调至“后退”位置时，电路中的电流为：蓄电池正

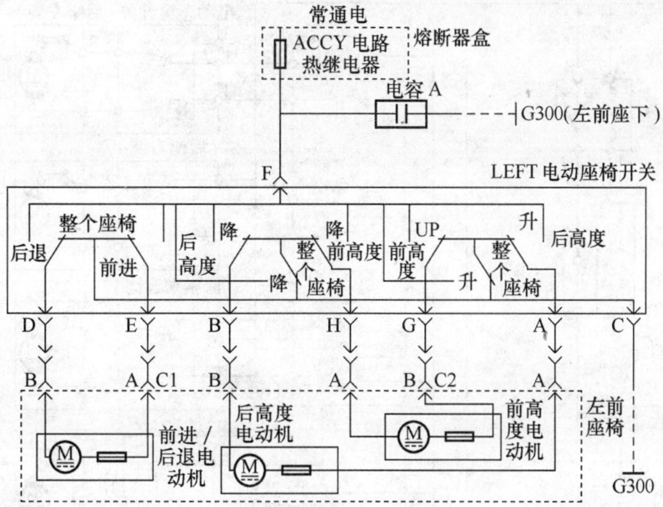

图 7-39　别克轿车驾驶人座椅控制电路

极→熔丝(发动机盖下熔断器/继电器盒)→电动座椅开关端子 F→前后调节开关“后退位”→电动座椅开关端子 D→前进/后退电动机→电动座椅开关端子 E→电动座椅开关端子 C→搭铁→蓄电池负极。前进/后退电动机工作，座椅向后移动。

7.3.3　电动车窗和电动天窗的电路分析

1. 电动车窗的电路分析

图 7-40 所示为 LS400 轿车电动车窗控制系统电路图，它是采用永磁式直流电动机来驱动车窗玻璃升降。其基本原理是：通过控制开关改变直流电动机的电流方向，以达到改变电动机的运转方向，从而使得玻璃上升或下降。

1）点火开关闭合，电流由蓄电池正极→熔丝→点火开关→主继电器磁化线圈→搭铁→蓄电池负极。主继电器触点闭合，给电动车窗控制电路提供电源，同时，电源指示灯亮。

2）总开关(即图 7-40 中主开关)断开，除驾驶侧之外，其他车窗玻璃驱动电动机的搭铁线均被切断，驾驶侧由对应的分开关控制。如驾驶侧车窗玻璃上升时，电流由蓄电池正极→熔丝→断路器→主继电器触点→“9”接柱→驾驶侧控制开关“升”→“10”接柱→驾驶侧电动机→“4”接柱→蓄电池负极，完成上升动作。此外，驾驶侧车窗玻璃在下降的同时也可受触点式开关电路的点动控制。

3）当总开关闭合时，驾驶人对其他车窗玻璃的控制。如驾驶人按下主开关相应的后座左侧门窗上升开关时，电流由蓄电池正极 →熔丝→断路器→主继电器→主开关后座左侧开关“升”→后座左侧开关→电动机→断路器→后座左侧开关→主开关后座左侧开关“降”→窗锁开关→搭铁→蓄电池负极，使得门窗上升。

4）当总开关闭合时，乘客对相应车窗玻璃的控制。如乘客按下分开关相应的后座左侧车窗上升开关时，电流由蓄电池正极→熔丝→断路器→主继电器→后座左侧开关“升”→断路器→电动机→后座左侧主开关→窗锁开关→搭铁→蓄电池负极，使得门窗上升。

5）其他门窗的升降操纵与上述操纵方法相同。

如图 7-41 所示为典型的双绕组串励式直流电动机电动车窗控制电路，其基本原理是通

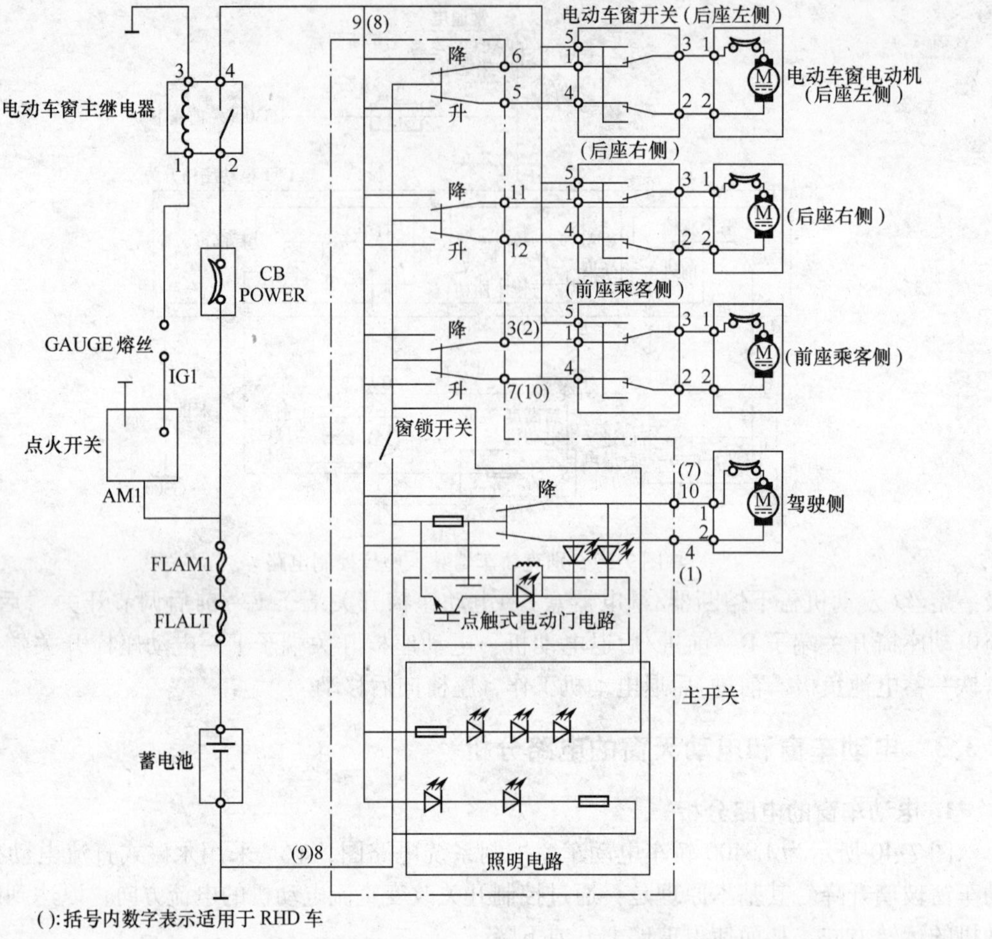

图 7-40　LS400 轿车电动车窗控制系统线路图

过控制开关控制直流电动机内两个绕向相反的磁场绕组的电流，产生相反方向的磁场，使电动机的运转方向改变，从而使得玻璃上升或下降。电路分析与永磁式直流电动机电动车窗相同。

2. 电动天窗的电路分析

电动天窗的控制电路如图 7-42 所示。

1）天窗打开：接通点火开关并将天窗开关调至“OPEN”位置时，信号从天窗开关送到天窗继电器，此时天窗限位开关 No. 2 接通，继电器进行工作，电动机转动，天窗打开。

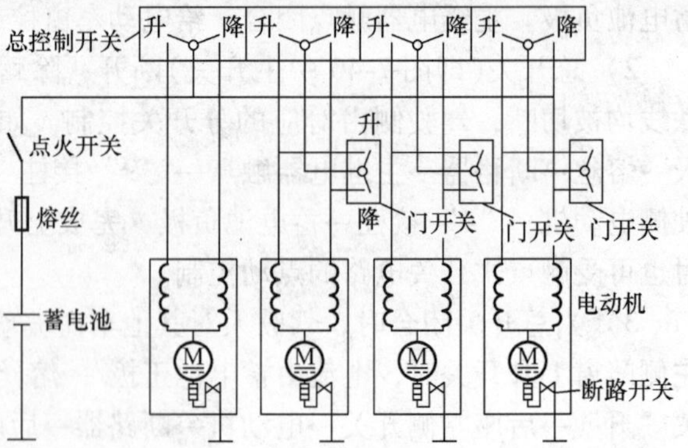

图 7-41　双绕组串励式直流电动机电动车窗控制电路

2）天窗关闭：接通点火开关，天窗完全打开并将限位开关 No. 1 和限位开关 No. 2 均接通时，当天窗开关被调至“CLOSE”位置，信号从天窗开关送到天窗继电器，继电器进行工作，电动机转动，天窗关闭。

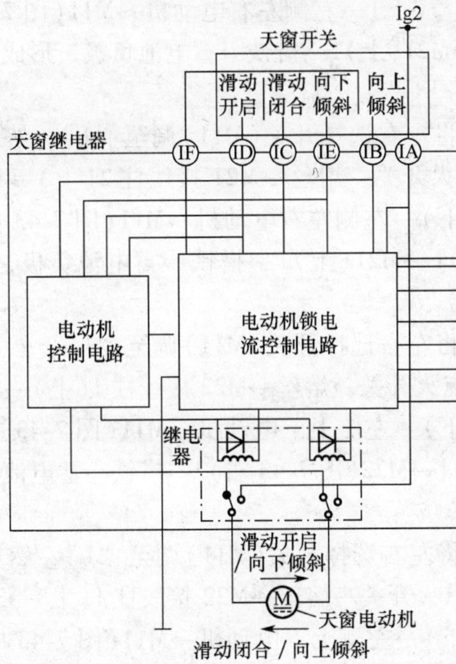

图 7-42　电动天窗的控制电路

天窗限位开关 No. 1 断开，限位开关 No. 2 接通，并且天窗在全闭位置前 100mm 位置时，信号从限位开关 No. 1 输送给天窗继电器。该信号使继电器进行工作，控制天窗停在该位置。

为了彻底关闭天窗，重新把天窗开关调至"CLOSE"位置，使继电器进行工作，只要按着天窗开关，天窗则完全关闭。

7. 3. 4　电动后视镜的电路分析

桑塔纳 2000 轿车电动后视镜控制电路如图 7-43 所示。M11 为左或右选择开关，M21 为左右调整开关，M22 为上下调整开关，其电路分析如下：

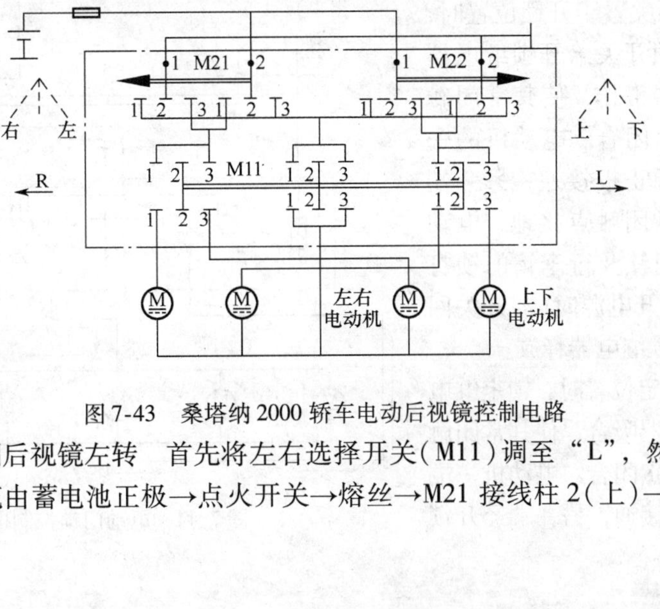

图 7-43　桑塔纳 2000 轿车电动后视镜控制电路

（1）调整左侧后视镜左转　首先将左右选择开关（M11）调至"L"，然后再按调整开关（M21）"L"。电流由蓄电池正极→点火开关→熔丝→M21 接线柱 2（上）→3（右）→M11（图

7-43 中间)3(上)→M11(图 7-43 中间)3(下)→左侧左右电动机→M11(图 7-43 左)3(下)→M11(图 7-43 左)3(上)M21(中间)3→M21(上)1→搭铁→蓄电池负极，形成电流回路，使得左侧镜面左转动。

(2) 调整左侧后视镜右转　首先将左右选择开关(M11)调至“L”，然后再按调整开关(M21)“R”。电流由蓄电池正极→点火开关→熔丝→M21 接线柱 2(上)→1(左)→M11(图 7-43 左)3(上)→M11(图 7-43 左)3(下)→左侧左右电动机→M11(图 7-43 中)3(下)→M11(图 7-43 中)3(上)→M21(图 7-43 左)1→M21(上)1→搭铁→蓄电池负极，形成电流回路，使得左侧镜面右转动。

(3) 调整左侧后视镜上转　首先将左右选择开关(M11)调至“L”，然后再按调整开关(M22)“上”。电流由蓄电池正极 →点火开关→熔丝→M22 接线柱 1(上)→1(右)→M11(图 7-43 中)3(上)→M11(图 7-43 中)3(下)→左侧上下电动机→M11(图 7-43 右)3(下)→M11(图 7-43 右)3(上)→M22(图 7-43 右)1→M22(图 7-43 右)2→搭铁→蓄电池负极，形成电流回路，使得左侧镜面上转动。

(4) 调整左侧后视镜下转　首先将左右选择开关(M11)调至“L”，然后再按调整开关(M22)“下”。电流由蓄电池正极 →点火开关→熔丝→M22 接线柱 1(上)→3(右)→M11(图 7-43 右)3(上)→M11(图 7-43 右)3(下)→左侧上下电动机→M11(图 7-43 中)3(下)→M11(图 7-43 中)3(上)→M22(图 7-43 右)3→ M22(图 7-43 右)2→搭铁→蓄电池负极，形成电流回路，使得左侧镜面下转动。

右侧后视镜的调整与左侧后视镜的调整方法相同，只要将左右选择开关(M11)调至“R”即可。

7.3.5　中央集控门锁的电路分析

图 7-44 所示是一种最基本的电动门锁控制电路，它是通过触点位置的改变，来改变电路及电动机中的电流方向，从而改变电动机的旋转方向，完成对车门的锁定和开锁动作。

将左前门锁开关置于开锁位置时，电源通过左前门锁开关给开锁继电器线圈供电，继电器工作，使其常闭触点打开，常开触点闭合。电动机的一端经该触点与电源正极接通，另一端经锁定继电器的常闭触点接地，电动机转动将四个车门锁及行李箱门锁打开。当门锁开关断开电源时(即开关回到中间位置)，开锁继电器释放。

将开关置于锁定位置时，锁定继电器线圈通电，继电器吸合，使其常闭触点打开，而常开触点闭合。电动机一端经触点与电源正极接通，另一端经开锁

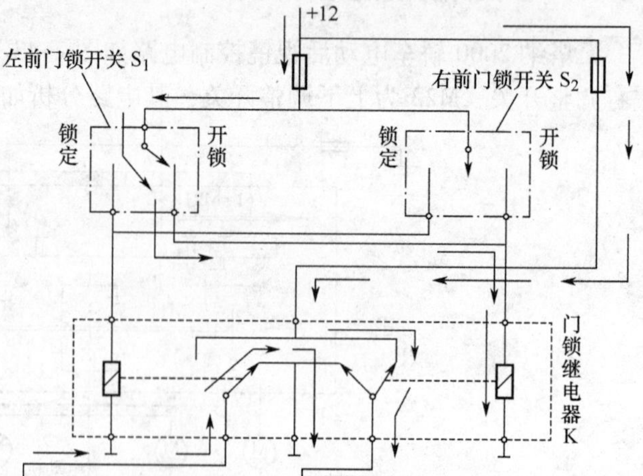

图 7-44　电动门锁控制电路

继电器触点接地，电动机中的电流方向与图 7-44 中的方向相反，电动机反向转动，将四个车门锁及行李箱门锁锁定。当门锁开关断开电源时(即开关回到中间位置)，锁定继电器释放。

7.3.6　起动预热装置的电路分析

汽车起动预热控制电路如图 7-45 所示，其电路分析如下。

1）当发动机冷却液温度低于 0℃时，冷却液温度传感器电阻很小，将点火开关置于“ON”档，工作电路为：蓄电池正极→熔丝→点火开关 ON→继电器线圈→冷却液温度传感器→搭铁→蓄电池负极。继电器触点闭合，电磁阀通电切断溢油回路，提高喷油压力，使喷油提前进行。与此同时，定时器使电热塞继电器线圈通电并接通预热指示灯搭铁回路，使电热塞继电器触点闭合，其工作电路为：蓄电池正极→熔丝→电热塞继电器触点→电热塞→搭铁→蓄电池负极。电热塞通电发热，同时仪表板上的预热指示灯亮。随后指示灯灭，表示可以起动。

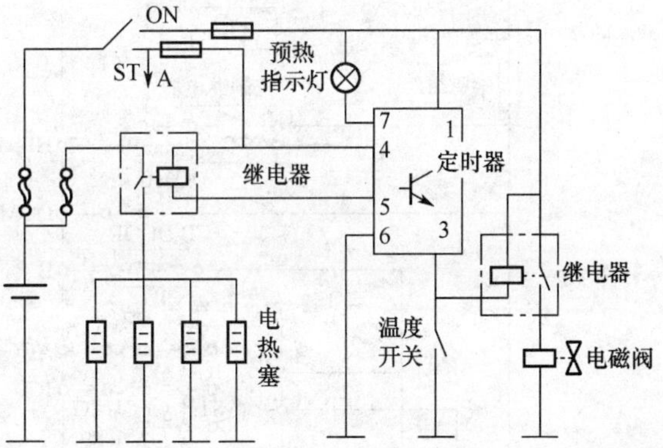

图 7-45　汽车起动预热电路图

2）将点火开关置于“ST”档，定时器仍给电热塞继电器通电，使电热塞温度达到 1000℃左右，18s 后，定时器将自动切断预热供电电路。

3）当发动机冷却液温度高于 0℃时，冷却液温度传感器电阻很大，点火开关无论在 ON 档还是 ST 档，电磁阀继电器线圈与定时器电路均被断开，电热塞均不工作，预热指示灯亮约 0.3s 后熄灭。

7.3.7　汽车防盗系统的电路分析

以丰田轿车防盗系统为例，其防盗系统与中央集控门锁系统共用一个 ECU，系统零件在车上的布置位置如图 7-46 所示，系统工作电路如图 7-47 所示。其系统电路特点如下：

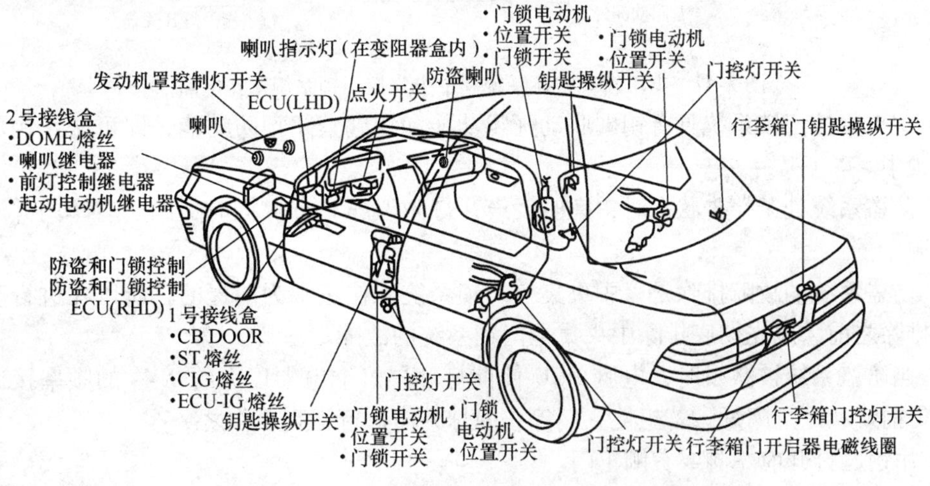

图 7-46　丰田轿车中央集控门锁和防盗系统零件位置图

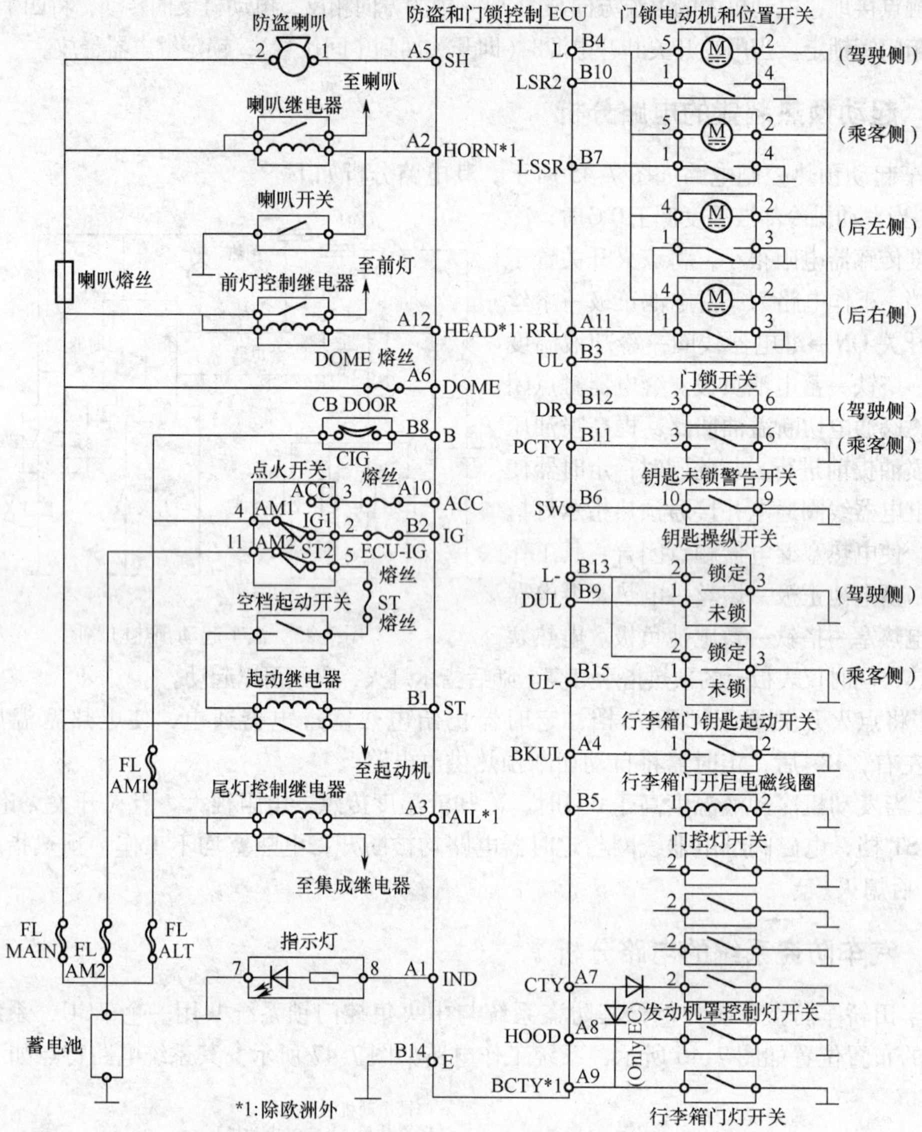

图 7-47　丰田轿车防盗系统和中央集控门锁系统工作电路

1）中央集控门锁系统具有钥匙联动开闭功能和钥匙禁闭预防功能，即可防止钥匙遗忘在点火锁中。

2）防盗系统处于警告状态时，喇叭发声，灯光闪烁 1min，同时关闭所有车门并断开起动机电源。

3）防盗系统的故障排除是以中央集控门锁系统工作正常为前提的，所以在进行防盗系统故障排除之前，应先彻底排除中央集控门锁系统的故障。

4）当防盗系统被激发时，电脑 ECU 使前灯和尾灯继电器以大约 0.4s 的频率接通和切断，使得前灯和尾灯闪烁。若想使它们停止闪烁，需执行下列操作之一：

① 用钥匙打开前左侧或右侧车门。

② 将点火开关转至“ACC”或“ON”位置。

③ 用门锁无线控制系统打开所有车门。

④ 等待约 2min。

7.3.8　汽车安全气囊系统的电路分析

广州本田雅阁轿车安全气囊系统控制电路如图 7-48 所示，当汽车遭受正面碰撞或侧面一定角度碰撞时，安全气囊系统的控制过程完全相同，如图 7-49 所示。下面以正面碰撞为例，对汽车安全气囊系统的控制进行分析。

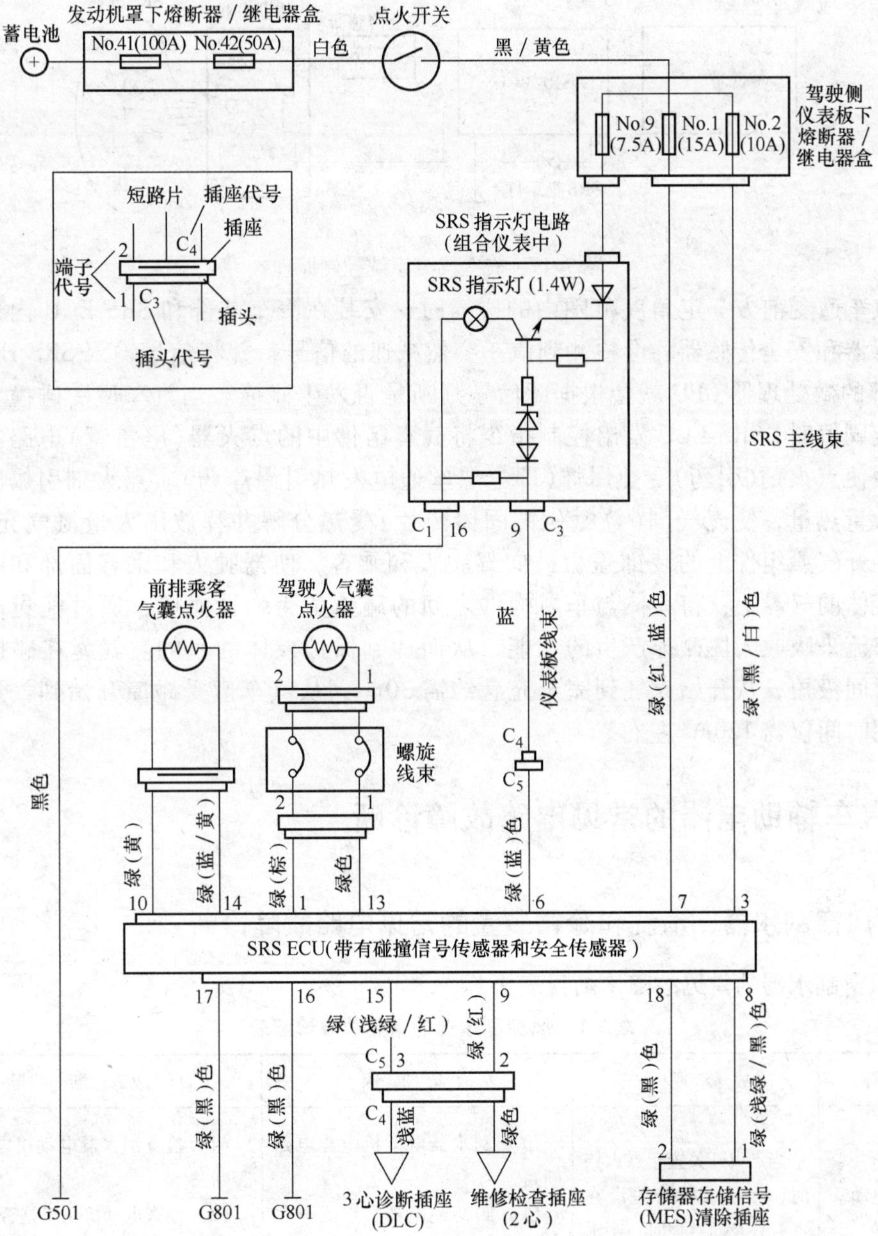

图 7-48　安全气囊系统控制电路

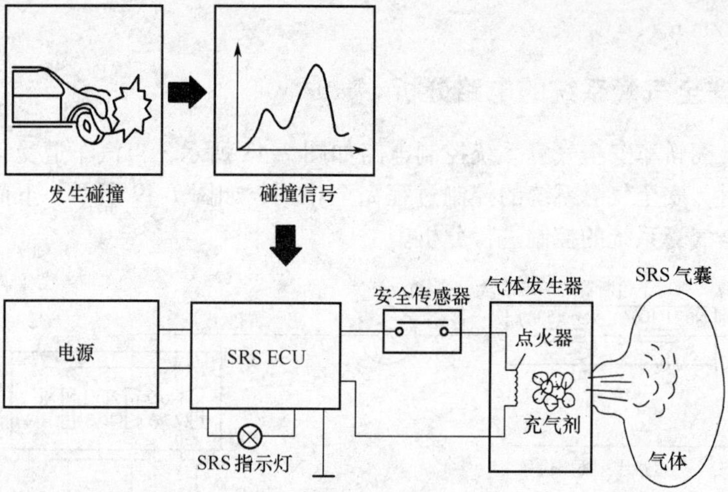

图 7-49　安全气囊系统控制原理

当汽车遭受前方一定角度范围内的碰撞时，安装在汽车前部和 SRS ECU 内部的碰撞信号传感器和安全传感器均会检测到汽车突然减速的信号，并将信号输入 SRS ECU，SRS ECU 内部的微处理器 CPU 就会根据此信号判断是否发生碰撞。当汽车遭受碰撞且减速度达到设定阈值时，SRS ECU 发出控制指令将气囊组件中的点火器(电雷管)电路接通，点火器引爆使点火剂(引药)受热爆炸(即电热丝通电发热引爆炸药)。点火剂引爆时，会迅速产生大量热量，使充气剂(叠氮化钠固体药片)受热分解并释放出大量氮气充入气囊，气囊便冲开气囊组件上的装饰盖板鼓向驾驶人和乘客，使驾驶人和乘客面部和胸部压靠在充满气体的气囊上，将人体与车内构件之间的碰撞变为弹性碰撞，通过气囊产生变形和排气节流来吸收人体碰撞产生的动能，从而达到保护人体的目的。气囊在碰撞过程中动作的时间极短，从开始充气到完全充满约需 30ms；从汽车遭受碰撞开始到气囊收缩为止，所用时间仅需 120ms 左右。

7.4　汽车辅助电器的常见电路故障诊断

7.4.1　风窗刮水器、清洗和除霜装置的常见电路故障诊断

1. 风窗刮水器的常见故障诊断见表 7-1。

表 7-1　风窗刮水器的常见故障诊断表

故　障	故 障 现 象	故 障 原 因	故障诊断与排除
刮水器电动机不转	当点火开关置于点火档时，将刮水器开关设在慢、快及间歇档时，刮水器电动机均不转	(1) 刮水器电动机电源电路断路 (2) 卸荷继电器、点火开关及刮水器开关接触不好 (3) 刮水器电动机失效	(1) 检查刮水器电动机电源电路是否断路 (2) 检查电动机绕组是否内部断路 (3) 检查刮水器开关及卸荷继电器是否工作正常

（续）

故　　障	故 障 现 象	故 障 原 因	故障诊断与排除
刮水器无慢速工作档	接通点火开关，将刮水器开关置于慢速档位置，刮水器不转	（1）刮水器开关损坏 （2）卸荷继电器电器损坏 （3）刮水器电动机慢速档工作电路故障 （4）熔丝熔断或电路中有短路处	（1）检查刮水器继电器(8 号位置)及 S_5 熔丝是否正常 （2）检查刮水器电动机插接器中绿线是否有电 （3）检查刮水器开关故障是否正常 （4）检查刮水器电动机
刮水器快速档不工作	接通点火开关及刮水器快速档，刮水片不动	（1）刮水器开关失效 （2）刮水器电动机故障 （3）刮水器快速档电路故障 （4）卸荷继电器失效	（1）检查中央继电器盒 4 号位置的卸荷继电器及 S_5 熔丝是否正常 （2）检查刮水器开关 （3）检查刮水器快速档故障电路是否有断路或接触
刮水器无间歇档	接通点火开关及刮水器间歇档，刮水器不工作	（1）刮水器开关失效 （2）刮水器继电器或卸荷继电器失效 （3）刮水器电动机失效 （4）刮水器间歇档电路故障	（1）检查 S_5 熔丝、刮水器继电器及卸荷继电器是否正常工作 （2）检查刮水器间歇档线路是否有断路或接触不良处 （3）检查刮水器电动机 （4）检查刮水器开关
刮水器无自动停位功能	在刮水器电动机慢速、快速、间歇或短时工作时，将刮水器开关扳到停位，刮水器刮水片不能自动停止在原来位置	（1）刮水器开关的停位触点损坏 （2）减速器涡轮输出轴背面的自动停位导电片和减速器盖板上的导电触点损坏	（1）检查刮水器开关的停位触点，若损坏应更换 （2）检查蜗轮输出轴背面的自动停位导电片和减速器盖板上的导电触点。若损坏，则更换

2. 风窗清洗装置的常见故障诊断见表 7-2。

表 7-2　风窗清洗装置的常见故障诊断表

故 障 现 象	故 障 原 因	故障诊断与排除
电动洗涤器不工作	（1）控制开关损坏 （2）电动洗涤器泵损坏 （3）喷嘴堵塞严重 （4）电动洗涤泵电路断开	（1）检修控制开关 （2）检修电动洗涤泵 （3）用钢丝疏通 （4）检查、连接电动洗涤泵电路
电动洗涤器工作，但喷射压力低	（1）电动洗涤泵工作不正常 （2）喷嘴堵塞 （3）软管堵塞或泄漏	（1）检修电动洗涤泵 （2）用钢丝疏通 （3）疏通或更换软管

3. 风窗除霜装置的常见故障诊断见表7-3。

表7-3 风窗除霜装置的常见故障诊断表

故障现象	故障原因	故障诊断与排除
除霜器不除霜；除霜器有时工作有时不工作	（1）熔丝或控制线路断路 （2）加热丝或开关损坏 （3）控制线路不良	（1）检查熔丝是否熔断，若熔断则更换相同规格的熔丝 （2）检查除霜器开关。将除霜器开关周围装饰板拆下，打开点火开关，用一小段短路线将开关的“B”和“R”端子短接（图7-6），观察除霜器工作情况。如除霜器工作正常，则是开关损坏，应修理或更换 （3）检查所在线路及插接件是否断路或松脱。将后窗除霜器（电热丝）两侧的两个插头拔下，打开点火开关，用万用表测两个插头间的电压应为12V左右。若无电压，应进一步检查搭铁线及电源线是否有断路或接触不良（用万用表测电阻即可） （4）检查除霜器加热丝。一个人在后窗外用手电筒逐行缓慢照射加热丝，另一个人在车内仔细观察加热丝。若发现加热丝的某处有辉亮，则该处为断路处，应用专用加热丝修理工具修理

7.4.2 电动座椅的常见电路故障诊断

电动座椅的常见电路故障诊断见表7-4。

表7-4 电动座椅的常见电路故障诊断表

故障	故障部位	故障诊断与排除
电动座椅不动作、调节失效	控制盒电源电路	用万用表测量端子“1”（正极）与车身搭铁点（负极）的电压，正常值应为12V（蓄电池电压），否则应检查蓄电池电压、端子“1”号25A熔丝控制盒插接件以及蓄电池至“1”号端子间线束是否短路或断路
	控制盒搭铁电路	用万用表检查端子“2”与搭铁点“B23”间是否导通，正常情况应导通，否则检查控制盒插接件及搭铁点“B23”的连接是否牢固
	控制盒	用万用表检查端子“1”分别与端子“2”及各“N”、“R”间是否导通，正常情况时应导通，否则应更换控制盒
电动座椅不能向前或向后移动	控制盒(B)开关及接连线束	首先用试灯或发光二极管测试滑动电动机的插接件端子“D3”至车身的搭铁情况，并且按住控制盒向前开关“FORWARD”（连接端子“B3”），试灯应点亮，否则说明控制盒向前开关损坏，应予以更换；然后用试灯检查滑动电动机的插接件端子“D4”至车身的搭铁情况，并且按住控制盒向后开关“BACK”（连接端子“B4”），试灯应点亮，否则说明控制盒向后开关损坏，应予以更换；最后用万用表检查端子“D4”至“134”、“D3”至“B3”间的线束导通情况，若不导通则说明M(285)线束断路或与端子连接不良，应进行更换或检修
	滑动电动机	用试灯检查滑动电动机插接件“D3”至“D4”，并且分别按下控制器向前、向后开关，试灯应分别点亮，否则说明插接件接触不良或滑动电动机损坏，应进行检修或更换

（续）

故　障	故障部位	故障诊断与排除
电动座椅前端不垂直升降	控制盒开关及连接线束	首先用试灯或发光二极管测试前升降电动机的插接件端子，并且按住控制盒向下开关“DOWN”（连接端子“B9”），试灯应点亮，否则说明控制盒向下开关损坏，应予以更换；然后用试灯检查前升降电动机的插接件端子“F10”至搭铁点的电路情况，按住控制盒前端向上开关“UP”（连接端子“B10”），试灯应点亮，否则说明控制盒前端向上开关损坏，应予以更换；最后用万用表检查端子“F9”与“B9”、“F10”与“B10”之间的线束导通情况，若不导通则说明“O”（275）线束断路或与端子连接不良，应进行修理或更换
	前升降电动机	用试灯检查前升降电动机插接件端子“F9”、“F10”，并且分别按下控制盒向上、向下开关，应分别点亮，否则说明插接件接触不良或前升降电动机损坏，应进行检修或更换
电动座椅后端不垂直升降	控制盒(B)开关及连接线束	首先用试灯测试后升降电动机插接件端子“E1”至车身的搭铁情况，并且按住控制盒后端的向下开关“DOWN”（连接端子“B7”），试灯应点亮，否则说明控制盒后端向下开关损坏，应予以更换；然后用测试灯检查后升降电动机插接件端子“E8"至车身的搭铁情况，按住控制盒(B)后端向上开关“UP”（连接端子B8），试灯应点亮，否则说明控制盒后端向上开关损坏，应予以更换；最后用万用表检查端子“E1”至“B1”、“E8”至“B8”间线束的导通情况，若不导通则说明N(215)线束断路或与端子连接不良，应进行更换或检修
	后升降电动机	用试灯测试后升降电动机插接件端子“E1”至“B8”，且分别按下控制盒后端向上和向下的开关，试灯应分别点亮，否则说明插接件接触不良或后升降电动机损坏，应进行检修或更换
电动座椅调角器不能转动	控制盒(B)开关及连接线束	首先用试灯测试调角器电动机的插接件端子“C5”至车身的搭铁情况，并且按住控制盒向前开关“FORWARD”，试灯应点亮，否则说明控制盒向前开关损坏，应予以更换；然后用试灯测试调角器电动机插接件端子“C6”至车身的搭铁情况，按住控制盒后端向后开关“BACK”（B6相连），试灯应点亮，否则说明控制盒后端向后开关损坏，应予以更换；最后用万用表检查端子“C5”与“B5”、“C6”与“B6”间线束的导通情况，若不导通则说明“I”（680）线束断路或与端子连接不良，应进行更换或检修
	调角器电动机	用试灯检查调角器电动机的插接件“C5”至“C6”，并分别按下控制盒后端开关向前“FORWARD”及向后“BACK”，试灯应点亮，否则说明插接件接触不良或调角器电动机损坏，应进行检修或更换

7.4.3 电动车窗和电动天窗的常见电路故障诊断

电动车窗的常见电路故障诊断见表7-5。

表7-5 电动车窗的常见电路故障诊断表

故障现象	故障原因	故障诊断与排除
电动车窗不工作	（1）控制开关损坏 （2）熔丝断开 （3）保护器损坏 （4）电路短路，接触不良 （5）直流电动机损坏 （6）传动装置脱开	（1）检修控制开关 （2）检查、更换同标准的熔丝 （3）用短接法检查双金属片的工作情况 （4）用仪表检查连接电路 （5）检修直流电动机 （6）检查、更新连接传动装置部件

（续）

故障现象	故障原因	故障诊断与排除
电动车窗有异响	（1）传动机构调整不当 （2）卷丝筒内钢丝绳脱槽 （3）电动机盖板或固定架与车窗玻璃碰擦	（1）检查调整各部件连接情况 （2）检查调整钢丝绳的位置 （3）检查安装支架弧度是否正确
电动车窗卡滞	（1）导轨凹部有异物 （2）导轨变形 （3）直流电动机故障 （4）钢丝绳生锈磨损	（1）排除异物 （2）恢复原有形状 （3）检修直流电动机 （4）更换钢丝绳

7.4.4 电动后视镜的常见电路故障诊断

电动后视镜的常见电路故障诊断见表7-6。

表7-6 电动后视镜的常见电路故障诊断表

故障现象	故障原因	故障诊断与排除
电动后视镜不工作或部分功能不正常	（1）熔丝熔断，线路断路或插接件松脱 （2）开关或电动机有故障	若两个后视镜都不工作，多是熔丝熔断，线路断路或插接件松脱等，也可能是开关有故障，应先查熔丝，然后再检查开关上的插接件是否松脱、相关各线有无断路或接触不良等，最后检查开关。如果是部分功能不正常，很可能是个别电动机及控制开关对应部分有故障或相应线路断路、接触不良等，先查线路，后查开关及电动机。

7.4.5 中央集控门锁的常见电路故障诊断

以LS400中央集控门锁为例，其常见故障诊断见表7-7。

表7-7 LS400中央集控门锁的常见故障表

故障现象	故障诊断与排除	故障现象	故障诊断与排除
门锁控制系统没有动作功能	（1）检查ECU电源电路 （2）检查执行器电源电路 （3）检查后备箱门开启电路 （4）检查门锁电动机电路 （5）检查防盗和门锁控制ECU（门锁控制继电器）	用钥匙操纵开关不能锁门或开门（用门锁控制开关锁门或开门正常）	（1）检查钥匙操纵开关电路 （2）检查防盗和门锁控制ECU（门锁控制继电器）
		不执行钥匙禁闭预防功能	（1）检查钥匙未锁警告开关电路 （2）检查位置开关电路（前） （3）检查后备箱门开启器主开关和开启器开关电路 （4）检查点火开关电路
用门锁控制开关盒钥匙操纵开关不能控制所有车门，部分车门锁住或打开	（1）检查门锁电动机电路 （2）检查防盗和门锁控制ECU（门锁控制继电器）	不执行后备箱门开启功能	（1）检查位置开关电路（前） （2）检查后备箱门开启电路 （3）检查点火开关电路
门锁控制开关不能控制车门锁住或打开（用钥匙操纵开关锁门和开门正常）	（1）检查门锁控制开关电路 （2）检查防盗和门锁控制ECU（门锁控制继电器）	即使钥匙插入点火开关锁芯内并转到ACC位置，门锁控制系统的安全功能未消除	（1）检查点火开关电路 （2）检查防盗和门锁控制ECU（门锁控制继电器）

7.4.6　起动预热装置的常见电路故障诊断

起动预热装置的常见故障及诊断与排除见表 7-8。

表 7-8　起动预热装置的常见故障诊断表

故障现象	故障原因	故障诊断与排除
预热装置不起预热作用	（1）起动电路中各接头松脱或线路断路 （2）电热塞指示器有故障或电热塞有故障	（1）将起动开关放在预热位置，观察电热塞指示器是否发红，并注意是否在规定时间内发红。预热指示器如果不发红，先检查各线路有无断路处，例如各线路接头有无松脱或接触不良处 （2）检查电热塞各螺钉有无锈蚀或损伤，绝缘体是否变形 （3）用万用表检查起动机开关和电热塞指示灯是否良好，蓄电池到电热塞的接线内部有无断路。如果电热塞指示器损坏应予更换

7.4.7　汽车防盗系统的常见电路故障诊断

1. 汽车防盗系统的常见电路故障及诊断部位见表 7-9。

表 7-9　防盗系统常见故障及诊断部位

<table>
<tr><th>故障现象</th><th>诊断部位</th><th colspan="2">故障现象</th><th>诊断部位</th></tr>
<tr><td rowspan="4">汽车防盗系统不能设定</td><td rowspan="4">（1）检查指示灯电路
（2）检查行李箱门钥匙起动开关电路
（3）检查行李箱门灯开关电路
（4）检查门控灯开关电路
（5）检查后门位置开关电路
（6）检查发动机罩控制灯开关电路
（7）检查防盗 ECU</td><td colspan="2">汽车防盗系统不能消除</td><td>（1）检查点火开关电路
（2）检查行李箱门钥匙起动开关电路
（3）检查门控灯开关电路
（4）检查防盗 ECU</td></tr>
<tr><td rowspan="3">发出警报期间</td><td>喇叭无声</td><td>检查喇叭继电器电路</td></tr>
<tr><td>前灯不闪</td><td>检查前灯控制继电器电路</td></tr>
<tr><td>尾灯不闪</td><td>检查尾灯控制继电器电路</td></tr>
</table>

2. 各电路诊断参数

参照图 7-47，检测诊断参数应符合表 7-10 的要求。

表 7-10　防盗系统电路诊断参数

检测项目	检测条件	检测结果	
		电压表/V	欧姆表/Ω
指示灯电路	拔开导线插接器，将蓄电池正极接端子 7，负极接端子 8，指示灯亮		
喇叭继电器电路	电压表正表笔接 HORN 端子，负表笔搭铁	12	
起动继电器电路	电压表正表笔接 ST 端子，负表笔搭铁	12	
防盗喇叭电路	拔开导线插接器，检查端子 2 与搭铁之间的电压，再将蓄电池两级接于喇叭两端，检查喇叭是否鸣叫	12	
前灯控制继电器电路	电压表正表笔接 HEAD 端子，负表笔搭铁	12	
尾灯控制继电器电路	电压表正表笔接 TAIL 端子，负表笔搭铁	12	

（续）

检测项目	检测条件		检测结果	
			电压表/V	欧姆表/Ω
点火开关电路	点火开关置于“ON”档时，ACC、IG与搭铁之间的电压		12	
行李箱门钥匙起动开关电路	点火开关置于“ON”档时	钥匙转动至打开侧时，端子1	0	0
		不转动钥匙时，端子1	12	∞
发动机罩控制开关电路	拔开插接器	发动机罩锁打开		0
		发动机罩锁住		∞

7.4.8 汽车安全气囊系统的常见电路故障诊断

以丰田佳美轿车为例，安全气囊常见的故障、故障部位及检查方法见表7-11。

表7-11 安全气囊系统故障征兆诊断表

故障现象	可能出现故障的部位	检查方法
（1）点火开关置于ACC或ON档过6s后，SRS警告灯有时点亮 （2）即使在点火开关转至LOCK位置之后，SRS警告灯仍然亮着	SRS警告灯电路	进行“安全气囊系统电路检查”部分的“SBS警告灯电路故障(点火开关在LOCK位置时总是点亮)的检查”
在将点火开关置于ACC或ON档的情况下，SRS警告灯不亮	SBS警告灯电路	进行“安全气囊系统电路检查”部分的“SBS警告灯电路故障(点火开关在ACC或ON位置时不亮)的检查”
（1）不显示故障码 （2）SBS警告灯总是显示一个故障码 （3）在没有连接诊断插座的T_C与E_1两个端子时，就显示故障码	T_C端子电路	进行“安全气囊系统电路检查”部分的“T_C端子电路的检查”或“未行故障码检查程序就显示故障码的检查”

7.5 汽车辅助电器的电路故障案例分析

案例一：克莱斯勒电动座椅卡死。

故障现象：一辆2004年的Sebring轿车的电动座椅出现粘连或完全卡死的故障。

故障诊断与排除：经分析，判断发生该故障的原因可能是调节器长螺钉氧化以及座椅调节连杆润滑不足造成的。在维修时，将吊灯和镜子放到后面乘客地板部位，照亮座椅下面，固定好镜子的位置，以便于看清座椅底部。在调节器的两根水平方向的长螺钉上有氧化现象，松开座椅螺栓，向后推动座椅露出座椅的整个调节器机构，用钢丝刷清除干净金属上的氧化层。然后使用电动座椅，还有粘连，在整个螺钉长度方向涂抹足量的润滑脂(零件号为05017414AA)，然后再前后使用电动座椅数次，使得润滑脂分布均匀。最后，重新安装座椅，并将其固定螺栓拧至60.8N·m，故障排除。

案例二：转发器损坏导致防盗器锁止。

故障现象：一辆宝来 1.8MT 轿车，起动发动机 1s 后自动熄火，防盗器报警灯亮。

故障诊断与排除：用故障诊断仪 V. A. G155 1 进入地址码 01，查询发动机控制单元有一个故障码 17978，即发动机控制单元锁止，这说明防盗系统因某种原因被触发，将发动机控制单元锁止。再进入地址码 17，查询防盗系统控制单元也有一个故障码 01176，即钥匙信号太弱。从故障码分析，可能是该钥匙的转发器出现了问题。

使用备用钥匙重新起动发动机，发动机正常起动，且防盗报警灯也熄灭了。用仪器对原来那一把钥匙进行重新匹配，但不能完成，说明该钥匙内部的脉冲转发器确实损坏了，需要重新配制钥匙。

案例三：中央集控门锁故障。

故障现象：一辆行驶 2000km 的凯越轿车，车主对车辆进行贴膜装饰后出现中央集控门锁失效，即遥控和手动开关都不能锁止车门。

故障诊断与排除：根据车主的描述，参照图 7-50 依次进行检查中央集控门锁的电源输入信号、中控模块、遥控模块、输出控制信号和各门锁执行器。检查中央集控门锁的电源和搭铁都正常，输入开锁信号不工作时对地断路，对电源电压断路，工作时对地导通。闭锁信号不工作时对地断路，对电源电压断路，工作时对地导通。依此判断门锁开关盒电路正常。然后对左前门锁和防盗开关检查，结果表明开关盒电路正常。更换新的遥控模块后，故障依旧。对门锁输出控制电路和各执行器和各执行器采用直接供电法测试，即用蓄电池电源连接中央集控模块插接器的 2 号端子，然后 3 号端子搭铁，上锁正常；3 号端子连接电源，2 号端子搭铁，开锁正常，这表明输出电路和各门锁执行器正常。

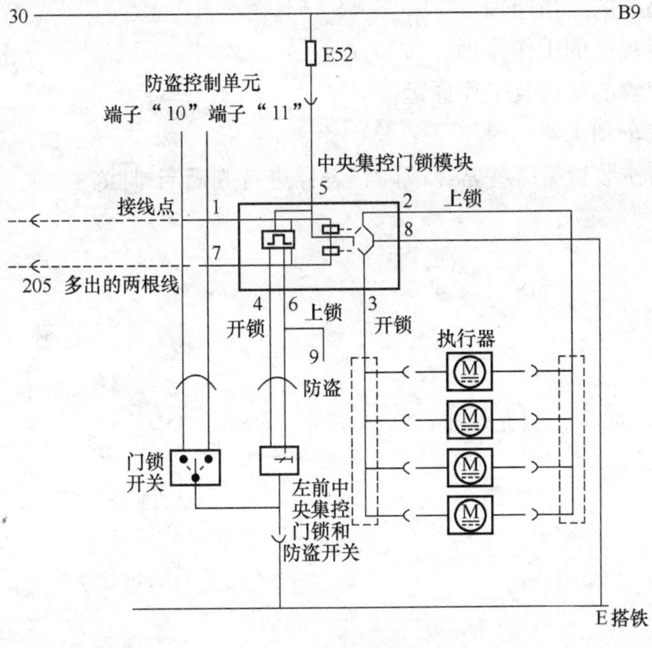

图 7-50　凯越轿车中央集控门锁电路

在反复测试中发现，中央集控模块中的继电器有“啪、啪”的动作声音传出，但模块并不能输出控制电压。另一个现象是，开锁信号线搭铁，同时闭锁信号线也搭铁；闭锁时，开锁和闭锁两信号线依然同时搭铁。直接测量两信号线的电阻，两信号线是短路的。然后依次断开两信号线上的开锁开关，左前门锁和防盗开关、遥控模块两根线依然短路，如图 7-50 所示。下一个重点就只有两根线上的接线点，当拆开线束发现实际的分线点比电路图上的分线多出两根，这多出的两根线通往哪里？有什么作用？电路图上没有表示出来。经拆开整个线束才发现，多出的两根线通往 205 插接器，两插接器的另一端并没有连线，是两根悬空的线。车辆在贴膜过程中，贴膜的水进入了 205 插接器，使两根悬空线的插件生锈短路，从而造成整个中央集控门锁不能工作。经除锈处理后，中央集控门锁工作正常。

案例四：安全气囊警告灯报警。

故障现象：一辆宝来 1.8 安全气囊的警告灯常亮。

故障诊断与排除：安全气囊的警告灯常亮，说明了气囊控制单元存储有故障码。首先用故障诊断仪 V. A. G1551 进入安全气囊控制单元，查询故障码为 00595，即碰撞数据已存储，经反复清除之后，该故障码依然存在。

故障码说明了安全气囊控制单元已经存储了一个碰撞数据，经检查该车无碰撞痕迹，用户也说未发生过碰撞事故，由此可见，故障原因应在控制单元内部。

更换安全气囊控制单元，并进行编码，警告灯熄灭，故障排除。

思考与练习

1. 简述电动刮水器的变速原理及自动复位功能。
2. 风窗玻璃清洗装置由几部分组成？它是如何工作的？
3. 除霜装置有哪些？
4. 简述电动座椅的工作原理。
5. 简述电动后视镜的工作原理。
6. 简述安全气囊的结构及工作原理。
7. 如何检修汽车刮水器？
8. 汽车风窗清洗装置有哪些常见故障？怎样进行判断与排除？

第 8 章　汽车电路识图与分析

学习要求：

- 了解汽车电气设备电路的分类。
- 掌握汽车电路图的一般识读要领。
- 掌握全车电路实图分析的流程。
- 了解典型欧洲车系汽车电路图。
- 了解典型美国车系汽车电路图。
- 熟悉继电器和开关控制电路原理图。
- 掌握电子控制单元控制电路的识图方法。
- 掌握汽车配电系统和搭铁分布电路的识图方法。

在掌握汽车电器基础元件、汽车电路图的种类、汽车电路特点等有关知识的基础上要想熟练阅读和运用汽车电路图还必须了解汽车电路识图的一般方法和全车电路实图分析等方面的内容。

8.1　汽车电气设备电路图

汽车电路图是将汽车的电源及各种用电设备按照它们各自的电路连接关系，通过开关、导线、熔丝等配电设备连接起来构成完整的电路，且用特定的符号形式表达出来的图形。它可以清楚地表示出汽车电器设备各系统和装置的工作原理及相互之间的内在连接关系。学会识读汽车电路图的组成和基本表达方法，可据此掌握汽车电器系统的工作原理，分析汽车电器各系统间的内在联系。

8.1.1　分类

汽车电路图主要用于表达各电器系统的工作原理及电器间的连接关系。汽车电路图主要有以下几种。

1. 线路图

线路图是表达汽车电路的一种传统方法，是将汽车电器设备在汽车上的实际位置用线条从电源到开关至搭铁一一连接起来所构成的电路图。图 8-1 为日产柴油货车线路图。

线路图的优点是表达了各电器在车上的大致布局，各电器以实物轮廓图表示，导线分布大体上与车上的实际位置走向相同。这种图形重在表达整车的电器及线路连接，对于反映各电器系统的工作原理，分析故障产生的原因帮助不大。随着汽车电路的日趋复杂，这类电路图已变得越来越不实用，目前，进口车型、国产引进车型中已鲜有此类图。

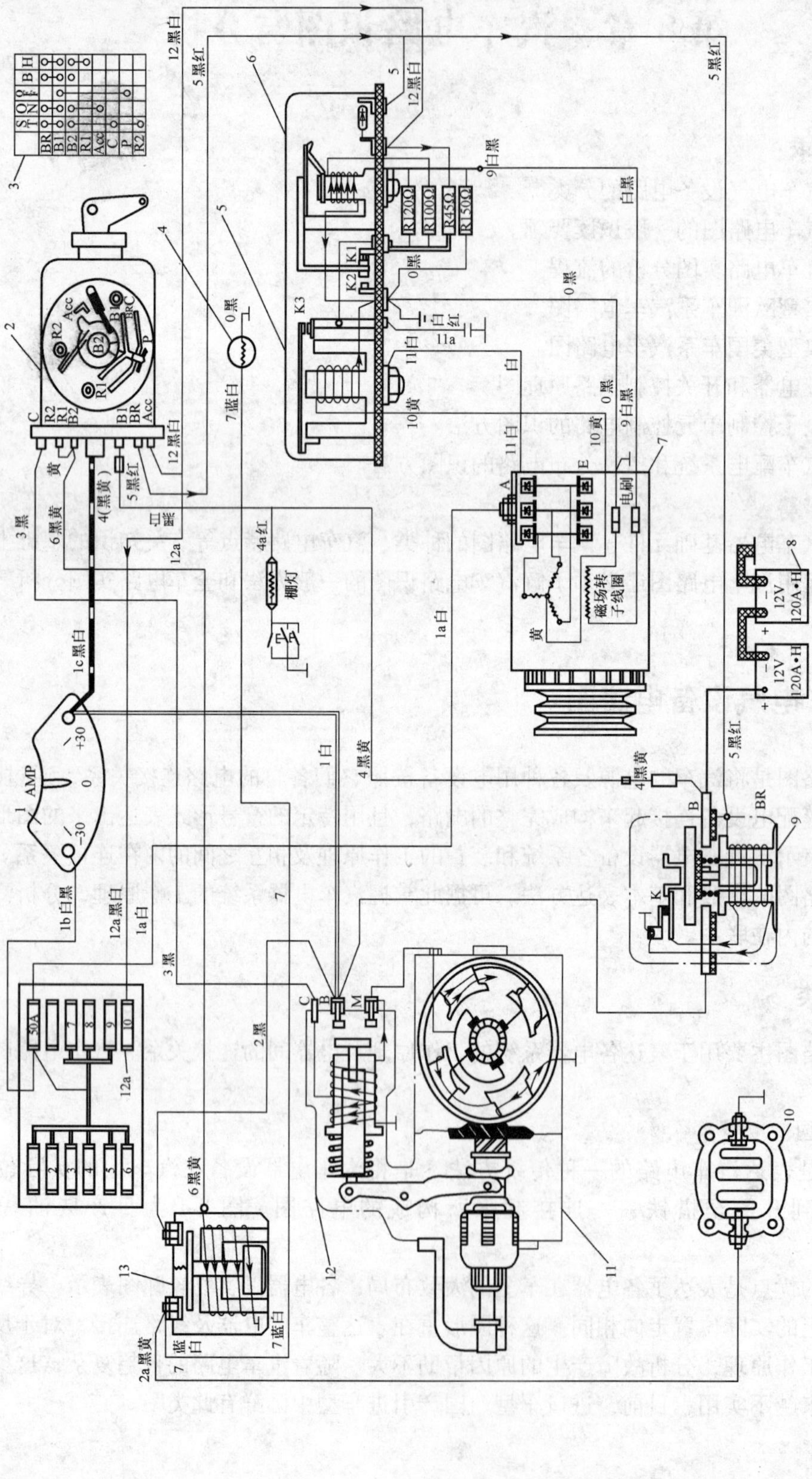

图 8-1　日产柴油货车电源系统起动系统线路图

1—电流表　2—起动开关　3—起动开关位置　4—预热指示灯　5—磁场继电器　6—电压调节器　7—发电机

8—蓄电池　9—蓄电池开关　10—空气预热器　11—起动机　12—起动开关　13—电磁预热开关

2. 电路原理图

汽车电路原理图是用简明的图形符号按电路原理将电器系统由上到下合理连接起来，并将各个子系统分布排列的电路图。这类图以表达汽车电路的工作原理和相互连接控制关系为重点，不讲究电器设备的形状、位置和导线的实际走向等情况，对线路图做了高度的简化，是分析电器系统工作原理以及维修电器系统最基本、最实用的资料。

电路原理图重点表达各电器系统电路工作原理，既可以是全车电路原理图，也可以是各系统电路原理图，图 8-2 所示为起动系统电路原理图。

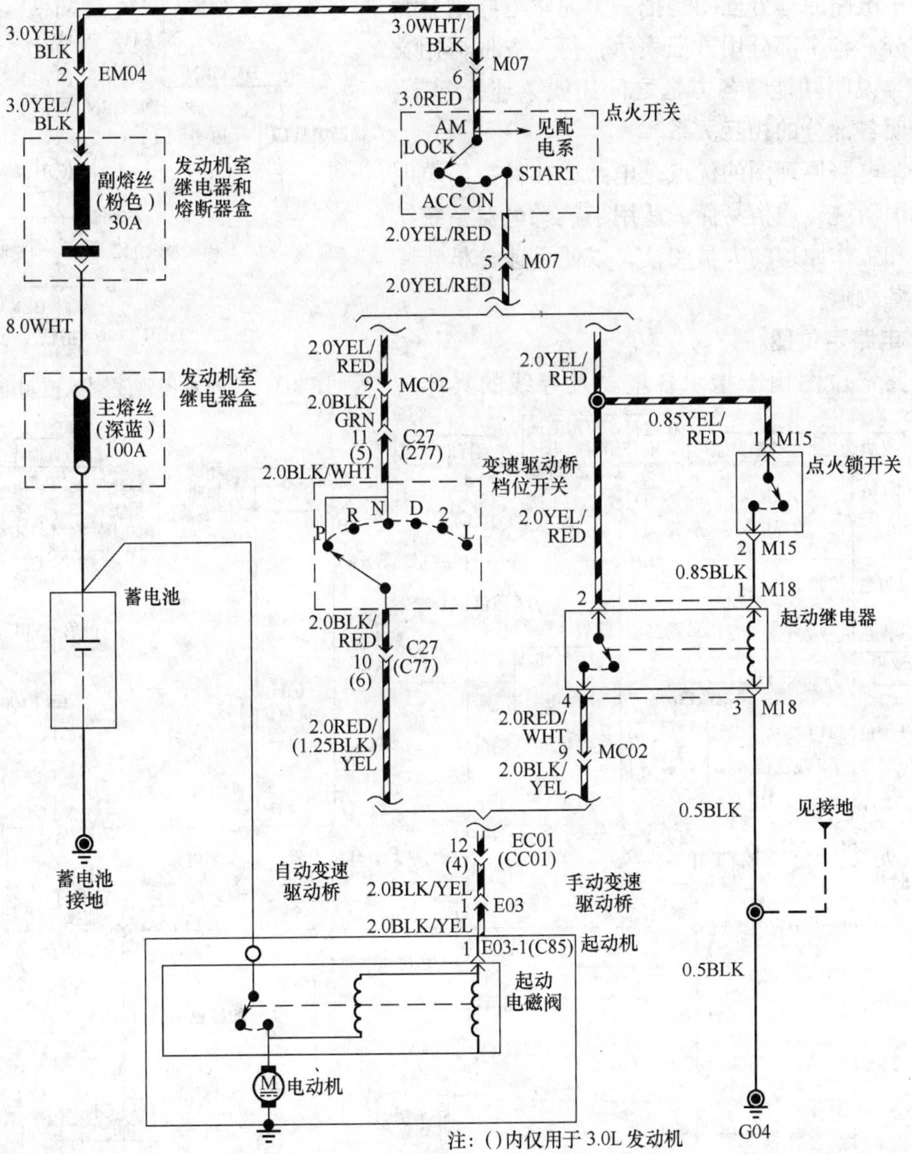

图 8-2　起动系统电路原理

电路原理图可以分为：

1）汽车传统（开关/继电器）控制电路原理图，如图 8-3 所示。

2）汽车电子控制电路原理图，如图 8-4 所示。

3）汽车开关内部位置—电气连接关系图(点火开关、组合开关、限位开关等的内部端子电气连接关系到电气设备的操作关系,对电路状态分析非常重要)，如图 8-5 所示。

4）汽车电路原理方框图(是为说明电路工作原理服务的,但不够具体)，如图 8-6 所示。

汽车电路原理方框图是把一个完整电路划分为若干部分，各个部分用方框表示，每一方框再用文字或符号说明功能，各方框之间用线条连接起来，用以表明各部分的相互关系。

全车电路原理图的优点是电路连接关系简单明了、图面清洗、通俗易懂，适用于熟悉电器系统结构特点和工作原理的人员阅读，以便迅速分析排除电气设备故障。

3. 电路定位图

电路定位图用于指示各电器及导线的具体位

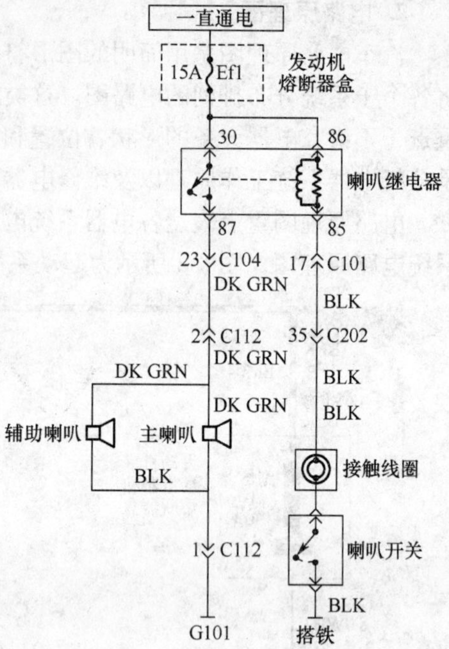

图 8-3　广州本田雅阁喇叭控制电路

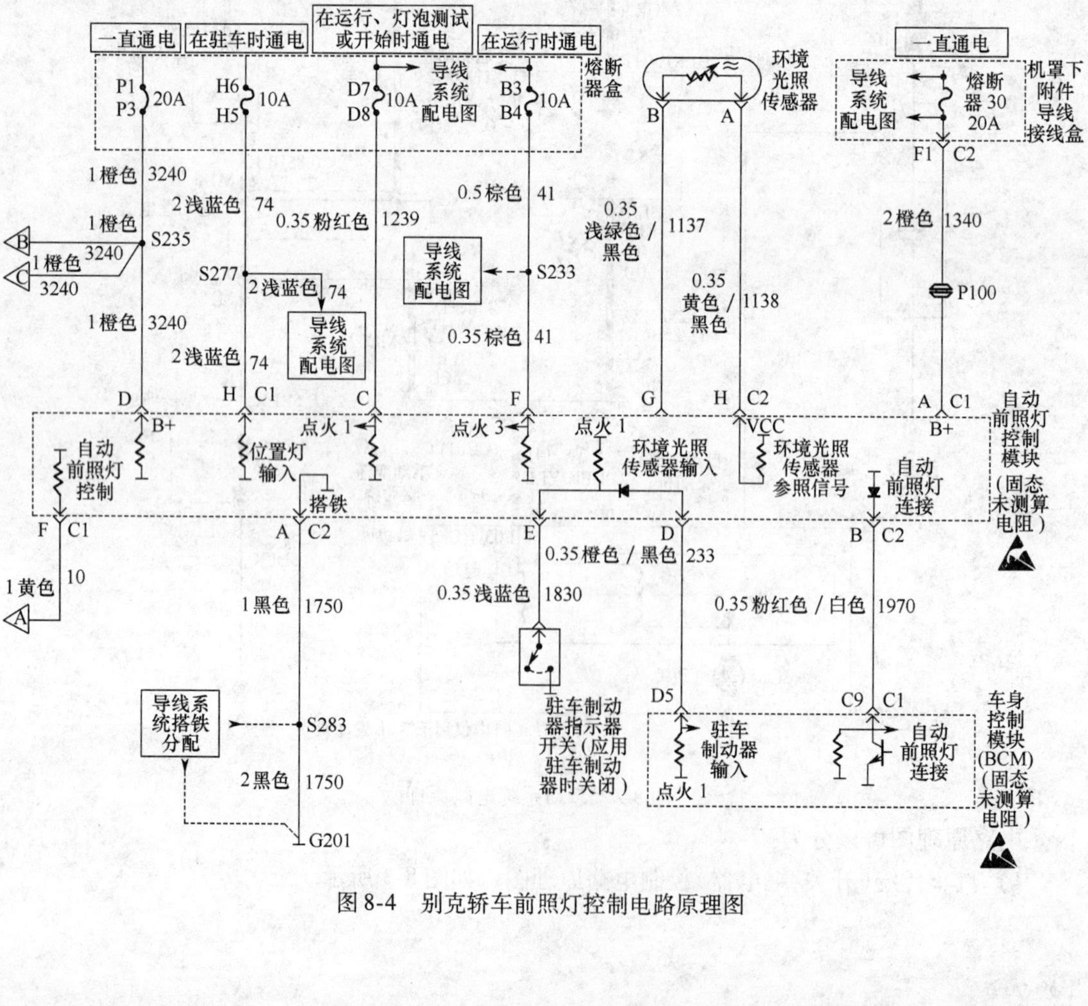

图 8-4　别克轿车前照灯控制电路原理图

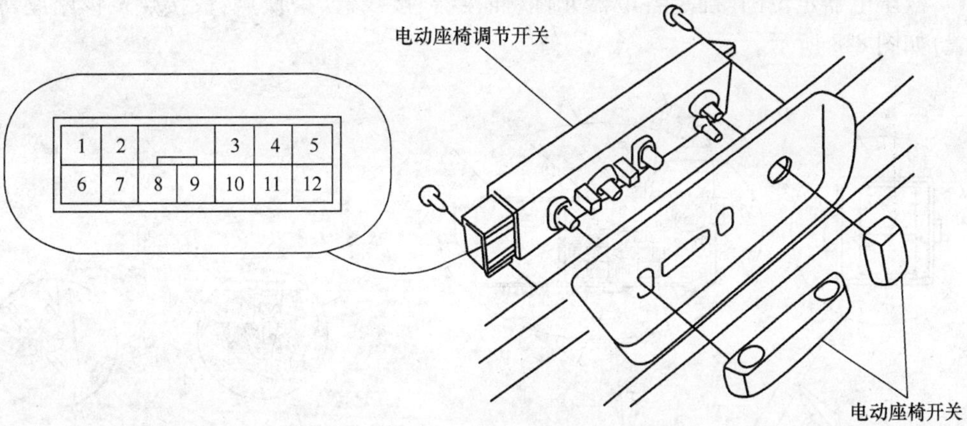

位置 \ 端子		1	2	3	4	5	6	7	8	9	10	11	12
滑动开关	向前							○	○		○	○	
	向后							○	○		○	○	
倾斜开关	向前		○		○		○						○
	向后		○		○		○						○
前上下开关	上			○					○	○	○		
	下			○					○	○	○		
后上下开关	上	○	○		○	○							
	下	○	○		○	○							

图 8-5 广本雅阁电动座椅开关电气连接关系图

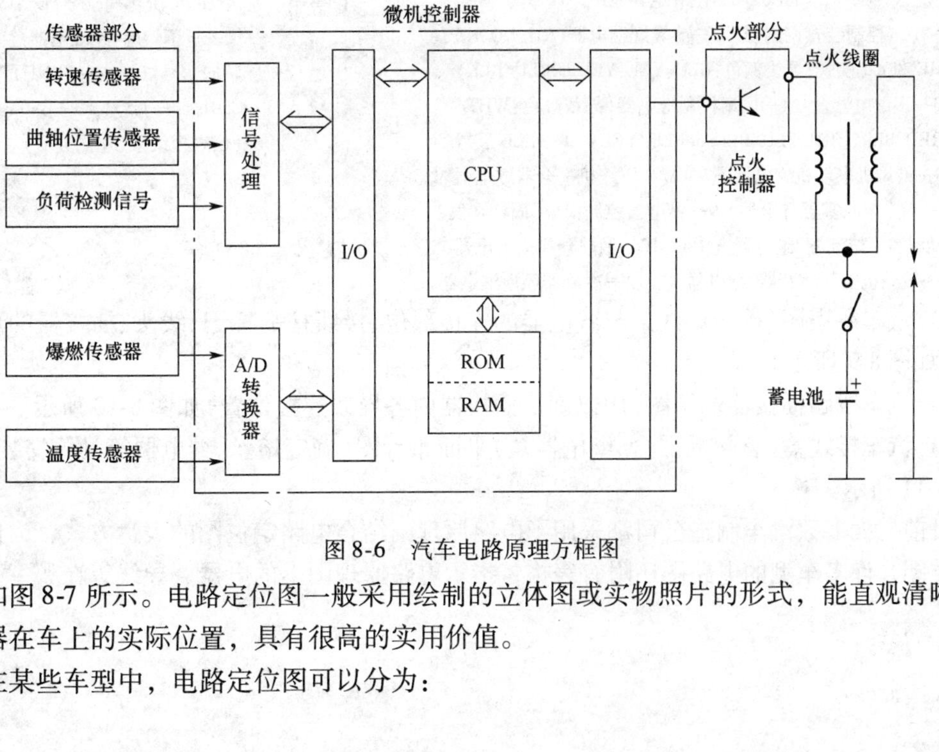

图 8-6 汽车电路原理方框图

置，如图 8-7 所示。电路定位图一般采用绘制的立体图或实物照片的形式，能直观清晰地反映电器在车上的实际位置，具有很高的实用价值。

在某些车型中，电路定位图可以分为：

1）汽车电器定位图（确定各电器元件、插接器、接线盒、搭铁点、铰接点及诊断座等的分布位置）如图8-8所示。

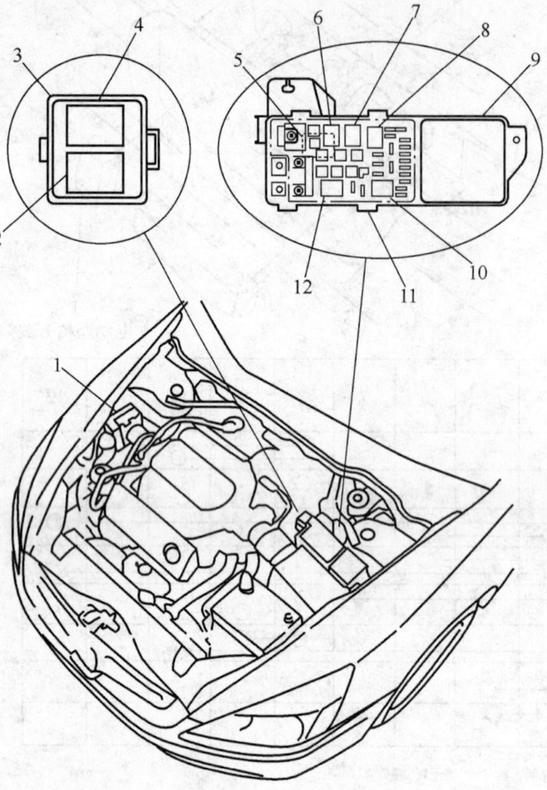

图8-7　电路定位图

1—TCS控制装置调制器　2—前雾灯继电器（CH、KQ、KZ、HE和KU模式；导线颜色：BLU、YEL、YELandBLU/BLK）　3—多继电器盒　4—风扇控制继电器（导线颜色：WHT/RED、BLK、GRH、BLU/BLKandBLU/YEL）　5—ELD装置　6—鼓风机电动机继电器　7—A/C压缩机离合器继电器　8—后车窗除雾器继电器　9—继电器控制模块（固定在发动机盖下熔断器/继电器盒中）　10—散热器风扇继电器　11—发动机盖下熔断器/继电器盒　12—冷凝器风扇继电器

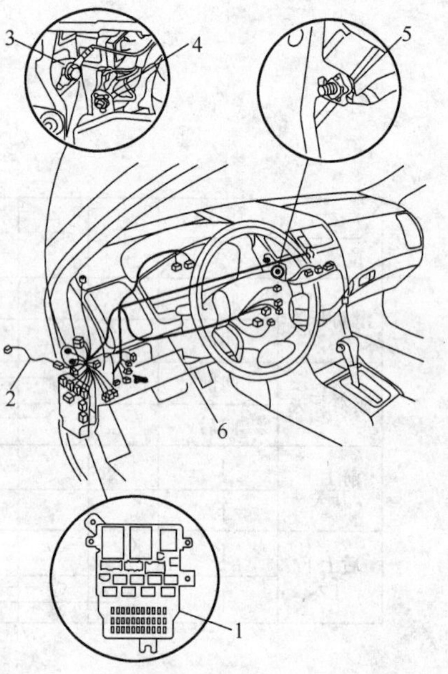

图8-8　广本雅阁轿车部分搭铁点定位图

1—仪表板下熔断器/继电器盒　2—侧转向信号灯副线束（RHD）型　3—G501　4—G502　5—G504　6—仪表板线束（左侧分支）

2）汽车线束图（确定电线束与各电器的连接部位、接线柱的标记、线头、插接器的形状及位置）如图8-9所示。

3）汽车线路插接器端子图（用以确定插接器内各导线连接位置）如图8-10所示。

4）汽车接线盒（含熔断器盒、继电器盒）平面布置图（确定熔丝、继电器等具体安装方位）如图8-11所示。

目前，大多数汽车制造公司都采用了电路原理图结合电路定位图的表达方式，为便于结合两类图，许多车型的电路图还附有表格，指示电路原理图上的电器、导线等在哪一张定位图上。

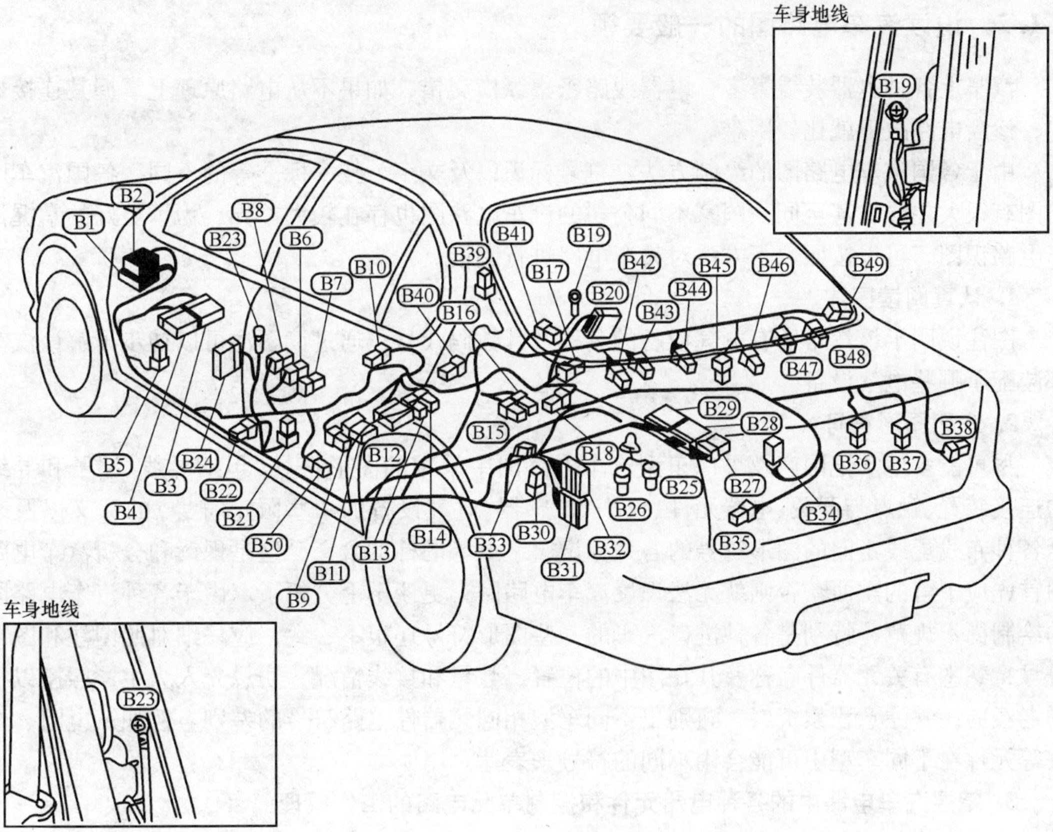

图 8-9　汽车线束图

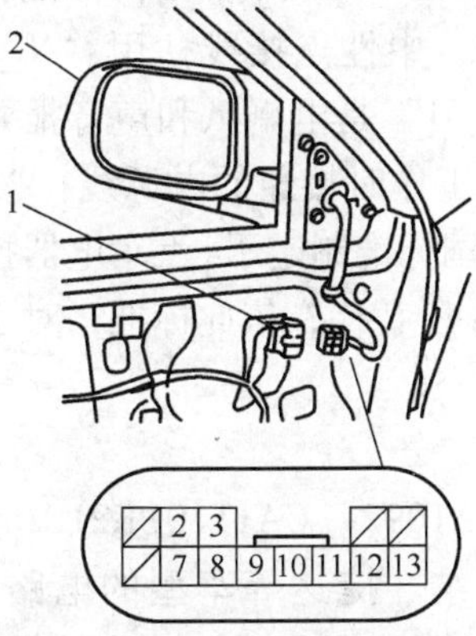

图 8-10　电动后视镜插接器端子图

1—13P 插接器　2—电动后视镜

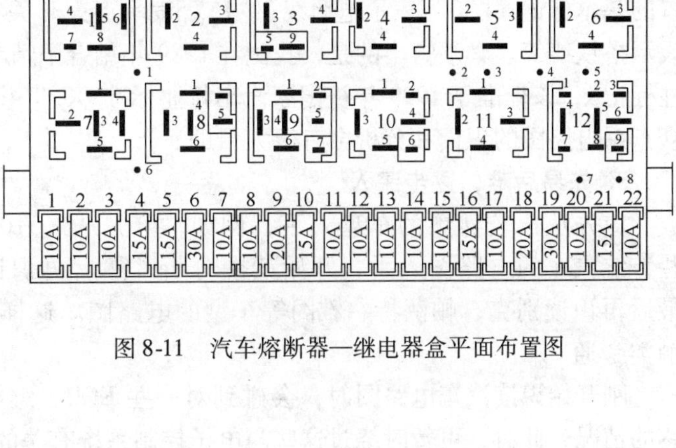

图 8-11　汽车熔断器—继电器盒平面布置图

8.1.2 识读汽车电路图的一般要领

汽车上各种电器装置繁多，电器线路密集纵横交错，如果不从电路原理上掌握其连接规律，诊断电路故障就比较困难。

由于各国汽车电路图的绘制方法、符号标识以及文字、技术标准等的不同，各国汽车电路图有很大差异，甚至同一国家不同公司的汽车电路图也存在较大差异。为了更好的掌握汽车电路识图，可以按照以下方法对整车电路进行阅读。

1. 认真阅读图注

图注说明了该汽车所有电气设备的名称及其数码代号，通过读图注可以初步了解该汽车都装配了哪些电气设备。

2. 牢记图形符号

尽可能多地牢记国产及进口车型汽车电路图中采用的图形符号(包括导线、端子和导线的连接装置、触点与开关、电器元件、仪表、传感器、电气设备的一些限定符号)的意义以及表示各种布线配线走向的图形符号的各种标记、字母等图标的含义，这是识读和分析汽车电路图首先应了解的东西，否则就无法识读汽车电路图，更谈不上分析了。由于各种汽车电路图的绘制尚不规范，特别是各种进口汽车的一些图形符号还很不一致，应仔细对照图注和图形符号，熟悉有关元器件名称及其在图中的位置、数量和接线情况，切忌先入为主，照搬以往的老经验，并注意积累资料，甄别出不同车型相同元器件电路符号的差别。例如，电阻、开关等元件在不同车型中可能会用不同的符号来表达。

3. 掌握汽车电路中的各种电器元件和控制单元电路的工作原理

这是识读各个电气系统以及全车电路的基础，必须从蓄电池、起动机、发电机及其调节器、继电器、开关以及起动系、电源系、点火系、灯光照明、仪表信号、刮水洗涤系统、空调、收音机、CD 等附属设备和电子控制系统等各个具体元件或独立系统入手，各个击破，逐一掌握。

4. 熟记电路标记符号

为了便于绘制和识读汽车电路图，许多电器装置或其接线柱上面都赋予了不同标记，例如，交流发电机上接至电源线端接线柱用“B”或“+”表示；中性点接线柱用“N”表示；“49”、“L”、“E”等是转向信号装置的基本标记；“72”、“H”是电喇叭和声音报警装置的基本标记；“30”表示电源线；“15”表示点火开关在正常工作时接通的电源线；“31”表示搭铁线等。必须指出的是，我国在 1989 年结合国情参照德国标准制定了《汽车电器接线柱标记》，该标准于 1999 年被国家汽车行业标准 QC/T 423-1999 所替代，依此标准，对于大众车系电路图的识读和分析会有极大帮助。

5. 先易后难，逐步深入

应先从比较熟悉的车型入手，例如，可先从 EQ1090、CA1092、CA1110PK2L2 等一些传统汽车的电路图入手，开始读图分析，然后再识读桑塔纳、捷达等车型的电路图，最后再识读别克、帕萨特、雅阁等车型的电路图。这样由简到繁，整理归纳，比较提高，触类旁通。

刚开始识读汽车电路图时，会碰到对一些 ECU、继电器的端子名称和功能感到迷茫困惑的情况，此时，可暂时绕过这些与电子控制系统有关的内容，继续识读全车电路的其他电器部分，只有等到对这些 ECU、继电器的资料收集完全后，才能理清各个端子的电流流向，深入领会电子控制部分和传统电器部分之间的功能联系，这有助于增强我们读懂汽车电路图的信心。

6. 化整为零，化繁为简

对于仅有线路图的汽车电路图，因图上线条密集交错，易使识读分析出错，有条件的话，可尝试参考有关资料和实物把原车线路图按系统改画成不同的单元电路原理图。对于整车电路图的识读分析，亦可仿照上述方法化整为零，化全车整体图为系统部分图以方便识读。对于各个系统单元电路图同样可以采取各个击破的办法进行识读。例如电子控制系统电路，就可以分成发动机电子控制系统、自动变速器电子控制系统和制动防抱死电子控制系统等电路。发动机电子控制系统又可以分为燃油喷射控制、点火控制和排放控制等不同电路逐一进行阅读分析。同时，还应注意各系统单元电路之间的相互关系和相互影响，以便合零为整。

7. 突破一点，触类旁通

在识读汽车电路图时，一定要弄懂某种型号的汽车电路结构及其工作原理，通过这个具体的例子，举一反三，互相比较，以掌握汽车电路图的一些共性规律。再以这些共性为指导，了解其他型号的汽车电路，这样又可以发现更多的共性，触类旁通。同时，还可以发现各种车型之间的差异。例如，掌握了解放牌汽车电路的特点，就可大致了解东风、跃进等一批国产汽车电路的特点；掌握了日产、三菱和丰田等汽车电路，也就可以基本了解日本汽车电路的特点；掌握了桑塔纳轿车的电路，就可以进一步了解奥迪、捷达、波罗和宝来等德国大众公司汽车电路的特点。如此反复，不断积累，便可获得识读各种汽车电路图的能力。

8. 按车系识读汽车电路图

目前，国内汽车保有量逐年增加，品牌日趋多样，想要识读全所有车型种类的汽车电路图极不现实，也大可不必。如前所述，只要突破一、两种车型，便可触类旁通，为了使有限的知识和精力能覆盖更为广阔的车型品种，就要按照日、美、欧(德、法)、韩等车系合理划分，从中挑选出一两种车型作为重点掌握的对象。一般而言，建议如下划分：对于大众车系，可选桑塔纳、捷达、奥迪之一；以丰田系列作为日系车的代表(雅阁、花冠等)；以通用系列作为美系车的代表(赛欧、别克等)；以雪铁龙系列作为法国车系的代表(富康、爱丽舍等)；奔驰车系与大众车系虽同属德国，但自成一系，差别较大，需独立掌握。

8.1.3 全车电路识图分析的流程

对全车电路的识图分析，可以采用“部分电路分析法”，就是先将复杂的总线路按功能或要求目标分成几个简单的部分电路，然后对各部分进行作用、特点、原理等方面的分析，搞清各部分电路的情况，最后将各个部分电路综合起来，总线路的工作原理也就清楚了。

按照电器的用途和电路的组成，一般可将总电路分为电源系统、起动系统、点火系统、照明与信号系统、仪表与报警系统等独立电器系统。

1. 电源系统

以整体式交流发电机电源系统为例，图 8-12 为整体式交流发电机电源系统的电路图，它利用集成式调节器对发电机输出电压进行精确控制。电路分析如下：

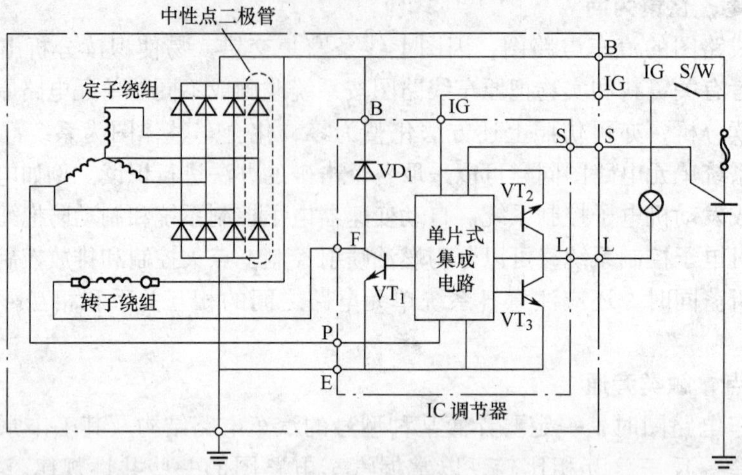

图 8-12　整体式交流发电机电路

1）接通点火开关 IG—S/W，发电机停转或转速较低时，蓄电池电压通过“IG”端子给 IC 调节器提供电源，此时，IC 调节器结合“S”线路和“P”端子提供的电源信号，控制 VT_1导通，VT_2截止，VT_3导通，励磁回路为：蓄电池正极→发电机“B”端子→转子绕组→IC 调节器“F”端子→VT_1→搭铁端子“E”→蓄电池负极；由于 VT_3导通使充电指示灯点亮，指示灯控制回路为：蓄电池正极→IG—S/W→仪表充电指示灯→IC 调节器“L”端子→VT_3→搭铁端子“E”→蓄电池负极。

2）当发电机端电压上升而又低于标准电压时，IC 调节器检测到端子“S”和“P”的电压均上升，从而控制 VT_1持续导通，VT_2导通，VT_3截止。由于充电指示灯回路被切断而熄灭。

3）当发电机端电压达到标准电压时，IC 调节器检测到端子“S”和“P”的反馈信号。此时，控制 VT_1截止，VT_2导通，VT_3截止。由于励磁回路被切断，发电机发电量迅速下降。当 IC 调节器检测到发电量低于标准值时，又接通 VT_1。通过重复这一过程，发电机发出电压始终稳定在标准电压。

2. 起动系统

以起动继电器控制的起动电路为例。使用大于 1.5kW 的起动机时，由于流经电磁开关的电流在 40A 以上，所以必须加装有起动继电器。这样，点火开关只控制起动继电器的线圈而不会被烧蚀，如图 8-13 所示。电路分析过程如下：

1）控制回路。将点火开关旋到 ST 档，电源由蓄电池正极→两个易熔线(100A 和 40A)→点火开关 ST_1档→起动机熔丝(7.5A)→空档起动开关(N)→起动继电器线圈→搭铁→蓄电池负极。起动继电器触点被吸合，电源由蓄电池正极→主易熔线(FL)→起动继电器触点→起动机电磁开关端子“50”，由此分两路：一路经保持线圈后搭铁；另一路到吸拉线圈→电动机绕组(定子绕组和转子绕组)→搭铁→蓄电池负极。

2）主回路。电磁开关主触盘在磁场力的作用下将起动机两主接柱接通，同时驱动齿轮

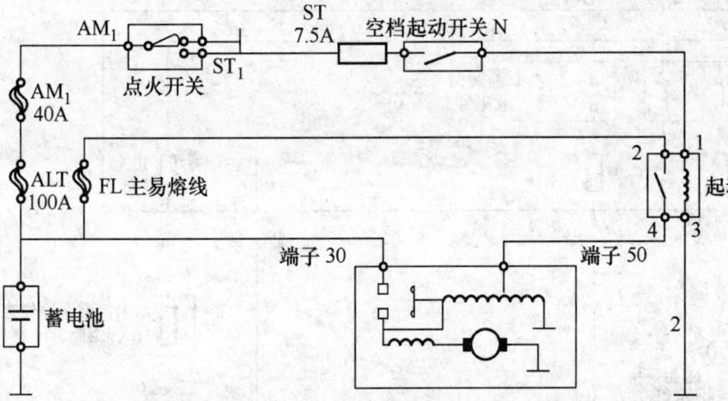

图 8-13　带起动继电器控制的起动系统

伸出与飞轮啮合。电源由蓄电池正极→起动机端子“30”→电磁开关主触盘→电动机绕组→搭铁→蓄电池负极。起动机在大电流的作用下迅速带动发动机运转。

3. 点火系统

以磁感应式点火系统为例，图 8-14 为磁感应式电子点火系统控制电路，其电路分析过程如下：

点火系统工作时，接通点火开关，使 VT_1 导通，电源由蓄电池正极→点火开关→R_4→R_1→VT_1→感应线圈→搭铁→蓄电池负极。当点火信号发生器产生正脉冲时，VT_2 导通，VT_3 截止，VT_4 导通，VT_5 导通，点火线圈初级绕组回路接通。当点火信号发生器产生负脉冲时，VT_2 截止，VT_3 导通，VT_4 截止，VT_5 截止，点火线圈初级绕组回路被切断，由于点火线圈互感的作用，在初级绕组被切断的瞬间，次级绕组产生很高的电压，克服火花塞间隙产生电火花。

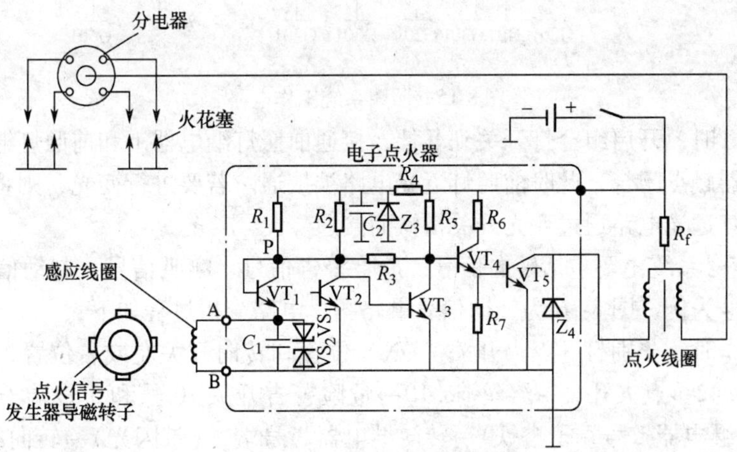

图 8-14　磁感应式点火系统

4. 照明与信号系统

1）照明系统包括前照灯、示廓灯、雾灯、牌照灯、室内照明灯等。以前照灯为例电路为例，图 8-15 为前照灯电路，电路分析过程如下：

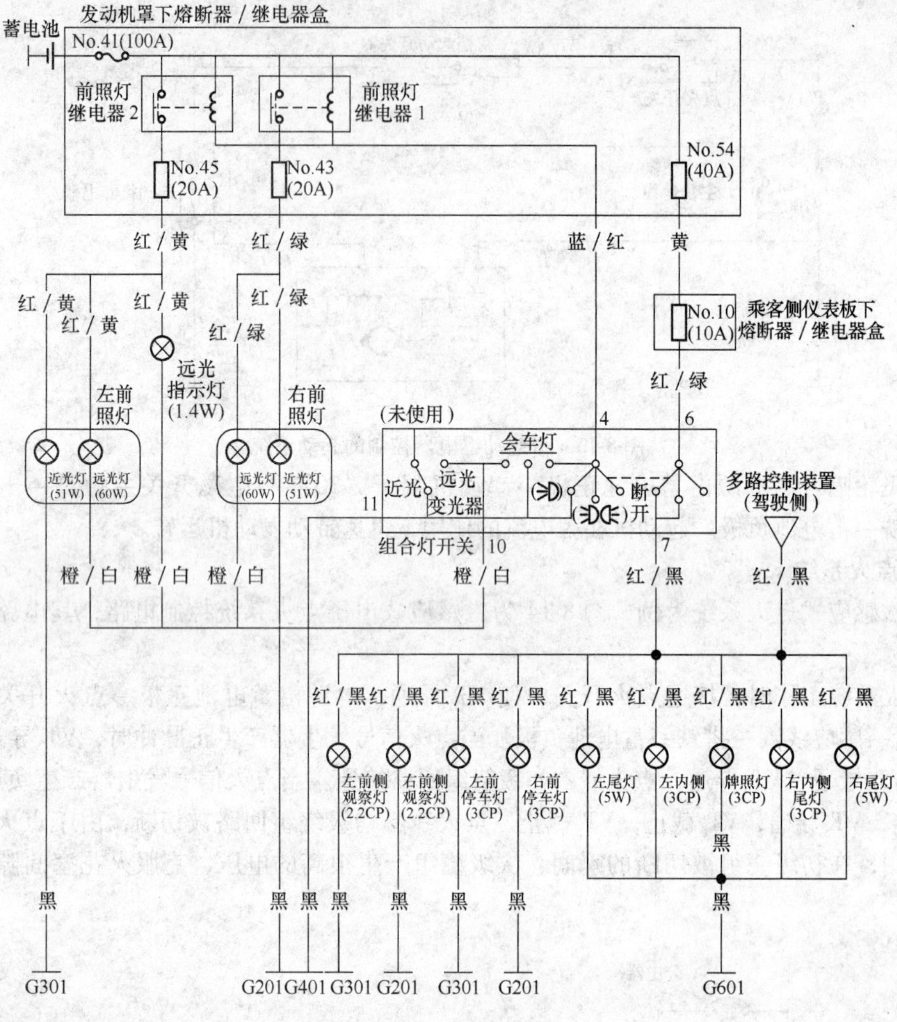

图 8-15　照明系统工作电路

使用前照灯时，开启组合灯开关到Ⅱ档，接通前照灯继电器 1 和前照灯继电器 2 的线圈回路，两继电器触点闭合，此时前照灯近光电路被接通。若要进行变光，则将变光器置于远光位置，前照灯远光电路通过变光开关搭铁而接通。

2）汽车信号系统主要包括转向信号、危险警告信号、喇叭信号、制动信号和倒车信号等。以转向信号为例，图 8-16 为转向信号电路图，电路分析过程如下：

转向灯工作时，分别打开点火开关“ON”位置和转向开关左或右位置，电源由蓄电池正极→熔丝 No. 42→点火开关→熔丝 No. 10→危险警告开关 10 号和 5 号端子→转向继电器 2 号端子(转向继电器 1 号端子搭铁)→转向继电器 3 号端子(带闪光)→转向继电器 13 号端子→转向信号开关 12 号或 14 号端子→左边或右边转向信号灯以及仪表转向信号指示灯→搭铁→蓄电池负极。

5. 仪表与警告系统

仪表主要包括发动机转速表、车速里程表、机油压力表、冷却液温度表和燃油量表等。警告系统主要包括机油压力过低警告指示灯、燃油量过少警告指示灯、冷却液温度和液面过

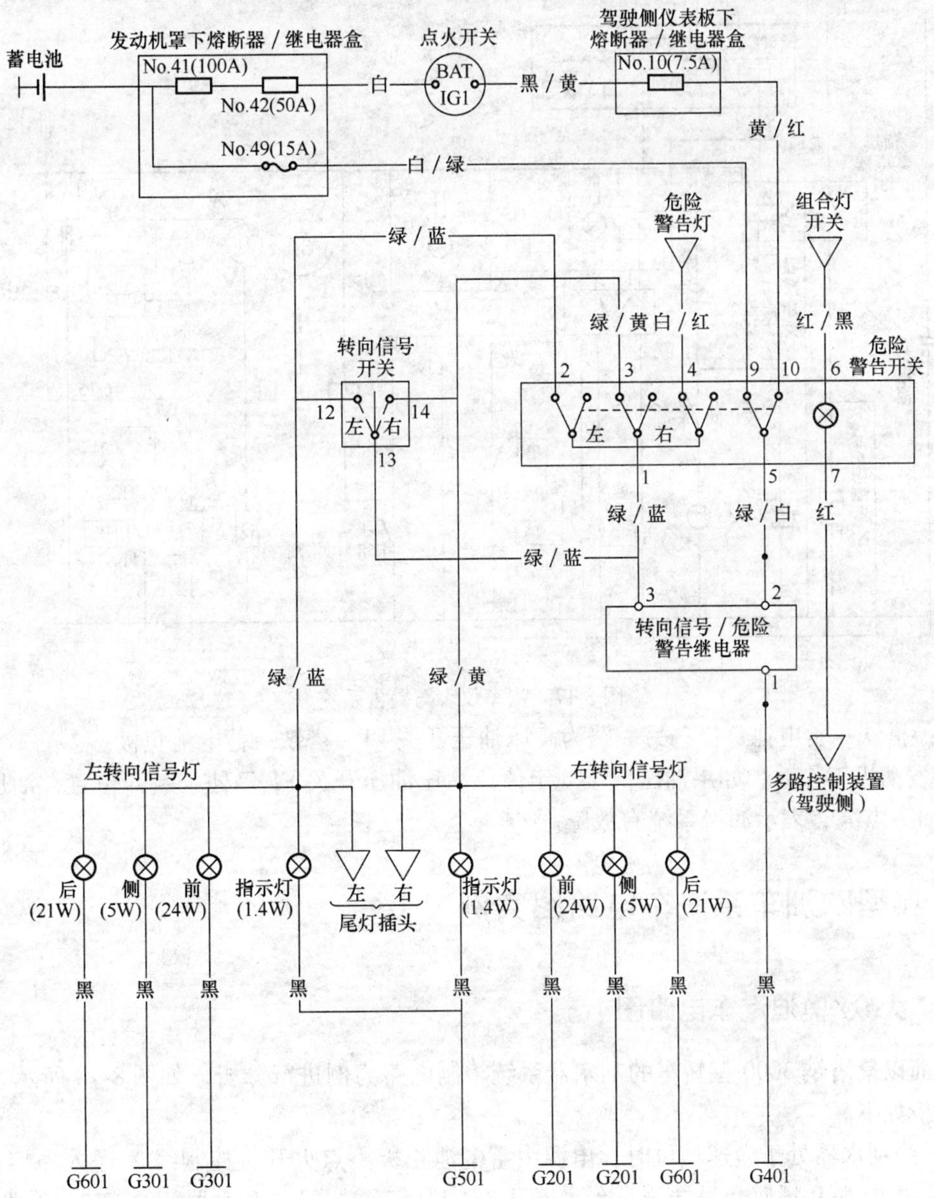

图 8-16　转向系统电路

低警告指示灯和制动液液面过低警告指示灯等。图 8-17 介绍了几种典型的仪表与警告系统电路，电路分析过程如下：

1）发动机转速表控制电路，电源正极→点火开关 D 第四掷触点闭合→15 号线→发动机转速表 G5→换档指示器控制装置 J98→搭铁→蓄电池负极。

2）冷却液温度表控制电路，电源正极→点火开关 D 第四掷触点闭合→15 号线→稳压器 J6→冷却液温度表 G3→冷却液温度传感器 G2→搭铁→蓄电池负极。

3）机油压力过低警告控制电路，电源正极→点火开关 D 第四掷触点闭合→15 号线→油压指示灯限流电阻→油压指示灯 K3→油压控制器 J114，此处分为两路：一路为低压油压开

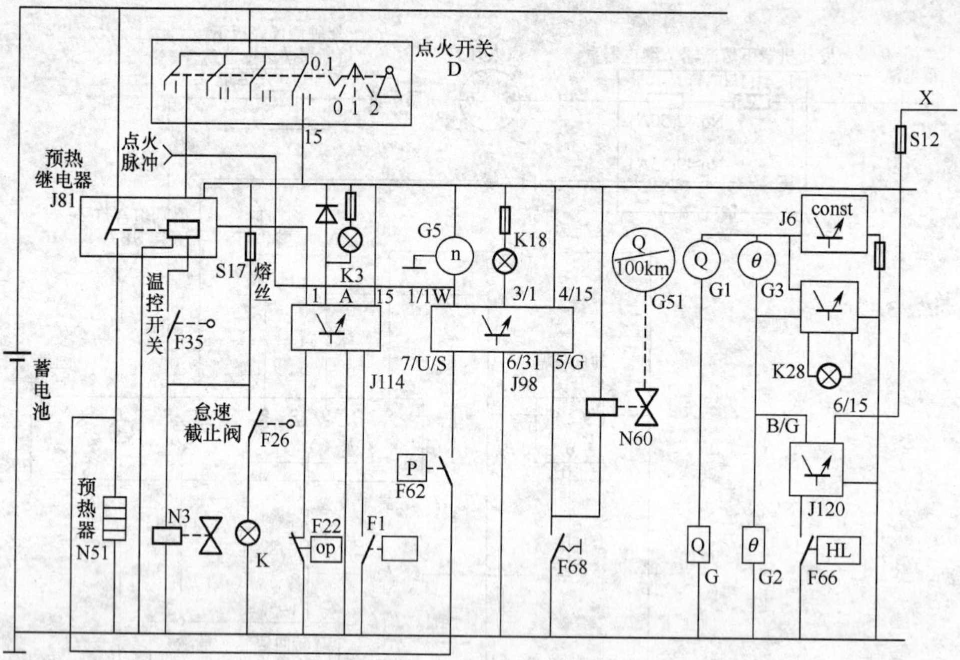

图 8-17　汽车仪表与警告系统

关 F22→搭铁→蓄电池负极；另一路为高压油压开关 F1→搭铁→蓄电池负极。

当发动机工作时，如果油压低于规定值，高压油压开关 F1 仍处于断开位置，油压警告指示灯 K3 点亮，表示润滑系统有故障。

8.2　典型欧洲车系汽车电路图实例

8.2.1　大众/奥迪汽车电路图

下面以桑塔纳 3000 型轿车的刮水器系统控制电路为例进行分析，如图 8-18 所示。工作过程分析如下。

1）当刮水器处于慢速档位时，电源由蓄电池正极→点火开关控制线 X 送入→熔丝 S11（15A）→配电盒 B 插座 9 号端子→刮水器开关 E22（53a 端子）→刮水器开关 E22（53 端子）→配电盒 A 插座 2 号端子→刮水器继电器 J31（6/53 S 端子）→刮水器继电器 J31（2/53 M 端子）→配电盒 D 插座 12 号端子→刮水器电动机 V（4/53 端子）→刮水器电动机 V（5/31 端子）→搭铁→蓄电池负极。

2）当刮水器处于快速档位时，电源由蓄电池正极→点火开关控制线 X 送入→熔丝 S11（15A）→配电盒 B 插座 9 号端子→刮水器开关 E22（53a 端子）→刮水器开关 E22（53b 端子）→配电盒 A 插座 5 号端子→配电盒 D 插座 9 号端子→刮水器电动机 V（2/53b 端子）→刮水器电动机 V（5/31 端子）→搭铁→蓄电池负极。

3）当刮水器处于间歇档位时，电源由点火开关控制线 X 送入→熔丝 S11（15A）→配电盒 B 插座 9 号端子→刮水器开关 E22（53a 端子）→刮水器开关 E22（J 端子）→配电盒 A 插座

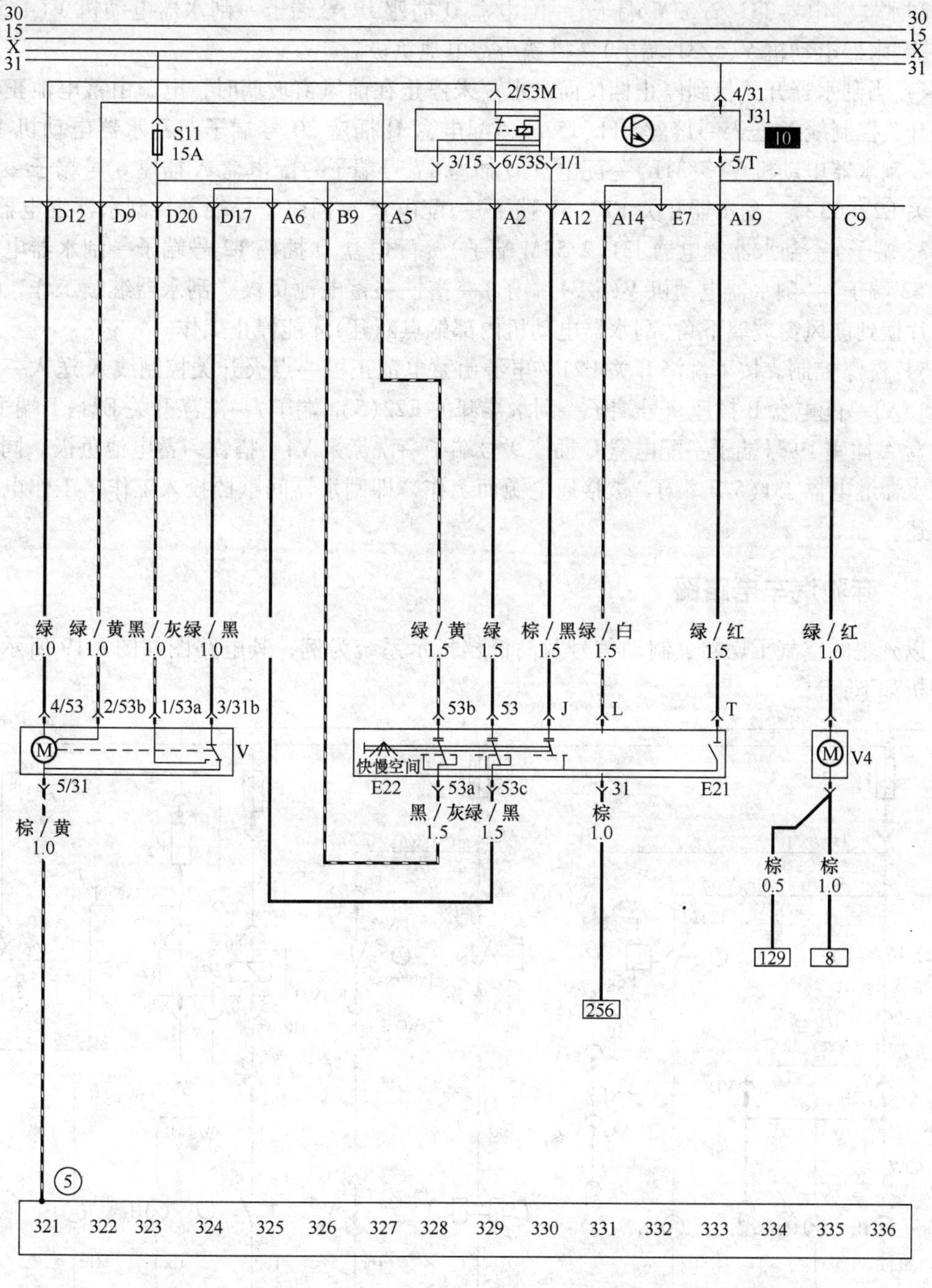

图 8-18　桑塔纳 3000 型轿车刮水器系统控制电路

12 号端子→刮水器继电器 J31(1/1 端子)→刮水器继电器 J31 内部控制电路→刮水器继电器 J31(4/31 端子)→搭铁→蓄电池负极。此时，刮水器继电器被触发。电源由点火开关控制线 X 送入→熔丝 S11(15A)→刮水器继电器 J31(3/15 端子)→刮水器继电器 J31 间歇闭合的触点→刮水器继电器 J31(2/53M 端子)→配电盒 D 插座 12 号端子→刮水器电动机 V(4/53 端子)→刮水器电动机 V(5/31 端子)→搭铁→蓄电池负极。

4）当刮水器开关打到停止档位而刮水片未停止在前风窗玻璃时，电源由蓄电池正极→点火开关控制线 X 送入→熔丝 S11(15A)→配电盒 D 插座 20 号端子→刮水器电动机 V(I/53a)→刮水器电动机 V(3/31b)→配电盒 D 插座 17 号端子→配电盒 A 插座 6 号端子→刮水器开关 E22(53e)→刮水器开关 E22(53 端子)→配电盒 A 插座 2 号端子→刮水器继电器 J31(6/53S 端子)→刮水器继电器 J31(2/53M 端子)→配电盒 D 插座 12 号端子→刮水器电动机 V(4/53 端子)→刮水器电动机 V(5/31 端子)→搭铁→蓄电池负极。刮水器继续工作，直到刮水片摆到前风窗玻璃下角(刮水器电动机内部触点断开)才能停止工作。

5）洗涤控制。按下洗涤开关 E21，电源由蓄电池正极→点火开关控制线 X 送入→熔丝 S11(15A)→配电盒 B 插座 9 号端子→刮水器开关 E22(53a 端子)→洗涤开关 E21(T 端子)→配电盒 A 插座 19 号端子→配电盒 C 插座 9 号端子→洗涤泵 V4→搭铁→蓄电池负极。同时由于刮水器继电器 J31(5/T 端子)被接通电源而工作，即刮水器间歇档投入工作，工作电路如前所述。

8.2.2　奔驰汽车电路图

以奔驰的空气干燥器、制动信号及高低档指示系统为例，其电路图如图 8-19 所示。电路分析如下：

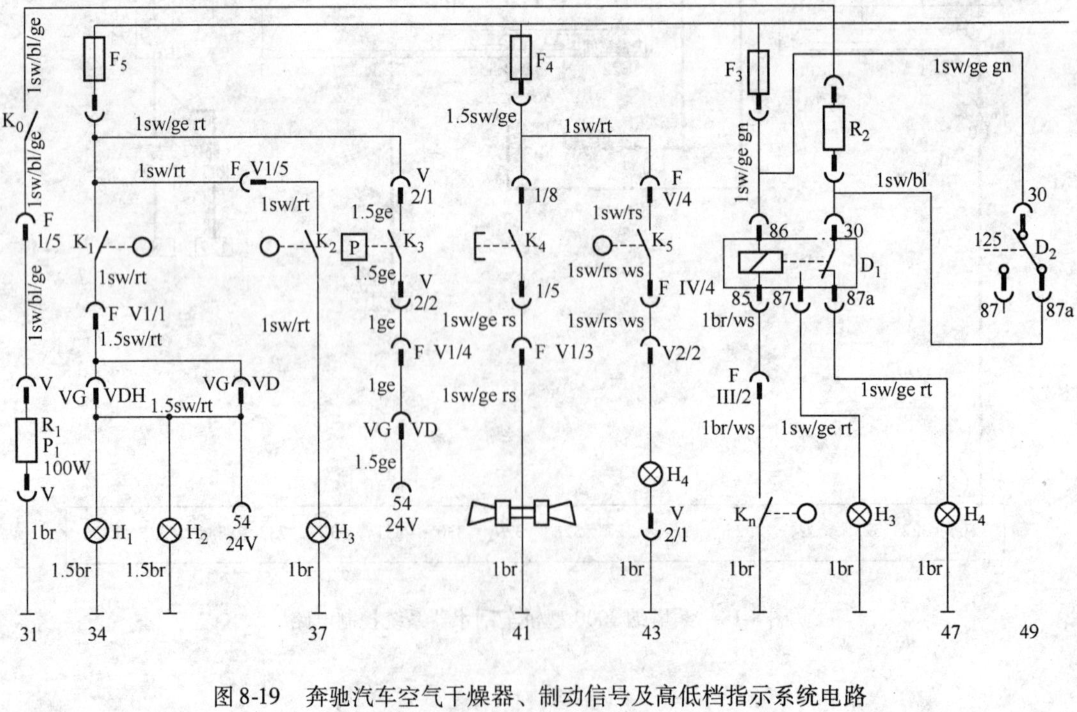

图 8-19　奔驰汽车空气干燥器、制动信号及高低档指示系统电路

此系统电路比较简单，主要由开关、电阻、灯泡和继电器组成。其中空气干燥器电路、制动信号电路、电喇叭电路指示开关与用电器串联，就不再叙述。下面主要对高低档指示系统做分析，经熔丝 F_7后，分两路：一路是高低档转换继电器 86 端子→继电器线圈→高低档转换继电器 85 端子→插座 F 的 3/2→高低档转换开关→搭铁→蓄电池负极；另一路是高低档亮暗降压电阻→高低档转换继电器 30 端子→高低档转换继电器开关，以后再分两路，即继电器 87 端子和 87a 端子，分别至高低档的指示灯后搭铁回蓄电池负极。

另外，在高低档降压电阻两端并联一继电器开关及高低档指示灯亮暗转换继电器，通过继电器开关的短接，即夜行灯开关接通后，继电器的触点闭合，从而实现高低档指示灯在白天与夜行时亮暗变化。

8.2.3　宝马汽车电路图

以宝马轿车发动机 ECU 为例介绍电子控制单元控制电路，如图 8-20 所示，其工作过程如下：

（1）发动机 ECU 与电源的连接电路

1）电源电路：主继电器→发动机 ECU 26 号端子。

2）搭铁电路：发动机 ECU 6 号端子→搭铁；发动机 ECU 28 号端子→搭铁；发动机 ECU 34 号端子→搭铁；发动机 ECU 55 号端子→搭铁。

（2）信号输入电路

1）空气流量计电路：其右边第一根线为搭铁线；右边第二根线为电源线；其余两根线为信号输入线，分别与发动机 ECU 17 号端子、45 号端子相连。

2）凸轮轴位置传感器电路：其左边第一根线为搭铁线；中间线为电源线；右边线为信号输入线，与发动机 ECU 21 号端子相连。

3）前氧传感器电路：其右边第一根线为加热电源线；右边第二根线为加热控制线，与发动机 ECU 30 号端子相连；左边第二根线为前氧传感器信号线，与发动机 ECU 19 号端子相连；左边第一根线为传感器搭铁线，与发动机 ECU 46 号端子相连。

4）后氧传感器电路：其右边第一根线为加热电源线；右边第二根线为加热控制线，与发动机 ECU 1 号端子相连；左边第二根线为传感器搭铁线，与发动机 ECU 46 号端子相连；左边第一根线为后氧传感器信号线，与发动机 ECU 19 号端子相连。

8.2.4　雪铁龙汽车电路图

图 8-21 为富康轿车车内照明系统控制电路，工作过程分析如下。

1. 阅读灯电路控制

当需要阅读灯工作时，将点火开关置于 M 或 A 档，同时将阅读灯开关闭合。电流走向为：蓄电池正极→蓄电池正极电缆 CP→发动机罩下熔丝 50→黑色 2 端子插接器 1 号线→前部线束 AV→前围板 2 端子插接器第 9 组 1 号线→仪表板线束 PB→黑色 2 端子插接器 1 号线→点火开关 300→灰色 2 端子插接器 1 号线→黑色 2 端子插接器 2 号线→驾驶室内熔断器盒 52 中的 FU9 熔丝→柠檬黄色 4 端子插接器 2 号线→黑色 7 端子双排插接器 B 列 4 号线→顶灯线束 PL→栗色 2 端子插接器 2 号线→阅读灯 660→阅读灯开关（闭合）→栗色 2 端子插接器 1 号线→顶灯线束 PL→黑色 7 端子双排插接器 A 列 4 号线→仪表板线束 PB→前围板 2 端子

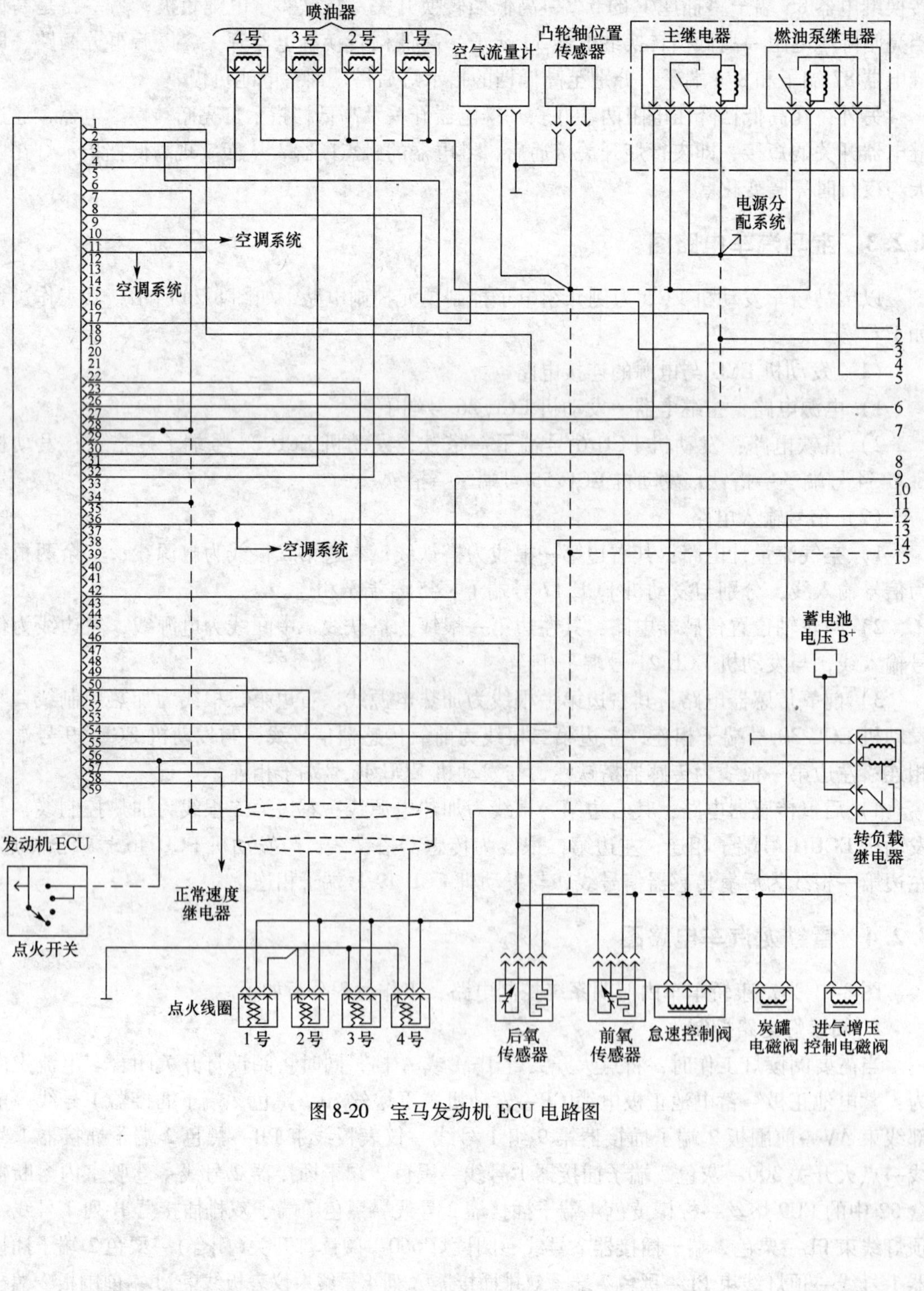

图 8-20　宝马发动机 ECU 电路图

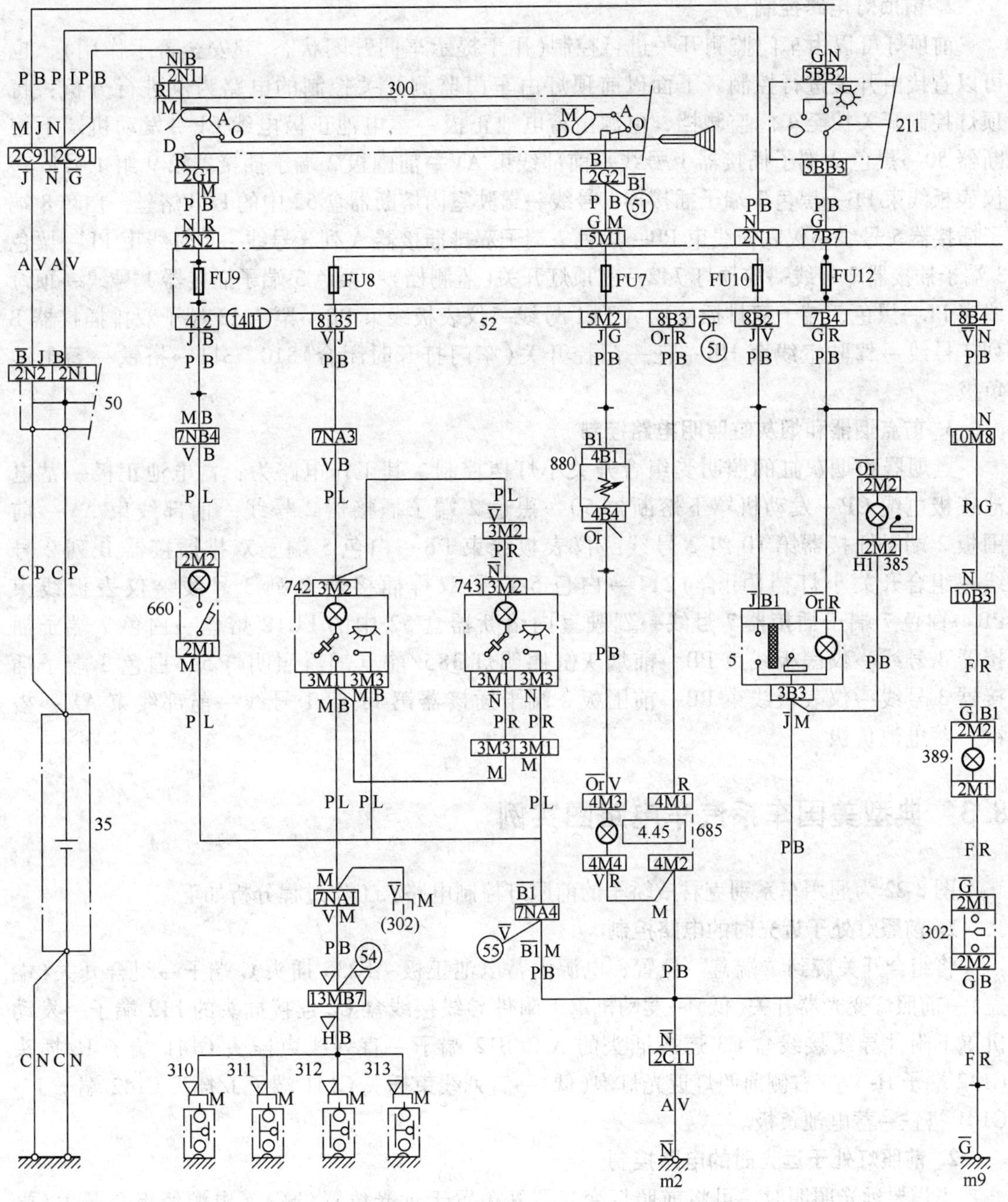

图 8-21　富康轿车车内照明系统电路

35—蓄电池　50—发动机罩下熔断器　300—点火开关　52—驾驶室内熔断器盒　660—阅读灯
742—前顶灯　310—左前门槽灯开关　311—右前门槽灯开关　211—组合开关　880—仪表灯变阻器
685—石英钟及照明灯　385—前烟灰缸照明灯　5—前点烟器　389—行李箱照明灯
302—行李箱照明开关　312、313、743—未使用插接器第 11 组 1 号线前部线束 AV→搭铁→蓄电池负极。

2. 前顶灯电路控制

前顶灯可以由车门监测开关进行控制(用于提示车门开闭状态,起安全警示作用)，也可以直接由开关进行控制。下面以前顶灯由车门监测开关控制的电路为例进行分析：将顶灯控制开关拨至车门监测档，电源由蓄电池正极→蓄电池正极电缆 CP→发动机罩下熔断器 50→黑色 2 端子插接器 1 号线→前部线束 AV→前围板 2 端子插接器第 9 组 1 号线→仪表板线束 PB→黑色 2 端子插接器 1 号线→驾驶室内熔断器盒 52 中的 FU8 熔丝→白色 8 端子插接器 5 号线→仪表板线束 PB→黑色 7 端子双排插接器 A 列 3 号线→顶灯线束 PL→栗色 3 端子插接器 2 号线→前顶灯 742→前顶灯开关(监测档)→栗色 3 端子插接器 1 号线→顶灯线束 PL→黑色 7 端子双排插接器 A 列 1 号线→仪表板线束 PB→栗色 13 端子双排插接器 B 列 7 号线→驾驶室线束 HB→任一门控开关(车门打开时闭合)310、311→搭铁→蓄电池负极。

3. 前点烟器和烟灰缸照明电路控制

点烟器和烟灰缸的照明受组合开关小灯档控制，其工作电路为：蓄电池正极→蓄电池正极电缆 CP→发动机罩下熔断器 50→黑色 2 端子插接器 2 号线→前部线束 AV→前围板 2 端子插接器第 10 组 2 号线→仪表板线束 PB→白色 5 端子双排插接器 B 列 2 号线→组合开关小灯档(闭合)211→白色 5 端子双排插接器 B 列 3 号线→仪表板线束 PB→白色 7 端子插接器 7 号线→驾驶室内熔断器盒 52 中的 FU12 熔丝→白色 7 端子插接器 4 号线→仪表板线束 PB→前烟灰缸照明灯 385/前点烟器照明灯 5→白色 3 端子插接器 3 号线→仪表板线束 PB→前围板 2 端子插接器第 11 组 1 号线→前部线束 AV→搭铁→蓄电池负极。

8.3 典型美国车系汽车电路图实例

图 8-22 为通用车系别克君威轿车的前照灯控制电路，工作过程分析如下。

1. 前照灯处于近光时的电路控制

将组合开关旋到“端盖”位置，电源由蓄电池正极→S235 插头 C 端子→组合开关(端盖)→前照灯变光器开关(低)→发动机罩下附件导线接线盒 C2 连接插头的 F12 端子→发动机罩下附件导线接线盒 C3 连接插头的 A12/B12 端子→直列线束插头 C141 端子 H/插头 C142 端子 H→左/右侧前照灯近光灯泡(低)→直列线束插头 C141 端子 J/插头 C142 端子 J→G101 搭铁→蓄电池负极。

2. 前照灯处于远光时的电路控制

当需要远光照明时，可将前照灯变光器开关置于远光位置(高)，电源经组合开关(端盖)→前照灯变光器开关(高)→发动机罩下附件导线接线盒 C2 连接插头的 F11 端子→发动机罩下附件导线接线盒 C3 连接插头的 A11/B11 端子→直列线束插头 C141 端子 F/插头 C142 端子 F→左/右侧前照灯近光灯泡(高)→直列线束插头 C141 端子 G/插头 C142 端子 G→G101 搭铁→蓄电池负极。同时仪表远光指示灯点亮。

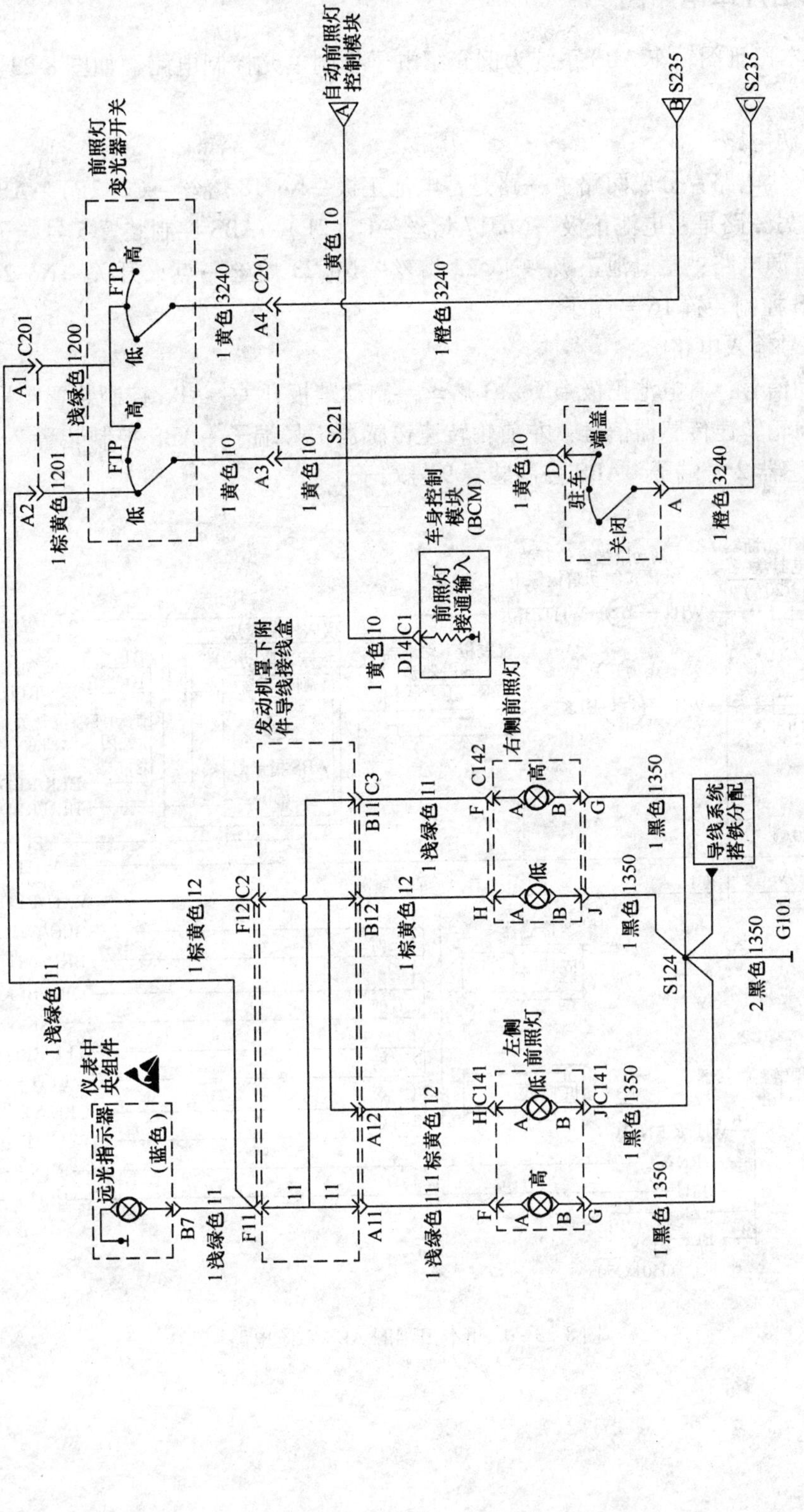

图 8-22　别克君威轿车前照灯控制电路

8.4 典型日本车系汽车电路图实例

8.4.1 本田汽车电路图

以广州本田雅阁轿车 ABS 系统为例介绍电子控制单元控制电路，如图 8-23 所示，其工作过程如下：

（1）电源电路

1）常火线电路：分成两路：一路是蓄电池正极→No. 18 熔丝→C2（2P）→ABS 控制装置 16 号端子；另一路是蓄电池正极→No. 17 熔丝→C1（2P）→ABS 控制装置 5 号端子。

2）主电源电路：蓄电池正极→No. 22 熔丝→No. 23 熔丝→点火开关→No. 21 熔丝→C3（12P）→ABS 控制装置 16 号端子。

（2）信号输入电路

1）制动信号：蓄电池正极→No. 13 熔丝→制动踏板开关→ABS 控制装置 4 号端子。

2）左前轮转速传感器信号：左前轮转速传感器 1 号端子→ABS 控制装置 7 号端子；左前轮转速传感器 2 号端子→ABS 控制装置 9 号端子。

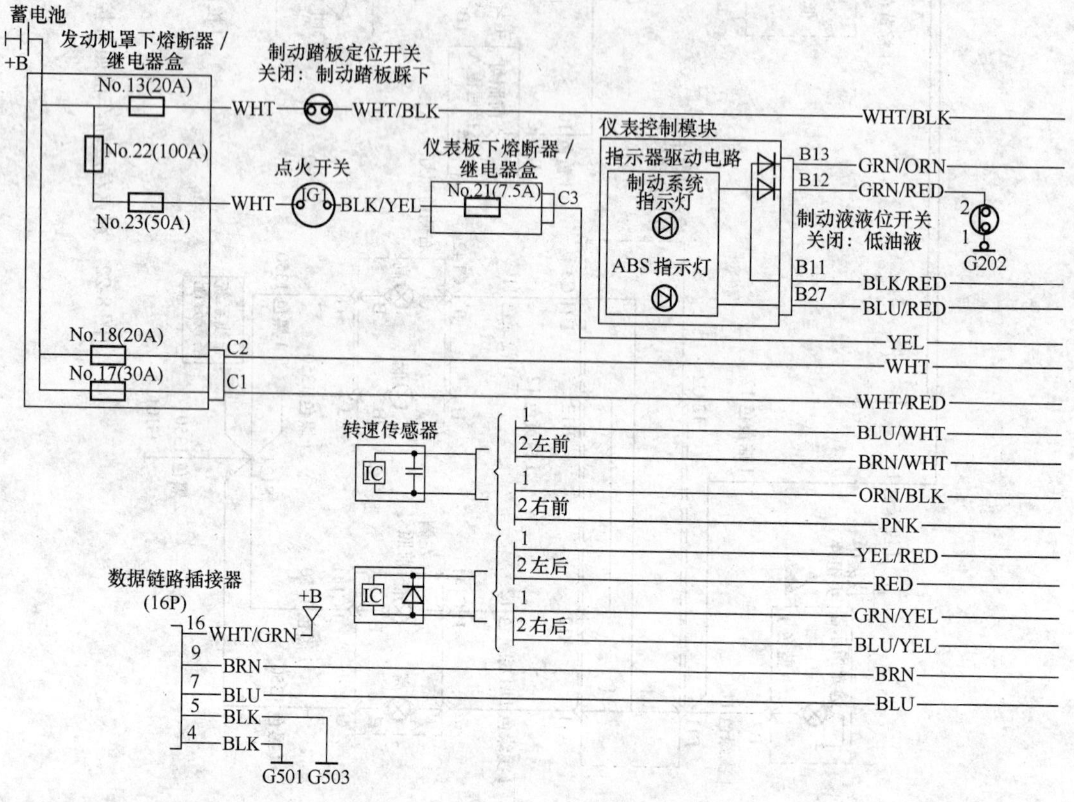

图 8-23 广州本田雅阁 ABS 系统电路

8.4.2　丰田汽车电路图

图 8-24 为丰田车系威驰轿车尾灯和照明灯的控制电路，工作过程分析如下。

将灯光组合开关旋钮转到一档(或二档)位置接通尾灯和照明灯电路。电源由蓄电池正极→熔断器盒 F10(100A ALT)→1 号接线盒(J/B)1C 插头的 1 号端子→熔丝 TAIL(7.5A)→1

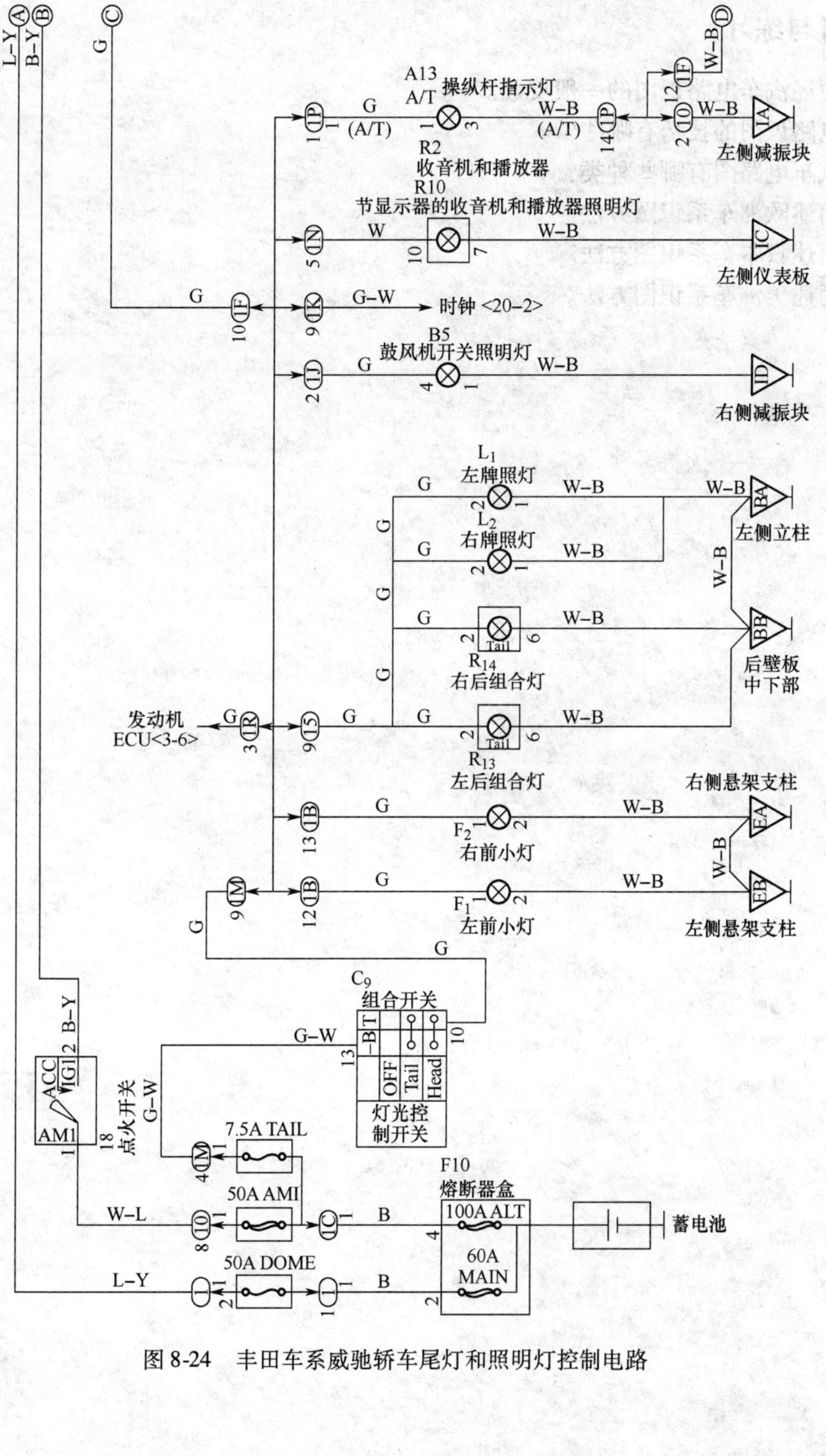

图 8-24　丰田车系威驰轿车尾灯和照明灯控制电路

号接线盒(J/B)1M 插头的 4 号端子→灯光组合开关→1 号接线盒(J/B)IM 插头的 9 号端子，分别经过 1 号接线盒(J/B)IB 插头的 12 号端子、13 号端子和 1 号接线盒(J/B)IS 插头的 9 号端子将电源送到左前小灯 F1、右前小灯 F2、左后组合灯 R13、右后组合灯 R14 和左右牌照灯 L1、L2，再分别经左侧悬架支柱、右侧悬架支柱、后壁板中下部和左侧立柱搭铁→蓄电池负极。

思考与练习

1. 简述汽车电路识图的一般要领。
2. 电路识图的技巧有哪些？
3. 汽车电路图有哪些种类？
4. 简述欧洲车系识图方法。
5. 简述日本车系识图方法。
6. 简述美洲车系识图方法。

参 考 文 献

[1] 周建平. 汽车电气设备构造与维修[M]. 北京：人民交通出版社，2005.
[2] 杨生辉，舒华，王克才. 汽车电器与电子技术[M]. 北京：国防工业出版社，2004.
[3] 张美娟. 汽车电器与电控系统简明教学图解[M]. 北京：电子工业出版社，2004.
[4] 冀旺年，郭建明. 汽车车身电气设备系统及附属电气设备(第二版)[M]. 北京：电子工业出版社，2008.
[5] 谭本忠，王文. 汽车电气系统结构与维修图解教程[M]. 北京：机械工业出版社，2008.
[6] 于万海. 汽车电气设备原理与检修[M]. 北京：电子工业出版社，2005.
[7] 胡光辉. 汽车电器设备构造与检修[M]. 北京：机械工业出版社，2006.
[8] 全国汽车维修专项技能认证技术支持中心编写组. 电子电气系统[M]. 北京：教育科学出版社，2004.
[9] 周建平. 汽车电气设备构造与维修[M]. 北京：人民交通出版社，2002.
[10] 李春明. 汽车电器与电路[M]. 北京：高等教育出版社，2003.
[11] 凌凯汽车资料编写组. 汽车电工[M]. 北京：北京邮电大学出版社，2006.
[12] 张茂国. 汽车电气设备构造与维修[M]. 北京：人民交通出版社，2005.
[13] 孙余凯，项绮明. 新型汽车电子电器元器件的检测与修理[M]. 北京：人民邮电出版社，2003.
[14] 孙余凯，项绮明，吴永平. 汽车电工使用技术300问[M]. 北京：电子工业出版社，2003.
[15] 刘艳利. 汽车故障诊断技术[M]. 西安：西安电子科技大学出版社，2007.
[16] 王秀贞. 汽车故障诊断技术[M]. 西安：西安电子科技大学出版社，2007.
[17] 宋年秀，杜彦蕊. 汽车防抱死制动系统/安全气囊系统[M]. 北京：人民交通出版社，2003.